初中数学教学改革 GX实验的研究

—— 我国减负提质教改实验的探索

徐建星 / 著

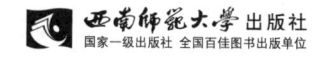

西南师范大学出版社
国家一级出版社 全国百佳图书出版单位

图书在版编目(CIP)数据

初中数学教学改革GX实验的研究:我国减负提质教改实验的探索/徐建星著. -- 重庆:西南师范大学出版社,2018.12
ISBN 978-7-5621-5337-5

Ⅰ.①初… Ⅱ.①徐… Ⅲ.①中学数学课-教学改革-初中 Ⅳ.①G633.602

中国版本图书馆CIP数据核字(2018)第296520号

初中数学教学改革GX实验的研究
——我国减负提质教改实验的探索

徐建星 著

责任编辑:刘　玉
责任校对:秦　路
装帧设计:闻江文化
排　　版:重庆大雅数码印刷有限公司·杨建华
出版发行:西南师范大学出版社
地　　址:重庆市北碚区天生路2号
邮　　编:400715
印　　刷:重庆共创印务有限公司
幅面尺寸:170 mm×240 mm
印　　张:19.5
字　　数:329千字
版　　次:2018年12月 第1版
印　　次:2018年12月 第1次印刷
书　　号:ISBN 978-7-5621-5337-5
定　　价:78.00元

序
Sequence

　　看到扬州大学徐建星博士撰写的《初中数学教学改革GX实验的研究——我国减负提质教改实验的探索》书稿，喜悦的心情激起了我的回忆。1982年我刚留校就应邀协助王秀泉先生主持"大面积提高初中数学教学质量的教改实验研究"课题，并组织编写《普及九年制义务教育初中数学实验教材》，这套教材后来获教育部审定通过并在10多个省(自治区、直辖市)实验，该实验研究获四川省哲学社会科学奖、全国基础教育成果奖。1986年陈重穆先生主动申请辞去了原西南师范大学校长职务，组织编写《新编初中代数》《九年制义务教育三年制初级中学数学实验课本(内地版)》《九年制义务教育六·三制初级中学数学实验课本(高层次)》，我有幸做他助手，协助他设计与组织GX实验——提高课堂效益的初中数学教改实验。1995-1997年GX实验开展三年以来，全国已有14个省(自治区、直辖市)近千所学校参与教学实验，在初中数学教育中有效地实现了"减负提质"，成为此类教学改革的成功尝试。当时许多实验学校遵循GX实验的"32字诀"，驱赶了数学这只"拦路虎"。GX实验所提出的"淡化形式,注重实质"引起了我国数学界、数学教育界的讨论、争议并逐步获得认同,而且当下"适度形式化"已成为我国义务教育阶段数学课程教学改革的要求与理念。

1998年2月,陈重穆先生在王秀泉先生去世两年后去世,我将《数学教育学报》上刊载的论文《淡化形式,注重实质》(作者:陈重穆、宋乃庆)申报中国高校人文社科奖并获奖,这是国内少有的学科教育论文获中国高校人文社科奖,这也是教育界的认同。1998年8月,我组织原西南师范大学中学数学教改实验组总结GX实验的改革成果,编写出版了《GX理论与实践》一书,以追忆陈重穆先生。2001年,以陈重穆、宋乃庆联名的GX实验研究获重庆市科技进步成果二等奖,这是科技界对GX实验的肯定。时隔20年,看到《初中数学教学改革GX实验的研究——我国减负提质教改实验的探索》的书稿,自然是万分欣喜。该论著基于徐建星的博士学位论文《GX实验教学原则的形成与发展研究》,挖掘与梳理了大量的GX实验史料,访谈了赵素乾、张富彬、李光忠、霍清等参与GX实验的数学教研员与一线教师,还得到刘应明院士、张孝达先生、张奠宙先生、郑毓信先生、张渝先生、张广祥先生等专家的指点,这是探索数学教学改革的很好论著。此书是在徐建星博士学位论文基础上的提炼与再发展,其中融合了素质教育的思想理念,结合了当下的数学课程与教学改革。该论著以"GX32字诀"——"淡化形式,注重实质;积极前进,循环上升;开门见山,适当集中;先做后说,师生共作"的形成与发展为线索,主要采用质性研究的方法提炼了32字诀的成因与内涵,剖析了GX实验的数学观、教学观、学习观。该论著阐释了GX实验的"淡化形式"是指对数学概念、名词术语不要死记硬背、孜孜以求,比如"方程"一章不要死记硬背什么是方程、什么是方程的解、什么是方程的根、什么是解方程的步骤等;此例对应"注重实质"就是要把握好利用等式的性质来解方程;"积极前进"是指学习不要在某个数学知识点处停留过久,不要碎步慢走,要积极向前推进;"循环上升"是指把一些重难点内容通过一次、二次、三次循环上升,让学生逐步理解,提高认识,融会贯通;"开门见山,适当集中"主要指课堂教学要快速直达核心内容,不要老是在外围周旋,要剖析知识的内在逻辑联系,集中讲述教学内容;"先做后说,师生共作"指教师让学生先做练习,练习中发现学生的学习问题,然后教师再有针对性地讲解,且在此过程中师生要交流、合作、互动。32字诀是十分系统的减轻学生学习负担,提高课堂教学效益的综合性教学改革的原则、思想与方法。该论著从教学改革实验方法的角度阐释了GX实验的实验特征,体现了我国数学教学改革的行动实践性,同时结合我国初中数学教学的现状和问题,提出了中学数学的非形式化谱系,简析了我国数学教学改革的实践理性机制,并基于GX实验的研究,探讨了我国初中数学教学"减负提质"的本土特色"GX32字诀"策略。这是GX实验20多年来研究成果的又一次提升与发展,呈现了GX实验的历史脉络与实践素材,再次展现了我国初中数学教学"减负提质"改革的成功范例。

　　从发展的角度来看,数学教学改革是数学教育发展的永恒主题,数学教学改革的历史也是数学教育教学的发展史。回顾我国数学教育的改革历程,自20世纪初经历了"效仿日本""模仿欧美""照搬苏联",到20世纪60年代初开始探索我国本土特色的数学教育体系,具有中国本土特色的数学教学改革不断涌现。如北京马芯兰主持的"小学数学教材教法改革",江苏邱学华主持的"尝试教学",上海青浦顾泠沅主持的"尝试指导,效果回授"的数学教学改革,原西南师大王秀泉主持的"大面积提高初中数学教学质量"的教改实验,原西南师大陈重穆主持的"提高课堂效益的初中数学教学实验"……21世纪初还开展了基于课程标准的系列数学课程教学改革。近百年来,英、美等发达国家的数学教学改革也接连不断。国内外数学教学改革的实践表明,数学教学的发展是由课程教学改革构成的一个连续体,数学课程教学改革的历史不仅影响着当下的数学教育,而且还预示着数学教学的未来发展路向。而从文化的角度来看,数学教学改革是一个国家(地区)的传统文化、社会背景、教育观念等综合改革的产物,它蕴含着一个国家数学教育教学的传统、规律及本土特色。挖掘与提炼我国数学教学改革的本土经验,是构建具有中国特色数学教育理论体系的积极探索。

　　该论著扎根于GX实验的实践,提炼了其面向"减负提质"的GX实验的理念、教学原则、教学方法与实践理路,探析了我国数学教学"减负提质"变革的方法特征与本土特色，提供了20多年来我国数学教学"减负提质"实验的一个范本。在我的印象中，包括徐建星博士在内，我的近10位博（硕）士研究生，如庞坤、朱福胜、罗万春、于波、张廷艳、刘静等分别从教学模式、教育哲学、32字诀、教材编写、教学实验等不同角度、不同学段，甚至不同学科对GX实验开展研究，基本形成了关于GX实验的系列研究。关于GX实验及其数学教学改革的研究成果，不仅包括发表了诸多论文（论著），两次获奖，还为我们团队的"构建西部教学团队，深化数学教育课程建设与教学改革，积极服务基础教育"于2009年获得第六届高等教育国家级教学成果一等奖做了重要支撑，而且得到了科研课题立项，如徐建星博士主持了全国教育科学"十二五"规划教育部重点课题"六十年我国中小学数学教学改革模式研究（1949—2009）"，全国教育科学"十三五"规划国家一般项目"40年我国数学教育课堂变革的中国经验研究（1978—2018）"。这也说明了相关研究的重要与发展，相信这些系列研究成果的发表与出版能为提高数学课堂教学效益、改进数学课程教学方法、推动数学教育教学改革和发展起到一定作用。我期待更多的GX实验及数学教学改革研究成果不断涌现，期盼徐建星博士在扬州大学这样一所有师范专业特色、蒸蒸日上的综合型大学，潜心研究，不断攀升，有更多、更好的研究成果产生，积极为我国中小学数学教学改革与发展服务。

2018年12月7日

（注：宋乃庆为西南大学二级教授，博士生导师，国家级教学名师，教育部西南基础教育课程研究中心主任，教育部基础教育课程教材专家工作委员会原副主任，中国教育学会原副会长，全国数学教育研究会副理事长，西南大学原常务副校长。1993年享受国务院政府特殊津贴。）

前言
Preface

　　学科教学改革实验是教育理论实践与构建的一个重要场域。数学作为基础教育的一门重要学科,许多先进的教育理论、教学理念、科学技术,以及社会发展引起的人才培养需要,经常要在数学教育中进行课程与教学的改革实验。如20世纪初德国数学家克莱茵(F·Klein)与英国数学家培利(Perry)等倡导以改革数学课程内容和任务为目的的"培利—克莱茵运动",20世纪60年代美国倡导的"新数运动",20世纪80年代的"大众数学"等数学教育改革,大多都是基础教育改革的先行者。同时,人们还扎根于数学教与学的特性,构建了数学课程与教学的许多理论观点,如"教育数学"、数学概念的"二重性"、数学学习的"APOS"理论等;扎根于数学教学改革实践,构建了许多数学教育理论观点,如"四性教学法""尝试教学"等。由于数学是国际上中小学教育的一门重要学科,且具有国际通用性与一致性,放眼国际,数学教学的改革实验更是纷繁复杂,特别是近十年来,这一点显得尤为突出。

GX实验是原西南师范大学(现西南大学)陈重穆先生、宋乃庆教授于1992年正式提出并实施的,它是"提高课堂效益的初中数学教改实验"的简称,"GX"为"高效"一词汉语拼音的首字母,20世纪90年代全国有14个省(自治区、直辖市)的近千所学校参与此项教改实验。研究成果《淡化形式,注重实质》于1998年获教育部普通高校第二届人文社科研究成果三等奖,《提高初中数学课堂教学效益研究——GX理论与实践》于2001年获重庆市科技进步二等奖,实验提出的观点"淡化形式,注重实质"被数学课程标准采纳,成为时下普遍认同的数学教育理念。

2008年,笔者有幸到西南大学攻读博士学位,在GX实验的发源地领略了其概貌,结合前期的阅读印象,进一步认识到GX实验主要是针对我国20世纪80年代末至90年代初数学课堂教学效率低下、学生学习负担过重的问题提出的,强调数学作为基础教育的一门重要学科,不能成为素质教育的"拦路虎",而应成为实施素质教育的重要学科,面向学生素质,构建具有数学特征的素质教育。GX实验以"减负提质"为宗旨,以"GX32字诀"——"淡化形式,注重实质;积极前进,循环上升;开门见山,适当集中;先做后说,师生共作"为主线,以提高数学课堂教学效益为基本途径,构建高效益的数学教学以减轻师生负担。经过长期的改革与实践,基于经验的反思与数学教学理论的构建,GX实验成为一项融教育思想、教材编写、教学方法为一体的综合性数学教改实验,被誉为一项具有中国特色的初中数学教学改革。

GX实验除了在14个省(自治区、直辖市)进行大面积实验与推广外,还受到一批著名的数学家和数学教育家的高度评价,如中国科学院刘应明院士称"GX实验教学效果好、实验面涉及广,在强调素质教育、减轻中学生过重负担的今天,在培养学生创新精神与对学生数学精神的培养上都很有意义……GX实验提出了实施素质教育必须解决的问题——如何高效发挥课堂45分钟的作用;GX实验富有中国特色,有很强的创新意识。"[1]国际数学教育委员会前执行委员,华东师范大学张奠宙先生称"'淡化形式,注重实质'的提出,对我国数学教育改革确是金玉良言""GX实验是一项具有我国特色的数学教学改革实验"。南京大学郑毓信教授指出,"淡化形式,注重实质"是"GX32字诀"的精髓,这一思想打破了传统的"数学教育目的是形式陶冶"的教学观念,改变了过分追求数学教学的"形式化""科学性"的做法,这一教学原则"提出了改进我国数学教学的一个重要问题"。天津师范大学张国杰教授指出,"GX实验牵住了数学教学教育改革的牛鼻子,实不为过"。

　　进一步反思发现,虽然GX实验有着长期的、丰富的实践,获得了大量的各级奖励,也得到一批知名专家的赞誉,但GX实验的理论构建、实践理路及发展脉络等方面的研究仍存在许多不足,其自身的理论构建与教学特色仍存在研究的缺失。鉴于此,本书基于GX实验的发展脉络,分析与构建了GX实验面向学生认知的初中数学教材体系与理论、高效益的数学课堂教学方法,分析了GX实验多视角地为教育减负提质提供的综合性路径,从微观的角度构建我国数学教学的本土特色。

　　研究内容主要包括四个方面：一是 GX实验与素质教育的脉络分析。GX实验是针对课堂教学效益不高,学生学习负担过重,面向素质教育所提出的减负提质。基于此视角,研究从宏观到微观、从实践到理论等不同层面,探析GX实验进行素质教育的科学内涵、理论依据及实施策略。二是GX实验的改革发展与理论形成。根据教育改革的阶段性理论,把GX实验的发展历程划分为酝酿、启动、实施、提升四个阶段。根据教育改革的两大要素:教育理论与改革理论,具体分析每一阶段,从纵横两个维度系统探讨GX实验由生成到发展的教学实践与理论,还原GX实验的发展历程,探索其理论形成。三是GX实验教学改革的方法论反思。基于方法论的思考,其一,把GX实验置于数学教育研究的范式下,反思与阐释

---

[1] 刘应明.GX实验的科技成果鉴定函审意见(保留文稿)[Z].2000.

GX实验的"经验——科学家的研究传统"与"数学——归纳的研究范式";其二,把GX实验置于教学实验的视角下,反思与阐释其自然教学环境下的准实验特征。四是GX实验的启示与我国数学教学特色。反思与剖析GX实验减负提质的理路,启示当下的数学课程改革与教学改革的现实路向,分析与构建我国数学教学减负提质的本土特色。

本书在挖掘、梳理、构建与借鉴的基础上,较为系统地整理与提炼了GX实验的数学观、教学观、学习观,减负提质的内容、方法与实践等,这是GX实验教学思想方法的一个梳理与提炼。虽然GX实验只是众多数学教学改革实验的其中之一,但它也是数学教学改革史的一个重要组成部分,"GX32字诀"作为数学教学减负提质的一个重要依据与理论构建,是我国特色数学教学理论的一个重要部分,具有挖掘和发展的价值与意义。GX实验对数学教学的理念、目标、内容等多个要素的系统整合、有机协调,教学理念的转化为教学行为、国外教育理论切实的本土化等提供了借鉴与启示。本书是全国教育科学规划国家一般项目"40年我国数学教育课堂变革的中国经验研究(1978—2018)"(编号:BHA180134)的阶段性成果,书中对GX实验的梳理期望能为当下数学课程改革的发展与数学核心素养的落实提供实践的理路,能为教育减负提质提供一定的参照,能为广大的一线教师提供教学实践的导引,能为数学教育研究者提供教学改革的素材。

徐建星

目 录
CONTENTS

第一章　GX实验减负提质的改革诉求
第一节　素质教育的内涵　　/002
第二节　数学教学改革的发展简述　　/009
第三节　GX实验减负提质的素质教育诉求　　/012

第二章　GX实验发展的历程
第一节　GX实验发展的阶段　　/030
第二节　GX实验的启动　　/039
第三节　"GX32字诀"的形成　　/058
第四节　GX实验减负提质的效果与评价　　/076

第三章　GX实验面向学生认知的初中数学教材的构建
第一节　GX实验初中代数知识体系的构建　　/094
第二节　GX实验初中几何知识体系的构建　　/103
第三节　GX实验教材内容设置的案例分析　　/109

第四章　GX实验高效益数学课堂教学的分析
第一节　GX实验的数学教学原则　　/120
第二节　GX实验课堂教学的模式特征　　/128

第三节　GX实验课堂教学的课例分析　/133

第五章　GX实验教学改革的理论基础

第一节　GX实验的数学观　/154

第二节　GX实验的教学观　/164

第三节　GX实验的学习观　/172

第六章　GX实验改革方法的考量

第一节　基于数学教育研究范式的审视　/185

第二节　基于教学实验方法的审视　/190

第三节　数学教学实验方法的现实反思　/205

第七章　GX实验对我国数学课程与教学改革的镜鉴

第一节　学校数学形式化体系的教育形态构建　/208

第二节　数学教育减负提质的高效益课堂教学　/215

第三节　易于师生使用一体化的数学教材　/218

第四节　数学教师培训的"数学化"　/222

第五节　职责与利益维持改革动力的双重效能　/227

第六节　推动数学课程改革的实践理性机制　/233

第八章　我国数学教学减负提质的理路

第一节　我国数学教学减负提质的现实理路　/238

第二节　我国数学教学减负提质的本土特色　/242

参考文献　/255

附　录　/267

附录一　1993—2008年以GX实验为主题发表的论文　/267

附录二　以GX实验为主题的博硕学位论文统计表　/275

附录三　陈重穆先生关于GX实验的部分报告、信件、手稿　/276

附录四　陈重穆先生组织教材编写活动的文件　/289

附录五　GX实验学校的实验计划　/290

附录六　沙坪坝区实验学校考试通知、考试成绩与教师概况统计表　/292

后　记　/297

第一章

GX实验减负提质的改革诉求

虽然数学仅是基础教育的一门学科,但教学改革实验不是一个独立的事件,不只是数学教育内部的事情。教学作为一种社会文化现象,传统文化、社会制度、教育背景等因素均会对其产生影响。因此,要剖析GX实验,需要回顾其产生的教育背景与社会境遇,我们需要置身于当时的文化场域去思考。

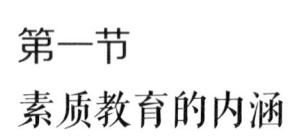

第一节
素质教育的内涵

一、素质教育提出的背景

1976年我国"文化大革命"结束后,经过短暂的整顿与恢复,1978年召开了十一届三中全会,中国进入了全面调整与发展的新时期;在实行改革开放,建设社会主义强国等重要决策的推动下,教育与科学技术处于社会发展战略的首位。在党的十一届三中全会以前,邓小平就指出,"我们要实现现代化,关键是科学技术要能上去。发展科学技术,不抓教育不行",[1]并强烈要求"一定要在党内造成一种空气:尊重知识,尊重人才"[2]。1985年5月19日,邓小平在全国教育工作会议上指出,"我们国家,国力的强弱,经济发展后劲的大小,越来越取决于劳动者的素质,取决于知识分子的数量和质量"。同年5月27日,中共中央颁布的《关于教育体制改革的决定》明确指出,"在整个教育体制改革过程中,必须牢牢记住改革的根本目的是提高民族素质,多出人才,出好人才"。[3]这成为我

---

[1] 邓小平.邓小平文选(第二卷)[M].北京:人民出版社,1994:40.
[2] 邓小平.邓小平文选(第二卷)[M].北京:人民出版社,1994:41.
[3] 中国共产党80年大事记·1985年[EB/OL].http://www.people.com.cn/GB/shizheng/252/5580/5581/20010612/487222.html.2011-09-17.

国基础教育发展与改革的基调,同时也反映了这一时期及以后很长的一段时间内,为社会经济需要培养人才的素质教育内涵。

进入20世纪80年代以来,在经济全球化、信息化背景下,无论发达国家还是发展中国家,都把振兴教育作为21世纪国家发展的重点战略,将国家振兴、民族振兴和经济振兴之希望寄托于教育的振兴,已成为世界各国的共识。教育与社会的互动关系变得更加复杂与重要,正如联合国教科文组织国际教育发展委员会所指出的,教育改革不能脱离社会现实,而要有经济的和社会的发展目标,另一方面也提出要利用教育的改革与更新推动社会的发展。①我国当时正处于一个社会、经济的转型期,这一点变得更为重要。在社会转型过程中,"向科学进军""知识就是力量""尊重知识,尊重人才""科学技术是第一生产力"等时代话语,渗透到了基础教育中,对教育提出了更高的要求,迫切要求提高教育质量,培养社会主义的建设人才成为基础教育改革的重中之重。

从我国教育改革的发展历程来看,王火生以1977年恢复高考作为中国教育改革的肇端,把我国教育改革的历程划分为四个阶段:第一阶段(1977—1985年)——恢复、重建。第二阶段(1985—1992年)——放权、搞活。1985年,《中共中央关于教育体制改革的决定》提出:"必须从教育体制入手,有系统地进行改革。"第三阶段(1992—2002年)——转型、转轨。教育改革由此进入一个新的阶段,即教育在体制上要向与社会主义市场经济体制相适应的体制转型,在培养模式上由应试教育转向素质教育。第四阶段(2002年至今)——调整、提高。"调整"主要是指对基础教育特别是农村义务教育管理体制进行调整;"提高"主要指深入推进素质教育,提高大中小学教育质量。②2008年,石中英、张夏青把我国改革开放30年来的教育改革划分为四个发展时期:①教育改革酝酿与教育事业恢复发展时期(1978—1984年);②教育改革起步与教育事业稳步发展时期(1985—1992年);③教育改革全面展开与教育事业快速发展时期(1993—1998年);④教育改革持续深入与教育质量全面提升时期(1999—2008年)。③

---

①联合国教科文组织国际教育发展委员会.学会生存——教育世界的今天和明天[M].华东师范大学比较教育研究所,译.北京:教育科学出版社,1996:85.
②王火生.发展之基 和谐之本——中国教育改革30年回顾与思考[J].教育学术月刊,2009(2):31-37.
③石中英,张夏青.30年教育改革的中国经验[J].北京师范大学学报(社会科学版),2008(5):22-32.

以上划分具有很大的一致性,从中可以看出在20世纪80年代中期到90年代中期,重建、转变、发展等是这一时期教育改革的关键词,全面提高教育质量成为当时教育的主要话题,推动了以提高教育教学质量为主题的教学改革。数学作为基础教育的一门重要学科,也走进了教学改革的浪潮中。

二、素质教育的发展阶段

素质教育是我国改革开放后,社会经济发展在教育理论和思想上的产物,有深厚的社会背景和强烈的时代需求。自20世纪80年代以来,素质教育的提出与发展成为我国教育发展的主要愿景,学者们在从宏观到微观、从理论到实践等不同层面,不断地探索素质教育的内涵与实施,已渗透到我国教育的各个层面,以推进我国基础教育的改革与发展,其产生与发展大致经历了以下三个阶段。

(一)素质教育的提出(20世纪80年代初—90年代初)[①]

素质的概念在20世纪80年代初就引起了人们的关注,1985年中共中央《关于教育体制改革的决定》提出:"在整个教育体制改革过程中,必须牢牢记住改革的根本目的是提高民族素质,多出人才,出好人才。""素质教育"一词的初次使用是在1987年,当年4月在九年义务教育各科教学大纲的通告会上,原国家教委副主任柳斌在讲话中第一次使用了"素质教育"的说法,他在讲话中提出,由于很多地方把基础教育办成了单纯的升学教育,一切为了应试,这就导致了各个学校只重视智育,而忽视了德育、体育、美育和劳动教育等。基础教育应当是社会主义的公民教育,是培养社会主义公民的素质教育,如果把基础教育办成单纯的升学教育是不对的,教育需要培养出有素质的人才,以满足社会发展与经济建设的需要。1988年,言实在《素质教育是初中教育的新目标》一文中指出,初中教育应培养学生的思想道德、心理健康、科学文化、劳动技术等四个方面的素质。这是国内在公开刊物上最早出现"素质教育"一词,并对其内涵进行初步解释的文章。自此以后,"素质教育"得到人们的广泛关注,学界对其内涵进行不断探讨,素质教育成为基础教育的育人理念。

[①] "素质教育的概念、内涵及相关理论"课题组.素质教育的概念、内涵及相关理论[J].教育研究,2006(2):3-10.

素质教育的概念主要是针对应试教育所存在的一些弊端而提出的,由于当时高考的成功所带来的巨大利益,导致学校、教师片面追求升学率,家长过于看重考试成绩等原因,形成了应试教育,导致学生学业负担过重,抹杀了学生的个性,损害了学生的身心健康等。这一阶段教育理论界主要从社会和人发展的需要出发讨论素质教育的意义,从马克思主义全面发展的理论层面探讨素质教育的理论基础,从素质教育与应试教育的关系分析素质教育的概念和内涵,从对素质的认识确定素质教育的内容。

(二)素质教育研究的发展(1993—1999年)

1993年3月《中国教育改革和发展纲要》的颁布将素质教育的探讨推向了一个新高潮,标志着素质教育由一种教育的理想或观念上升为基础教育决策的指导思想。1995年3月,《中华人民共和国教育法》中指出素质教育包括政治、思想和道德素质的培养,科学文化素质教育,身体素质教育,心理素质教育四个方面。素质是指人在其自身发展过程中形成的包括自然因素与社会因素两个方面的一系列基本品质、素养的总和。这一界定进一步澄清了素质教育的概念,在一定程度上平息了教育界对其含义的纷争。1997年10月,国家教委发布了《关于当前积极推进中小学实施素质教育的若干意见》,阐述了实施素质教育的意义,对素质教育内涵的界定基本采用柳斌的"三要义说",即教育要面向全体学生,要使学生全面发展,生动活泼地发展,至此素质教育进入全面实施阶段。

这一阶段,教育理论界甚至社会各界都对素质教育的内涵进行了多角度、全方位和深入的研究。在理论基础方面,加强了对相关学科和理论的研究与吸纳,如有的学者从知识经济理论、终身学习理论、建构主义学习理论、人本主义学习理论、多元智能理论等理论中汲取营养,丰富了素质教育的理论内涵,认识到素质教育不仅要面向全体学生、全面提高学生的素质,还要培养学生的主体性、能动性,素质教育要着眼于学生的终身发展,培养学生的健全人格等。在实践认识方面,学者们对素质教育与应试教育的关系,素质教育与个性发展、特长培养的关系,素质教育与考试、升学的关系等进行了深入的探讨,并澄清了一些模糊认识。

(三)素质教育研究的深化(1999年至今)

1999年6月,中共中央国务院颁布了《关于深化教育改革,全面推进素质教育的决定》,它是指导21世纪教育改革发展的纲领性文件,标志着素质教育成为国家的教育政策,第一次比较完整地表达了国家素质教育政策的目标、重点,教师教育的准则等。由《关于深化教育改革,全面推进素质教育的决定》可以看出,实施素质教育就是全面贯彻党的教育方针;实施素质教育以提高国民素质为根本宗旨;实施素质教育要以培养学生的创新精神和实践能力为重点;实施素质教育就是要造就"四有"人才;实施素质教育要坚持面向全体学生,为学生的全面发展创造相应的条件等。以上对素质教育的界定是多年来人们对素质教育研究成果的集中体现,体现了国家、社会对人才需要的转变,不仅体现在政策方面,更重要的是素质教育的实施紧紧抓住了时代的脉搏,具有极强的生命力,为基础教育的课程与教学改革提供了基础与背景,极大地推动了我国基础教育的发展。

2001年,《全日制义务教育数学课程标准(实验稿)》的颁布,开启了我国基于课程标准的数学课程与教学改革。近年来,从数学核心素养的提出、研讨,至2017年《普通高中数学课程标准(2017年版)》中明确提出数学核心素养的内涵与界定,本质上都是数学素质教育的发展与深化。

三、素质教育的内涵

素质教育是一个动态的、发展的概念,由于时代的不同、地域的不同,素质教育也具有不同的内涵与特点。20世纪80年代以来,我国教育界对素质教育展开了较为广泛的讨论,基于不同的视角,学者们对素质教育有不同的界定。诸如:(1)素质教育是以开发儿童身心潜能,完善和全面提高基本素质为根本目的的教育;(2)素质教育是人类以自身的身心素质为对象的再生产和再创造,是人类运用自身创造的物质文明和精神文明的历史成果去开发、塑造和完善年轻一代身心结构与功能的社会实践方式;(3)素质教育是通过科学的教育途径,充分发掘人的天赋条件,提高人的各种素质水平,并使其得到全面、充分、和谐发展的教育;(4)素质教育是依据人的发展和社会发展的实际需要,以全面提高全体学生的基本素质为根本目的,以尊重学生主体性和主动精神、注重开发人的智慧潜能、注重形成人的健全个性为根本特征的教育;(5)素质教育是面向全体学生,以全面提高学生的基本素质为根本目的,以注重开发受教育者的潜能,促进受教育者德、智、体诸方面生动活泼地发展为基本特征的教育;(6)简单地讲,素质教育的本质内涵就是要造就通才、通识的全面发展的人。[1]这实际上是学者们基于不同的视角对素质教育提出了自己的观点,其中包括了心理学、生理学、教育途径、学生的发展目标、社会的人才需求、教育的政策方针等视角,体现了学者对素质教育研究视角的丰富,同时也说明素质教育内涵的复杂。有的学者把相关研究进行了概括,提出素质教育的内涵主要有三种:(1)对立说,因课程领域、学科群、学科的不同,所承担的素质教育任务与内涵也不同,据此对素质教育的内涵进行界定;(2)分层说,根据素质的不同层次,或德、智、体、美、劳等不同层面对素质教育作出界定;(3)要素说,根据心理功能的构成要素对素质教育进行界定。这些思路从不同侧面对素质教育做出了解释,都有其特定的意义和价值。[2]

总之,素质教育是面向全体学生的教育,是促进学生全面发展的教育,是促进学生个性健康发展的教育。素质教育的本质内涵实际上是对先前教育根本内涵的一种时代转换、主题转换,即从对知识结果的注重转为对方法和过程的关注;从对基本知识与技能的注重转为对创造能力的关注;从对共性的强调转为对个性的追求。

四、素质教育的特征

为了进一步认识素质教育,不少学者提出了素质教育所具有的特点。如朱德全等认为,素质教育是有等级层次结构的,使教育对象具有良好的精神面貌是素质教育第一级结构,健康教育与思想品质教育是第一层次的素质教育;使教育对象具有充沛的精神力量是素质教育的第二级结构,智慧品质教育是第二层次的素质教育,它处于一个中间状态;动作技能教育是第三层次的素质教

---

[1] 康万栋.素质教育研究述评[A]//顾明远.素质教育的理论探讨[C].北京:中国和平出版社,1996:271-284.
[2] 钟启泉.试论素质教育课程设计的教育学模型[J].教育研究,1995(2):30-36.

育。[1]孙孔懿认为素质教育具有以人为本、面向全体、突出主体精神、关注终身发展四个基本特征。[2]郎业伟认为素质教育具有现实性、整体性、基础性、动态性四个特征。[3]盛群力认为素质教育具有全体性、普遍性、发展性、全面性四个特征。[4]张瑞克认为素质教育具有全民性、基础性、普遍性、全面性、发展性五个特征。[5]燕国材提出素质教育具有主体性、全面性、综合性、基础性、层次性、成功性六个特征。[6]综上所述,素质教育一般具有全面性、主体性、发展性、基础性、全体性等特征。

在基础教育中,要实现从应试教育向素质教育的转变,将素质教育落实到学科教育中进行具体化教学与研究,是解决这一问题不可缺少的客观条件。[7]这样看来,数学素质教育就是素质教育的一个下位概念,就是通过数学教学来培养学生素质的教育。数学素质教育不能仅强调数学知识、技能、情感的培养,还要进一步延伸到学生的一般能力与素养。因此,可把数学素质教育界定为:通过数学教育进行素质教育,全面提高学生素质。数学素质教育具备五个基本特征:全体性、全面性、主体性、基础性和发展性。[8]当然也有学者认为没有必要提出数学素质教育的概念,其实质只不过是在数学教育中培养学生的素质。

---

[1] 朱德全,苏飞跃,寇冬泉.试论素质教育的主体性与协同性[J].西南师范大学学报(哲学社会科学版),1998(3):54-58.
[2] 孙孔懿.素质教育概论[M].北京:人民教育出版社,2001:114-126.
[3] 郎业伟.构建我国素质教育理论[A]//顾明远.素质教育的理论探讨[C].北京:中国和平出版社,1996:216-234.
[4] 盛群力."素质教育"四种属性之探讨[A]//顾明远.素质教育的理论探讨[C].北京:中国和平出版社,1996:235-251.
[5] 张瑞克.素质教育若干特点的探讨[A]//顾明远.素质教育的理论探讨[C].北京:中国和平出版社,1996:262-270.
[6] 燕国材.素质教育的基本特点[A]//顾明远.素质教育的理论探讨[C].北京:中国和平出版社,1996:322-329.
[7] 朱德全,宋乃庆.论素质教育观下的数学教育[J].教育研究,1998(5):23-27.
[8] 庞坤,李明振,宋乃庆.GX实验是实施数学素质教育的成功范例[J].西南大学学报(自然科学版),2008,30(2):161-164.

第二节
数学教学改革的发展简述

一、数学教学改革的传统

首先,从数学教学改革的整体来看,自20世纪70年代末以来,在我国"大教学论"传统下,数学教学改革实验成为中小学教学改革中最繁荣的领域之一,涉及教师的教、学生的学、课程与教材等数学教育的各个方面。如上海育才中学段力佩的"读读,议议,讲讲,练练"八字教学法;湖南师范大学附属中学的"引导探索法";辽宁省实验中学的"研究法";中国科学院心理研究所卢仲衡的"自学辅导教学法";北京景山学校的"单元教学法";湖北大学黎世法的"六课型单元教学法";江苏省扬州中学张乃达的"提前形成数学观念"的教学改革;江苏省无锡教育科学研究院徐沥泉的"贯彻数学方法论的教育方式,全面提高学生素质"的数学教育实验等。21世纪初,我国进行了基于"课程标准"的数学教育改革,当下数学核心素养成为数学教学改革的一个重要话题。如此众多的数学教学改革实验推动了数学教育的发展,促进了基础教育的改革与发展。

其次,从微观的角度来看,自20世纪80年代初,西南师范大学数学教学改革小组就经常深入中学进行教学调研,探讨初中数学教学中存在的问题。在王秀泉教授的主持下,针对初中数学教学质量不高,存在大量后进生的现象,进行了"培养自学能力,发展非智力因素,大面积提高初中数学教学质量"的教学改革实验,取得了显著效果。[①]1987年,在游铭钧、张孝达等同志的鼓励支持下,

---
① 王秀泉.培养自学能力　发展非智力因素　大面积提高初中数学教学质量[J].课程·教材·教法,1989,9(4):51-53.

GX实验教改组在陈重穆先生的主持下"以方程为纲,以元为序"编写并实验了《新编初中代数》。1989年,GX实验教改组又参加了原国家教委规划的8套义务教育教材中的"内地版""高师版"两套初中数学教材的编写、实验工作。在这一阶段,GX实验教改组深入中学数学教学实践,进行调查研究、积累经验与探索数学教学规律,针对中学数学教学中存在的问题,主要从教材方面进行了局部的探索实验,在数学教材的编写与推广中有了GX实验教学观点、原则的萌芽,为后期GX实验教材的编写奠定了坚实的基础,也为进一步从教材扩大到教学的改革做了准备。

综上可见,自20世纪70年代以来,我国数学教学改革的繁荣与发展,GX实验教改组对初中数学教学现状的深入了解,对相关的教学改革实验及教材编写等的研究,为以后GX实验的提出与形成奠定了改革的基础。特别是教材的编写与研究,因为当时许多教材的编写原则与观点成为GX实验的基础,它们与GX实验的精神、教学原则是一致的,如"淡化数学的名词、术语,淡化文字的叙述,适当集中"等。通过长期的探索实验,GX实验教改组既切实了解了一些一线教师和学生的实际情况,又结合了国内外的教育理论知识,为GX实验的真正实施做了充分的准备。[1]因此,从实验发展的角度来说,在此期间西南师范大学数学教学改革小组,通过调查与深入中小学数学教学实践研究,了解了中小学数学教学的现状,发现了其中存在的问题,基于数学教材的编写,思考改进的方法与对策,为批判与改善当时的数学教学现状提供了详实的资料。

二、数学教学内容的过度形式化

自清朝末期到民国时期,我国的数学教育经历了先学习日本,后学习美国的发展过程。中华人民共和国成立后,在当时的社会背景下,我国在政策上确定"以苏为师",依靠苏联的帮助来进行各方面的建设。[2]在教育领域,1952年后我国进入了全面学习苏联教育的阶段,甚至形成"先照搬过来,然后再中国化"的激进式学习方式。[3]根据这种"全面学习苏联"的需要,国家教委对中学教学计划、各科教学大纲等做了一系列的调整和修订。国家教委于1952年3月颁

---

[1] 朱福胜.数学教育哲学视野下的GX实验研究[D].重庆:西南大学,2010:116.
[2] 方晓东,李玉非,毕诚,等.中华人民共和国教育史纲[M].海口:海南出版社,2002:71.
[3] 魏群,张月仙.中国中学数学课程教材演变史料[M].北京:人民教育出版社,1996:32.

发了《中学暂行规程（草案）》，其中规定了中学教育的任务与培养目标、修业年限、入学条件、教学原则、教学方法、教学计划、教材选用要求等。规定了中学修业年限为6年，初中、高中各为3年，且中学所用各种课本需采用国家教委审定或指定的。在中学教学计划中规定初中所开设的13门科目中，数学的内容为算术、代数、几何、三角与解析几何五个部分。高中开设的13门科目中数学的内容为代数、几何、三角与解析几何四个主要部分，其中对中学数学的科目未做变动，只是对一些科目的设置和每学期周课时数做了一些变动。①

1952年7月，国家教委成立"中小学各学科教学大纲起草委员会"，领导起草各学科的教学大纲。委员会下设各学科组。其中，中学数学组由12人组成，主持者是国家教委工作人员，其他11人都是从大学、中学临时抽调来的教师。关于数学教学大纲的编写，委员会指出：要学习苏联的先进经验，以苏联十年制学校最新的中学数学教学大纲为蓝本，编写我国的中学数学教学大纲，原则上对苏联大纲的内容和体系不做大的改动，只对完全不适合我国情况的内容做必要的修改和补充，要先搬过来，然后中国化。②初稿完成后，在北京召开座谈会征求一些大学教师、中学教师和科研人员的意见后，国家教委审核通过了修改后的大纲，决定作为草案发行。1952年《中学数学教学大纲（草案）》由人民教育出版社正式出版。1953年3月，各地开始试行。该大纲对中学数学教学内容做了规定，基本都是按"概念→意义与性质→运算"的逻辑顺序进行编排。这种数学学术体系结构对数学作为学科的形成、传播与发展是必要的，也是数学发展的重要成果，但让学生严格按此顺序来学习，就会导致"教学法上的颠倒"，人为地造成教与学的负担。

1952年的《中学数学教学大纲（草案）》实际上是苏联十年制学校中学数学教学大纲的编译本，经国家教委正式公布后，就成为其后一个时期编修教材、进行教学的依据。1961年，在"调整、巩固、充实、提高"八字方针指导下，依据我国数学教育的改革实践，在比较全面、广泛深入地综合各家之长后，1963年5月国家教委颁布了《全日制中学数学教学大纲（草案）》，初步形成自己的数学教育特点

---

① 课程教材研究所.20世纪中国中小学课程标准·教学大纲汇编 课程（教学）计划卷[G].北京：人民教育出版社，2001：206-212.
② 吕世虎.中国当代中学数学课程发展的历程及其启示[D].长春：东北师范大学，2009：76.

和风格。[①]然而随后的"文化大革命"致使这一大纲没有得到很好的实施。1978年拨乱反正后，国家教委虽然又在原来的基础上进行了修订。但数学教学的内容及其编排体系没有实质性的变化，强调数学的逻辑性、严谨性、系统性等特征，相当重视数学的概念和理论的教学，强调科学性原则，具有较强的形式化要求。

第三节
GX实验减负提质的素质教育诉求

一、数学教学过度形式化的批判

由于数学的抽象性与形式化特征，数学作为一种模式的科学，在数学教育中具有一定的形式化是必要的。但在当时的中小学教学中过度强调数学的科学性原则、学术性的形式化要求，反而对数学教学产生了一些消极的影响。如要求数学教学要"层层夯实""前不清，后不接"，要求数学教学要"步步为营""不煮夹生饭"等成为当时数学教学中的普遍现象，除了"片面追求升学率""应试教育"与"题海战术"等原因外，陈重穆先生认为这种数学知识的过度形式化是造成师生负担过重、课堂教学效率低下的一个重要原因。具体体现在学生所接触的数学知识中对名词、术语等在形式上和细微处理上孜孜以求，出现了形式烦琐的倾向，冲淡了数学的实质，脱离了学生认知实际，造成学生不必要的学习负担，不利于学生能力的培养，阻碍了素质教育的实施与发展。

1986年8月22日至26日，时任西南师范大学校长的陈重穆先生，在原西南师范大学的东方红礼堂召开的"中学数学教学研究讲习班暨初中数学实验教材研讨会"上，作了《关于中学数学教材中的方程问题》的报告，当时陈重穆先生的报告引起了强烈的反响，不少代表认为报告对于中学数学教材改革具有重大意义。陈重穆先生首先从初中数学教材中的"方程"入手，提出当时教科书中方程

[①]崔克忍.近代数学教育50年回顾[J].教育史研究，2000(2):48-52.

的定义"含有未知量的等式叫方程"不合理,存在许多逻辑上的困境:[1]

如什么叫未知量?

$ax=b$ 中 a 算不算未知量? x 为何算未知量?

方程 $x=1$ 中,x 还叫未知量?

$x+1=x+2$ 中,x 根本不存在,还要对不存在的东西下定义吗?

$x+1=x+1$ 算含未知量,那么其同解方程 $1=1$ 算含未知量,还是不含未知量?

而在课堂教学中教师常耗费大量时间让学生掌握并背诵方程的定义,并给出大量类似的式子让学生判断,而这些根本不是方程的实质,学生在学习一些无意义的人为规定。

其次是对"有理数"一章内容的批判,由于教科书中过度强调基本概念及其概念间的逻辑关系,由概念到运算的过渡太长,其间要学习正、负数的概念,数轴的概念,绝对值的概念,有理数的大小比较等,然后才学习有理数的运算,而其核心是运算,前面这么多的内容相对有理数的运算来说,是次要的,是细枝末节。陈重穆先生对分式的定义、对代数式的定义、对方程以"次数"为序的设置、对方程的同解原理等都从数学的视角做了批判,指出其中存在的教学误区与低效现象。

一方面,过度形式化的要求也给教师造成了教学的负担。如教师为了不犯"科学性"错误(这可是最令人难堪的错误),迫使教师谨小慎微,口述、笔写力求精确、熟练,数学教师备课时在这方面花了大量的时间和精力。有些数学教师有兴趣研究线段是否包含端点,虚轴是否包含原点,$a(b+c)$ 是否是多项式等无关大体的问题。[2]这期间陈重穆先生主要对初中数学课堂教学中的烦琐哲学倾向,以及过分追求形式化的初中数学教材提出质疑与批判。这些琐碎的内容占据了数学课堂大量的时间,形式与细枝末节的研究与要求,使课堂教学常在数学核心内容的外围游弋,数学的实质性内容得不到突显,导致数学课堂教学的效率低下,造成课内时间不够用进而课外补,教师的教与学生的学都负担过重。

另一方面,数学逻辑性、严密性、系统性的过度要求,不符合学生的认知水

---

[1] 陈重穆.关于中学数学教材中的方程问题(提要)[J].数学教学通讯,1987(2):2-3.
[2] 中学数学教改实验组.GX 理论与实践[M].重庆:西南师范大学出版社,1998:43.

平与能力,不利于学生数学思维能力与一般能力的培养,降低学生对数学的学习兴趣,导致大量数学学困生的出现,更谈不上以能力为核心对学生进行素质教育了。

在当时的社会经济转型、基础教育改革强调以能力为核心的素质教育背景下,过度形式化的数学知识体系显然阻碍了数学素质教育的发展。1986年陈重穆先生先被聘为西南师范大学中学数学教改组顾问,然后担任《新编初中代数》的主编,这期间陈重穆先生积极参与和指导当时的一些数学教材编写与教学改革。在对数学教学内容过度形式化批判的基础上,陈重穆先生在不同的场合表达了对一些数学教学内容及其体系进行重建的看法。

二、淡化数学形式的思想溯源

仅有批判并不能切实有效地解决数学教学的实践问题,因此,要真正解决问题必须对过度形式化的数学教学内容进行淡化处理,以有利于教师的数学教学。陈重穆先生主要通过教材编写,对相关内容进行重新组织与构建,力图编写易教、易学、效果好的数学教材,以有效地减轻教师教与学生学的负担。如在《关于新编初中代数教材的特点及编排次序的意见》中,陈重穆先生提出新编教材"要比统编教材易学、效果更好,覆盖知识面不比统编更窄(不是加广、加深,而是从另一角度看问题了)"。[①]如何淡化过度的形式化,允许非形式化数学介入?陈重穆先生作为一位代数学家,是一位数学形式化的"高手",为何产生淡化形式的想法?其淡化形式的思想产生渊源来自何处?为深入理解GX实验有必要对此进行探析。

首先,从当时的教育背景来看,20世纪上半叶我国的教学论主要是立足于改造学校教学的现状,结合中国教育实际,在大量翻译、引进国外教学论的同时,开展创新研究。一方面教学论主要是澄清教学理论的一些核心概念,如教学、教育方法等,另一方面教学论主要是明确教学理论的一些基本论题,如教学目的、教学功能、教学与社会发展、中小学各科教学法等。[②]可见这一时期在教

[①] 陈重穆.关于新编初中代数教材的特点及编排次序的意见(整理稿)[Z].1987.转引自:张渝.提高初中数学课堂效益(GX)实验的回顾与展望Ⅰ[M].重庆:西南师范大学出版社,2010:60.
[②] 李森,赵鑫.20世纪中国教学论的重要进展和未来走向[J].教育研究,2009(10):42-48.

学方面的主题是外域教学思想的引入及其本土改造。从1949年至1966年的17年,中国教学论的主旨是学习苏联教学理论,批判西方和新中国成立前的教学理论与实践,并尝试以毛泽东思想为指导,努力创建中国化的社会主义教学理论。[1]其实这也是教学思想的引入与本土改造的问题,只是所涉及的主题与内容不同。陈重穆先生在此期间必然学习与接触到一些国外的教育思想、教学原则,特别是苏联的一些教育思想,如赞可夫教学原则、伯位斯基的中学数学教学法等,有些也成为他以后进行GX实验的一个思想源点。

其次,从陈重穆先生的研究成果来看,至少在1960年陈重穆先生就思考过数学的教学问题,思考过数学作为教育的一门学科的"应然"问题,GX实验教学原则的一些教学观点在此期间已产生,这在陈重穆先生发表的研究论文中可窥见一斑。在中国期刊全文数据库进行检索,操作程序为西南大学图书馆→数字资源→中文期刊数据库→CNKI学术期刊。检索项为"作者",检索词为"陈重穆"进行精确搜索,从1956年开始至1998年为止,陈重穆先生共发表研究论文87篇。其中有25篇探讨中小学的初等数学及其教育教学问题,1篇谈论研究生教育问题,2篇主要谈论高师数学教育问题,其他59篇均为代数学方面的研究论文。也就是说,陈重穆先生发表的论文主要涉及基础数学与数学教育两个领域。最早发表的数学教育论文是1960年的《在数学教学中高举毛泽东思想红旗》,该文虽然主要是讨论高师的数学课程设置问题,但文中陈先生也指出在中小学数学教学中,严重存在着少、慢、差、费现象。"教材内容陈旧贫乏,脱离实际,近代及现代的科学成就很少得到反映,许多与国民经济、生产建设、科学技术密切相关的数学知识很少,甚至没有纳入教学内容。""在教材的处理上,也严重存在着重复、割裂和片面追求系统性、完整性、严密性、纯粹性的唯心主义及形而上学的观点和方法。"在与李孝傅先生的争论中,陈重穆先生认为"在教学改革中,我们反对片面追求形式逻辑的严密性,因为它不能揭露问题的本质,并以作为数学的表现形式的形式逻辑代替科学的思维方法,忽视培养学生的辩证观点,束缚学生的创造性,甚至使有的学生思维僵化。"[2]虽然当时的讨论主要是

---

[1] 李森,赵鑫.20世纪中国教学论的重要进展和未来走向[J].教育研究,2009(10):42-48.
[2] 陈重穆,罗四维.在数学教学中高举毛泽东思想红旗[J].西南师范学院学报,1960(2):11-16.

针对高师的数学教学问题,但从中可以看出陈重穆先生对数学教学的思考已超出了这一范围,一些观点也成为他以后指导中小学数学教材编写、教学改革的观点与思想,如反对过度强调数学形式化,要求增加现代的、实用的数学知识,强调数学的育人价值等。

1984年陈重穆先生在《关于高师<高等代数>教材改革的若干意见》一文中强调"教材要便于学生学习和有利于培养学生能力""教材的特点就是要便于学生学和教师教,它不同于专著和学术论文,文字不宜过于简练,形式也不必过于呆板,可适当吸收某些普及读物的优点,使教材适当生动活泼一些"。[①]而在后来的中小学数学教材编写中陈重穆先生也强调这一观点,如在教材《新编初中代数》的编写意见中他指出教材编写要有趣(生动),具体做法如"①要有阅读材料(要有些新知识,改变板着面孔讲,有一些数学简史、有关数学家轶事);②要有练习题(趣味题、古代题、智力题);③要有插图;④装帧、开本,设计都可活泼一点;⑤叙述向普及读物学习。"[②]这实际上强调了数学的学术性与学科性的不同,强调数学作为中学课程的特征。"教材要遵循循序渐进的原则",如对向量线性相关性内容的安排,他建议:"向量的线性相关性历来都是一个难点,我们认为宜于在线性方程组中安排n维向量空间及线性相关性两节课,在后面的线性空间中,再对线性相关性及有关性质加以重复(有些性质可以不再证明),这样可以减轻教材的难度,便于学生理解。"这实际上体现了"适当集中""循环上升"等思想观点。"要使学生不仅能学懂知识,而且能逐步培养分析问题和解决问题的能力",体现了通过数学教学培养学生能力的观点。

最后,从陈重穆先生的任职经历来看,自1950年陈重穆先生到西南师范学院数学系任教开始,到后来他先后担任西南师范学院数学系主任、西南师范学院院长、西南师范大学校长、四川省政协第六届委员、中国数学会理事、四川省数学会副理事长、重庆市数学会理事长等,这些任职使陈重穆先生在不同的场合,从不同的角度了解到中小学的数学教育,促进其GX实验教学改革思想的产生

[①]陈重穆,姜国贵.关于高师《高等代数》教材改革的若干意见[J].西南师范学院学报(自然科学版),1984(2):68-72.

[②]陈重穆.关于新编初中代数教材的特点及编排次序的意见(整理稿)[Z].1987.转引自:张渝.提高初中数学课堂效益(GX)实验的回顾与展望Ⅰ[M].重庆:西南师范大学出版社,2010:60.

与形成。可见陈重穆先生早期在西南师范学院数学系的工作、对高师及中小学数学教学现状的思考、参与高师数学课程教材的建设工作时,就产生了在数学教学中要淡化数学的过度形式化问题、淡化过度的逻辑性要求、强调数学教学要关注学生的能力培养等看法。

三、淡化形式的主要路径

(一)废除形式化概念与规约

1986年6月,针对数学教学中对科学性原则的过分要求,陈重穆先生在着手编写《新编初中代数》时,明确指出:"正确处理科学性、系统性。克服烦琐哲学倾向,减轻学生不必要的负担,如方程体系要归真返朴,不与等式闹独立,方程作为问题依附于等式,废除方程的正式定义,增、减根等,以等式性质代替同解原理。"[1]并进一步建议:

(1)废除方程的正式定义,还其本来面目,方程即问题,可不提,要提也是解释性的。

(2)废除同解定理,在理论上与等式性质合一,在方法上:①按分析方式讲解;②作为假言判断,在逻辑上讲明运算的必要性;③利用等式性质,注意等式成立之条件,可引入"充分条件""充分必要条件"及符号"$\Rightarrow$""$\Leftrightarrow$"等。

(3)废除增根、减根,这两个词在逻辑上都不能成立。因为它不决定于方程本身而只与解的过程有关,过程是不确定的,"增(减)根"亦不确定,不能作为数学名词。[2]

例如,当时对代数式的定义是:"用运算符号把数或表示数的字母连结而成的式子。"如果定义要叙述得精确、完整,就缺少了指示运算顺序的"括号",它也是代数式的一个重要组成部分,怎么能不加呢?要达到严密,还要排除定义为空集的算式,如 $1\div(a-a)$。其实,等式、算式等都是为了称呼上的方便。学生心中已经明白的东西,就不必再去正式下定义,只要不产生歧义,当作未定义名词加以解释即可。

---

[1] 陈重穆.关于新编初中代数教材的几点补充意见(保留文稿)[Z].1986.
[2] 陈重穆.关于中学数学教材中的方程问题(保留文稿)[Z].1986.

从数学概念之间的联系来看,陈重穆先生认为当时通用的初中数学教材有些章节可以删去,具体如"多项式除以单项式"一节没有必要单独设置。陈重穆先生在给《新编初中代数》教材编委成员张渝老师的回信(具体见附录三)中指出:

> 多项式除以单项式。原稿并未完全略去,而是没有作为一小节,用例题说明加以"淡化"。原因是从理论到技术,该内容均无必要,不管多项式除以单项式,或除以多项式都是"多个"单项式除以单项式,量上变化而已,不必嚼得过碎。……对于多项式除法,我还想进一步"淡化"……

并且在这种淡化性删除中,不是一味地删除,陈重穆先生还强调知识间的联系与学生学习能力的培养。如对"综合除法"内容的处理时指出:

> ……主要添的一点是改"减法"为"加法",这是因为改为选学内容,已到门口不妨跨入。
>
> 这节主要目的,是使学生体会"观察"在学习研究中的重要作用,遇事要"看"、要"想",而不在综合除法本身,学生是否能掌握综合除法,不作要求,只要能体会到,要看,要想,目的就算达到。

这些观点反映了一位数学家基于数学本质对数学教学的思考,对当时初中数学教材内容的处理提出的一些看法,切实反映了一些数学概念之间本质的联系,反映了这些概念之间的内在关系结构,而淡化其严格的学术形式,减少对学生来说不必要的原理与规定,突出作为学校数学的核心内容。这给当时数学教学改革增添了新意。在访谈中谈到这一点,张渝老师和张富彬教研员都认为"虽有二三十年的教龄,当时听到这些观点与教材内容的处理,感觉十分新鲜"。但是,创新的观点要在具体的教学实践中被教师理解与接受,要在数学教学实践中实施,其价值才能实现。

(二)淡化纯文字叙述

据西南师范大学内地版初中数学教材编委张渝老师回忆,1989年他拜访陈重穆先生时,带上了一套人民教育出版社于1963年出版的初中数学教材(代数4册,平面几何2册)。陈重穆先生翻了翻,然后对代数第一册中的几处做了些评价,其中包括书中"两数和的平方"一节中的黑体字,即"两个数和的平方,等于第一个数的平方,加上这两个数积的2倍,再加上第二个数的平方"。陈重穆先生认为这种公式的文字表述,并用黑体字强调要求学生记忆是不妥的。随后,陈重穆先生让张渝老师叙述书中"两数和的立方"一节中的黑体字,即"两个数和的立方,等于第一个数的立方,加上第一个数的平方与第二个数之积的3倍,再加上第一个数与第二个数的平方之积的3倍,再加上第二个数的立方"。当时张渝老师大概也不能一字不漏地记住这个公式的纯文字叙述。他感慨说道:"老师尚且如此,要求学生这样做不合适,应该取消。"[1]这是两位专家(教师)对数学概念、公式等纯文字叙述的真切体验,基于自身体验与从学生理解的视角,这一看法的提出成为"淡化形式,注重实质"的内涵之一。

首先,淡化纯文字叙述不是不要文字叙述,而是不要把文字叙述看得过分"神圣",把它作为最高的表达形式。在数学学习中文字叙述要以方便、有益为原则,有时纯文字叙述较难,为了严密、不产生歧义,叙述起来常常较为烦琐。话语长了、叙述多了给出的信息就会很多,而信息量却较少,给人的直接感受就不清楚。如下所示的完全平方公式:

$$(a+b)^2 = a^2 + 2ab + b^2$$

看起来、读起来都不是太复杂。而其纯文字叙述就显得冗长,给学生的感受就不那样清楚。纯文字叙述常与式子脱离,不能帮助记忆,重点放在文字叙述上,反而增加师生负担。另外,"两数"限制范围窄小,而应是"两式"。实际上完全平方公式也不是这一规律的最为抽象的形式,其进一步的抽象形式是:

$$(\square + \bigcirc)^2 = \square^2 + 2\square\bigcirc + \bigcirc^2$$

这在思维上看起来不只是字母,在□与○中填上什么数、式都可以。

其次,从概念上强调严密性。有人认为"加与和""乘与积""乘方与幂"意义不同,前者是运算,后者是结果。"2+3"与"5",前者是"加",后者是"和"。"$a+b$"正确的叙述应是"两个数相加"或"两个式相加"。这样看来带上字母的读法:"a加b和的平方,等于a的平方,加$2ab$,加b的平方"更合适,且能帮助公式记忆。上面的说法有点"吹毛求疵",主要想说明概念和定理重点在其实质,不在其形式;纯文字叙述不是那样容易做到无可挑剔的,它不是教学的重点,要淡

---

[1] 张渝.提高初中数学课堂效益(GX)实验的回顾与展望Ⅱ[M].重庆:西南师范大学出版社,2011:8.

化。数学课主要是教会学生使用数学符号,并能用符号进行思考。淡化文字叙述也是数学教学现代化的一种表现。[①]

数学语言在数学中的基本形式有三种:符号语言、图形语言、文字语言。虽然心理学研究表明对同一主题能用不同的语言进行表征,对学生记忆、理解与运用都具有重要意义,但表征方法要适当、适度,不能一概而论。从抽象的程度来说,符号语言比文字语言更加抽象,因此用纯文字的形式来表示好像更易于学生的理解,但从深层次的数学特征来看,数学公式作为一种规律,作为一种数学思维方式,用符号表示,有时反而会更直观、更易于理解。如平方和公式、立方和公式,以及加法交换律、结合律等符号语言更易于学生直观地理解与记忆。所以教师在教学中要灵活处理,不必在文字使用上过分要求。这是从数学知识的表示形式上进行了淡化处理,以强调数学符号的模式直观性与认识价值,强调数学思维的实质。

(三)淡化概念

在教学改革的实践中,陈重穆先生提出删去不必要的名词、术语,删去不必要的人为规定,淡化纯文字叙述等看法,在与一线数学教师、编委会成员及数学教育专家交流与对话的过程又逐渐形成了淡化概念的观点。

1987年陈重穆先生对《新编初中代数》的介绍中指出:"不要把有关方程的名词术语作为概念,正式地去叙述,略加解释即可。有些甚至可以不提,只要学生明白即可,更不要求学生对方程有关名词去叙述、去背。""方程是一个问题,即'方程 $x+1=3$ ',是这样一个问题'求 x 使 $x+1=3$ '。方程不是等式而是与等式有关的一个问题,因此不必正式下定义,略加说明即可。"[②]结合前面的论述可知,对方程有关概念的处理实际是要删去不必要的定义与规定,突出方程作为"问题"的实质,这实际上已展现了淡化概念的本质内涵,反映了陈重穆先生要突出概念的实质,淡化其形式定义的想法。

1988年陈重穆先生在《关于初中代数教材改革的几点意见》的报告中,指

[①]陈重穆,宋乃庆.淡化形式,注重实质——兼论《九年义务教育全日制初级中学数学教学大纲》[J].数学教育学报,1993(2):4-9.

[②]陈重穆.关于《新编初中代数》的介绍(保留文稿)[Z].1987.

出:"切忌把学生当成未来的数学工作者来培养。在数学中,名词有两种:一种是普通名词,如'例题''章''解'等;另一种是数学名词,如'多项式''加法'等。不要把普通名词升格为数学名词以正式定义。例如,'解方程'也要下定义就不必要了。就是数学名词也要着重学生对其实质意义的理解,不要处处都企图下一个正式定义,也不要在条文上斤斤计较,如'相等''等式'等,学生本来就明白的东西,就不必去下正式定义。"①

1989年陈重穆先生在《九年制义务教育初中数学教材介绍》(内地版)的报告中提出:"关于名词,术语,本教材重点放在学生的了解上,对其实质的掌握上,淡化对其表达叙述的要求。例如代数式,在教材中的作用不过是称呼的方便,学生了解即可,不必在文字叙述上下功夫。这儿不能那样'系统严密',开方运算后面才讲,就不系统。还有指示运算顺序的括号以及允许值域不是空集等一系列问题,斤斤计较于此就偏了。也不要在'加法与和''乘法与积''平方与幂''多项式与整式'的区别上去下功夫,不要'吹毛求疵'。"这是陈重穆先生再次阐释了淡化概念、注重实质的观点。实际上反映了在中学阶段有些数学语言与自然语言的相通性,基于自然语言能理解、不产生歧义的概念,没有必要再给出定义,人为地增加学生的学习负担,体现了数学教学中要"归真返朴"。

(四)调整形式结构

陈重穆先生进一步认为仅有概念及其表述形式的局部改变,还不足以改变当时数学课堂教学低效的问题,要让45分钟的数学课堂教学产生高效益,还要系统地调整一些数学教学内容的章节结构,改善数学教学内容的整体结构,如原来的教材一个概念一节课,一个定理一节课,相关定理之间缺少比较,学生当堂练习,导致学生思维僵化,割裂了数学知识之间的联系,不利于学生数学知识的理解与掌握,不利于数学知识的灵活运用,不利于学生数学思维能力的培养,要对一些教学内容的形式结构进行重建。

1991年,陈重穆先生在《初中代数》(GX)实验课本第一册原稿中,把第一章"有理数"单元的结构顺序调整为:②

---

①陈重穆.关于初中代数教材改革的几点意见(保留文稿)[Z].1987.
②陈重穆.《初中代数》(GX)实验课本第一册手稿(保留文稿)[Z].1991.

第一课 正、负数 加法

第二课 减法

第三课 加法运算律

第四课 代数和

第五课 乘、除法

第六课 乘法运算律

第七课 有理数

第八课 顺序

第九课 数轴

第十课 乘方

第十一课 查表

第十二课 混合运算

从章节上看,第一节课正、负数概念之后,紧接着就是正、负数的加法运算,接着是减法、加法运算律、乘除法运算等,而在后面再讲顺序、数轴等概念,并在讲解这些概念时,对前面有理数相关概念通过"上挂"与"下连",进行循环式巩固与提升,实现注重本章内容的核心——有理数的运算,淡化有理数的概念及其学术上的形式结构体系。这实际上是GX实验在当时要克服知识点划分过细、步子跨得过小的缺点,采取相对集中的办法,集中讲、对比练,使学生在练习中掌握知识,如乘、除法放在一课内完成。这实际上是GX实验所强调的"开门见山,直捣黄龙",以及后来的"适当集中"等理念与观点的体现,促进了教与学的"积极前进"。

再从原稿中给出内容的范例进一步来看教材中概念的处理与内容的设置,如第一课"正、负数 加法"的具体内容如下:[①]

一、收入5元记为+5

支出5元记为-5

气温上升5℃记为+5℃

[①]陈重穆.《初中代数》(GX)实验课本第一册手稿(保留文稿)[Z].1991.

气温下降5 ℃记为−5 ℃

打球赢了8分场记为什么？

打球输了5分场记为什么？

同学们自己来举一些例子。

二、(+8)+(−5)=? （　　　）

收入8元,支出5元,收支相抵,结果收入3元。

(+8)+(−5)=+3

(−8)+(+5)=?

(−8)+(−5)=?

(+8)+(+5)=?

正负数相加:同号相并,异号(正、负)相消。

三、正负数有两部分:一部分是符号:"+"叫正号,"−"叫负号;另一部分就是原来学过的数(字),叫什么好? 叫绝对值。

0(零)是一个特殊的数,它没有符号,即它既不是正数,也不是负数,它的绝对值就是0。

四、课堂练习(略)。

从内容处理上看,正、负数的概念用实例引入后,也没有直接给出正、负数的定义,而紧接着还是用实例引入正、负数的加法运算,教学目标也要求正、负数概念的理解与加法法则的掌握,但并没有感觉难度很大。在数学教材内容的处理与结构的设置上独具特色,从理念到具体内容都是数学教育中的一个创新。

虽然,随着实验的深入,教材有些改动,但其基本理念没有改变,在2001年出版的《GX初中数学实验教程·代数》(第一册)中"有理数"一章的基本内容与设置顺序为:[1]

第一课　正、负数

第二课　加法

第三课　减法

---

[1]陈重穆.GX初中数学实验教程·代数(第一册)[M].重庆:西南师范大学出版社,2001:1.

第四课　乘、除法

第五课　相反数与倒数

第六课　有理数

第七课　加法运算律

第八课　加减混合运算

第九课　乘法运算律

第十课　有理数的大小比较

第十一课　数轴

第十二课　乘方

第十三课　混合运算

第十四课　近似数和有效数字

第十五课　平方表和立方表

第十六课　科学计算器的使用

第十七课　小结

可见,基本上保持原有的设置理念。

又如"三角形(一)"的内容及结构最后调整为:[①]

第一课　三角形与四边形

第二课　三角形的分类

第三课　三角形的有关线段

第四课　全等三角形

第五课　综合练习(一)

第六课　综合练习(二)

第七课　小结

在第四课中要系统学习全等三角形的概念与全等三角形的"SSS"判定定理、"SAS"判定定理、"ASA"判定定理、"AAS"判定定理、直角三角形全等的"HL"判定定理,强调数学概念之间的结构性与系统性,提高了课堂教学的效益。这实际上还反映了"适当集中"的观点,通过比较强调知识系统功能,提高数学学

[①] 陈重穆.GX初中数学实验教程·几何(第一册)[M].重庆:西南师范大学出版社,2001:1.

习的效益。

按现在学者们对GX实验的梳理与研究来看,在当时的数学教学形势下,概念的废除或淡化对于一线数学教师来说可能过于激进,如方程的概念这一节课,当时教师在课堂上一般都要花一定的时间强化学生对方程定义的理解,即让学生理解"含有未知量的等式是方程",出示形如 $2x=1$,$x+1=x+2$,$ax=2$ 等式子,让学生判断它们是否为方程,让学生齐读方程的定义等,并且认为这是课堂教学的一个重点内容。要改变教师已形成的一些教学习性一般是较为困难的,变化比较大,困难就会更大。陈重穆先生在与一线教师、教材编委会成员及教研员的接触与交流中也认识到了这一点,并且对初中数学教学内容不断进行整理。

四、淡化形式、注重实质的教材物化

"淡化概念"一经提出,就引起争论。有的执教教师赞成,认为不要求学生背定义,减轻负担,对提高课堂效益有帮助。有的教师不理解,认为学生学习数学,对数学概念都不严格要求,对概念似是而非是不行的。特别是教研员和执笔编委,也担心"淡化概念"容易让教师和学生产生误解,对新教材的推广试教不利。同时,对提出"淡化概念"的有些具体内容,教师也有不同意见。[①]在对教研究员与教师的访谈中也了解到,当时反对者主要有两个原因:一是基于数学的角度对淡化概念的理解,从已形成的数学体系来看,要淡化的概念真的不重要吗?如果没有认识到数学相关知识的本质,这一点也是不易理解的。二是受字面的影响,会被误认为是淡化数学的基本概念,而数学概念是构成数学知识体系的细胞,被淡化了,这是不利于数学学习的。于是在后继的教学改革中,陈重穆先生关于淡化概念的本意没有改变,但在解释时加以注解,继续将其理念与重建的数学教学内容编写入《九年制义务教育三年制初级中学数学实验课本(内地版)》《九年制义务教育六·三制初级中学实验课本(高层次)》。但在教材的推广与介绍会上,在参加区(县)初中数学教学研讨会时,特别是在与实验教师与教研员交流意见时,说到"淡化概念",均申明"淡化概念"是指:在名词术语

[①]张渝.提高初中数学课堂效益(GX)实验的回顾与展望Ⅱ[M].重庆:西南师范大学出版社,2011:9.

上不要过分要求学生;不要求学生对纯文字的法则、定律、公式等死记硬背;不要抠名词;不要建立不必要的理论体系等,并强调这样做能减轻师生负担,使教学内容更加和谐,能创造出提高数学课堂教学效益的氛围,而注意回避"淡化概念"一词。[①]这是陈重穆先生基于数学教学实践的思考以及防止误解而采取的规避之策。因为如果教材的使用得不到教师教学实践的支持,改革等于空谈,不会有真切的课堂实效。如果改革的理念被误解,这也会导致改革方向的偏差,甚至误入歧途。而这两点对教学改革,特别是在改革初期是非常重要的。

随后,陈重穆先生也称"淡化概念"提法在表述上不准确,编写组取得共识,其含义有两层:(1)教学要注重实质,要使学生对概念有实感,有直观感觉,为了表达"实质"而用文字叙述。不要在文字叙述上花过多的功夫,企图单用文字叙述来使学生掌握概念。例如,点到直线的距离,应先让学生从直观上有所认识,再让其用文字表达,而不是先给学生一个文字式定义,让学生去死记硬背。(2)掌握概念要通过学生实践去用、去做才行,不要在定义教学上孜孜以求,花过长时间,只在文字和正、反例上打圈子,要循环往复。在同一地点、同一水平停留过长,学生会感到厌烦而且效益不高。为不产生误解,说"淡化纯文字叙述",而不是说"淡化概念",更不是不要文字叙述。[②]

1991年,陈重穆先生在与人民教育出版社张孝达先生的交流中"淡化概念"的提法得到了认同。当年张孝达先生到西南师范大学做学术报告,在报告中谈到了"淡化概念"的问题,后来告诉陈重穆先生,"淡化概念"是人民教育出版社数学室中学教材编写组的专家袁明德同志在编写义务教育代数教材时向他谈起的,他十分赞同这个提法。至此,陈重穆先生的想法与改革观点得到相关专家的认同与支持,这对进一步推动GX实验的教材与教学改革起到了重要的作用。如1991年他在《关于提高课堂效益》讲演中确定"淡化概念,归真返朴"为GX实验教材编写的一条原则。

至此,在教学改革实践与交流讨论中"淡化概念"的观点已明确提出,内涵也渐渐明确,并在教材编写中实践。这一观点及其形成过程又成为"淡化形式,

---

① 张渝.提高初中数学课堂效益(GX)实验的回顾与展望Ⅱ[M].重庆:西南师范大学出版社,2011:9.
② 陈重穆.关于(省编)《初中数学》实验课本中的几个问题(报告稿)(保留文稿)[Z].1990.

注重实质"的渊源与铺垫,GX实验的精髓——"淡化形式,注重实质"的雏形已孕育。综上所述,这一阶段GX实验初步形成了:"淡化概念,归真返朴""开门见山""提高效益""循环往复""滚动前进"等。当然,GX实验所反映的观点或教学原则还远不止这些。

第二章

GX实验发展的历程

第一节
GX实验发展的阶段

教学改革作为一个复杂的"旅程",虽然改革的理念或导向保持不变,但在不同的阶段要面对不同的矛盾,会出现新的特定问题,所以常常会具有明显的阶段性特征,把GX实验划分为不同的阶段进行探析,是深入剖析其规律与特色的前提条件。教育变革包括两个部分,一是教育理论,即关于要"改什么"的问题,包括教育思想、内容与方法论等;二是变革理论,有的称为行动理论,指"如何改"的问题。[1]目前,在当代各国的课程改革中普遍缺乏的恰恰是对"怎样改"的方法与路径问题的关注与思考。[2]在教育改革过程中,教育理论与改革理论可以独立存在,或者一个未能够有效实施,而另外一个也因此受到严重的影响。对个人而言,不管是有意识的,还是无意识的,不管是清晰的,还是模糊的,每一个人都有自己的变革理论和教育理论。迈克尔·富兰(Michael Fullan,2004)认为只有教育理论与改革理论这两个要素共同作用,不然教育的变革很难走向深入[3],图2-1是其对这一观点的总结。因此,要理解与实施深层次的教学变革,我们既要理解变革的理论内涵,又要理解变革的过程,以审视与生成教学改革的思路与智慧。

---

[1] [加]迈克尔·富兰.教育变革新意义[M].赵中建,等,译.北京:教育科学出版社,2005:50.
[2] 郝德永.当代课程改革:方法的局限与症结[J].教育发展研究,2007,29(12):28-31.
[3] [加]迈克尔·富兰.变革的力量——深度变革[M].中央教育科学研究所,加拿大多伦多国际学院,译.北京:教育科学出版社,2004:73.

教育理论

	弱	强
变革理论 弱	放任自流	浅层变革
强	为变革而变革	深层变革

图2-1 教育理论与变革理论作用关系图[①]

一、教学改革过程的阶段性理论

早在20世纪70年代,有学者指出改革不是一个事件,而是一个过程。在改革的过程中,参与者逐渐理解新事物、新方法,并且能愈益熟练和有技巧地运用这些新方法、新事物。虽然,改革是一个连续的过程,但改革的不同阶段具有不同的特征,具有明显的不同主题。[②]因此,划分不同的阶段对GX实验进行审视,更有利于透析GX实验教学原则的发展。

布里杰(Bridges,1980,1991)把变革过程划分为以下三个阶段:第一个阶段是结束(Ending),主要指个体要丢掉先前的东西,为此个体可能会有一种失落感,为必须抛弃的东西感到伤心;第二个阶段是中立区(Neutral Zone),此时个体不知道自己身居何处,所以感到空虚,觉得一片困惑,失去了秩序感、方向感,所以个体努力想去寻求变革对个人的意义;第三个阶段是改革的真正开始,个体开始制订进行改革的详细计划。[③]斯科特(Scott)与杰菲(Jaffe)从个人转变的角度提出改革过程的四个阶段为:①否定(Denial)阶段,这一阶段参与者十分强调过去,强调事物存在的原有方式,否定变革的愿景;②抵触(Resistance)阶段,这一阶段参与者开始考虑自己的形势与立场,考虑变革将给自己带来什么样的影响;③探索(Exploration)阶段,此时参与者开始思考变革能给未来带来什么样的后果,但是对事物将如何发生作用还是比较模糊的;④许诺(Commitment)阶段,此时参与者对变革的核心和目标有了更加明晰的认识,并制订实现这些目

---

①[加]迈克尔·富兰.变革的力量——深度变革[M].中央教育科学研究所,加拿大多伦多国际学院,译.北京:教育科学出版社,2004:73.
②[美]吉纳·E.霍尔,雪莱·M.霍德.实施变革:模式、原则与困境[M].吴晓玲,译.杭州:浙江教育出版社,2004:6.
③Bridges, W. (1991). Managing transitions: Making the most of change[M]. New York: Addison-Wesley,35.

标的计划。①从布里杰、斯科特和杰菲的改革阶段划分中可以看出,二者都把注意力主要放在变革过程的前实施(Pre-implementation)阶段,并关注个体参与改革的变化与认识历程,对改革的后继实施缺少探析。

美国教育家拉里·库班(Larry Cuban,1990)提出教育改革两层次观:他认为第一层次主要是学校教育外观特征的表层变化,主要指课程编排与内容组织的变动,教学策略的转变以及学习形式的变动等,目的在于使改革更具效率和有效,而这对课程改革的整体结构并无改变;第二层次是对学校教育结构进行变动,涉及人心、信念、价值观等学校文化的深层改造。②拉里·库班的层次理论主要是从静态的角度来分析学校教育的改革,是从改革的外部特征,由浅入深、由表及里来分析教育改革,但是对课程与教学改革的内在运行机制及其动态历程的分析不足。美国学者沙文(Chauvin,1992)从宏观教育改革出发,认为学校的教育改革包括四个不同的阶段:介绍、接纳、实施和融入。其中介绍目的在于呼吁共同利益者,认识改革背景及知悉改革需要,进而使共同利益者接受,从而进入改革的实施阶段,接着在一段时间实践后,内化成为日常做法,改革才能成功及持久。③这一改革过程模式关注了改革实施的情境,强调了从需要出发关照改革共同体的利益,但这一过程阶段理论有些过于线性化。

迈克尔·富兰根据Berman、Mclaughlin(Berman & Mclaughlin,1977)以及Huberman、Miles(Huberman & Miles,1984)等对变革过程的观点,提出一项教育改革一般由三个宽泛的阶段构成:第一是启动(Initiation)(或发动、采纳)——包括导致做出一个采纳某项变革或继续某项变革的决定过程。第二是实施(Implementation)或最初的使用(通常指使用阶段的前两三年)。第三是持续(Continuation)(或包容、常规化、制度化)——指变革是否深入已成为系统的组成部分,或指变革因决定废除或自身消耗而消失。针对学生学习及学校组织能力两个重要结果,与三个阶段相联系,该模式的变革过程简图如图2-2所示。④

---

①[美]吉纳·E.霍尔,雪莱·M.霍德.实施变革:模式、原则与困境[M].吴晓玲,译.杭州:浙江教育出版社,2004:238.
②Cuban, L. (1990). Reforming again, again, and again[J]. Educational Researcher,19(1):3-13.
③Chauvin, S. W. (1992). An exploration of principal change facilitator style, teacher bureaucratic and professional orientations, and teacher receptivity to change[D]. Louisianan State University and Agricultural and Mechanical College.
④[加]迈克尔·富兰.教育变革新意义[M].赵中建,等,译.北京:教育科学出版社,2005:52-53.

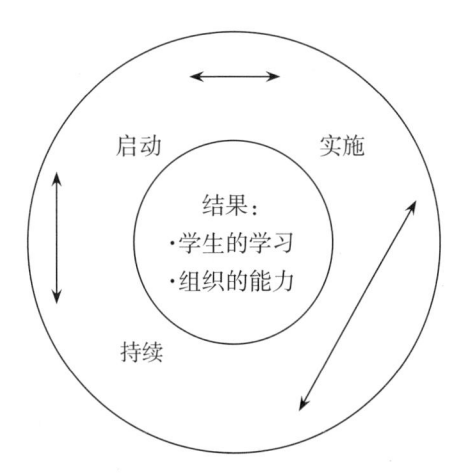

图2-2　迈克尔·富兰的变革过程简图[1]

这一改革三段论概述了一项教育改革的简单历程,包括了改革的三个必要阶段,但往往过于宽泛或线性化。与此相似,赫尔曼(Hoermann,1997)认为改革过程包含三个阶段:发轫(Initiative)阶段、实施(Implement)阶段和连续性(Continuity)阶段。其中在发轫阶段的行动包括:①评价"成熟性";②动员援助;③开发并明确初步的实施规划;④决定采用/援助具体的创新(计划)。在实施阶段,变革代理要努力将创新(计划)变成日常的行动。在连续性阶段,课程改革领导者努力使创新(计划)达成稳定性、综合性与制度化。[2]

香港浸会大学冯治华(Fung,1995)从教育管理的角度,提出教育改革由六个阶段循环组合而成:认识(Awareness)、态度的形成(Attitude Formation)、采纳(Decision to Adopt/Reject, Learning and Trialing)、适应(Adaptation)、行动(Action)和应用(Routinised Application)。其顺序依次为:认识→态度的形成→采纳→适应→行动→应用。改革的过程是一个从发起到同化,再到制度化的过程。[3]

---

[1] [加]迈克尔·富兰.教育变革新意义[M].赵中建,等,译.北京:教育科学出版社,2005:53.
[2] Hoermann, D. (1997). The dynamics of implementing a planned change within a public education system[D].University of New South Wales,22.
[3] Fung, A. (1995). Management of educational innovations:The Six-A process model[A]. In Wong, K.& Cheng, K. M. (Eds.),Educational leadership and change:An international perspective.(pp.69-85)[C]. Hong Kong:Hong Kong University Press.转引自:颜明仁,李子建.课程与教学改革:学校文化、教师转变与发展的观点[M].北京:教育科学出版社,2010:31-32.

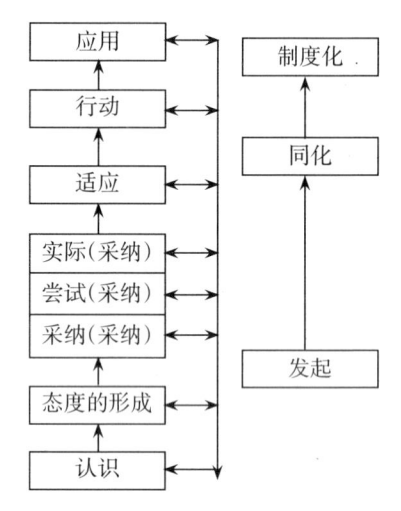

```
应用 ←→ 制度化
 ↑
行动 ←→
 ↑        同化
适应 ←→
 ↑
实际(采纳) ←→
尝试(采纳) ←→
采纳(采纳) ←→   发起
 ↑
态度的形成 ←→
 ↑
认识
```

图 2-3　冯治华的创新过程模式简图

从图 2-3 可看出,冯治华的"6A"改革过程模式体现了对教育改革的非线性认识,体现了教育改革的复杂性。但这一模式对教师在教学改革过程中的主动性、对课程的建构作用认识不足。

欧文斯(Owens,1995)把改革理论应用于课程改革,提出 RDDA 模式,提出改革过程主要由研究(Research)、发展(Development)、传播(Diffusion)和采纳(Adoption)四个阶段构成,[①]具体如图 2-4 所示。

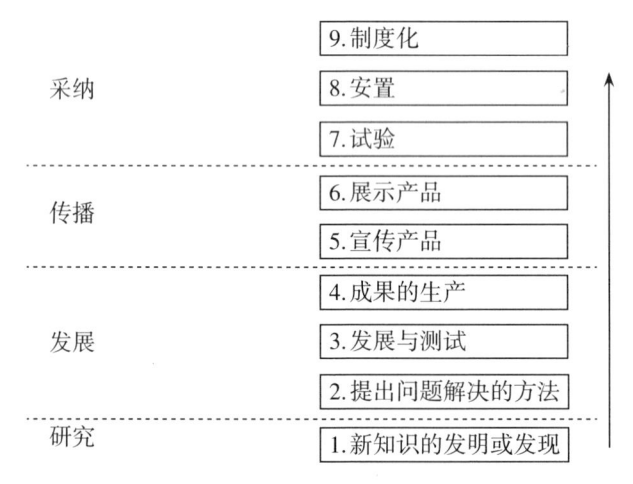

采纳	9.制度化
	8.安置
	7.试验
传播	6.展示产品
	5.宣传产品
发展	4.成果的生产
	3.发展与测试
	2.提出问题解决的方法
研究	1.新知识的发明或发现

图 2-4　欧文斯 RDDA 模式简图

---

① Owens, R. G. (1995). Organizational behavior in education[M]. Boston: Allyn & Bacon, 214.

这一改革过程模式强调了改革始于新知识、新观点的产生，而这些往往是由改革提出者所提出的，是一种自上而下的改革模式，而对于一般教师来说重视不足，没有体现教师对课程与教学的缔造，教师处在改革的外围，处在边缘化与被动的地位。

不同的学者由于对改革过程理解的理论基础、切入点或关注点等不同，形成了不同的改革过程阶段理论或模式，对课程与教学改革给予了不同的解读与审视。综上所述，一个完整的教育改革过程大致要包括新的思想、知识或方法的产生；寻找条件在适当的时机启动改革；根据启动的反馈情况，制订计划与进一步实施改革；总结、深化与推广改革等几个阶段。

二、GX实验的四个阶段

对改革来说，发现教学中存在的问题，提出改革创新的理念是重要的。但这只是分析改革的第一步，一个教学思想、观点如果不能有效实施，被一线教师束之高阁，也只能算是一个空想。在现实的教学改革实验中，有时知道如何改是更为重要的。迈克尔·富兰曾指出："变革理论本身就具有新的意义，我称之为25：75规则。解决方案的25%是好的指导性理念，75%则是确定如何在各地逐一实施这一理念。"[①]并进一步提出"一个更加基本的结论是重要的，不是复制那些在其他地方有效的改革方案，而是要复制那些使这些改革方案有效工作的条件。与我前面所提到的观点相似，即实施相当好的方案——占25%，加上思考如何有效实施这些方案——占75%"。[②]有学者也指出："不是复制改革本身，而应该复制那些在原初地方使改革得以有效的条件。"[③]因此，划分与确定GX实验的改革阶段，有效地分析与提取GX实验的教学改革策略、分析其成功的条件，是继承GX实验以启示当下与未来的一个重要方面。

1998年GX实验教改组在总结实验时，把GX实验划分为三个阶段。第一阶段：准备阶段（1989—1991年），主要进行了教学现状的调查研究；实验方案的

[①][加]迈克尔·富兰.教育变革新意义[M].赵中建,等,译.北京:教育科学出版社,2005:291.
[②][加]迈克尔·富兰.教育变革新意义[M].赵中建,等,译.北京:教育科学出版社,2005:202.
[③]Healey, F. & De Stefano, J. (1997). Education reform support: A framework for scaling up school reform[M]. Washington, D.C.: Agency for International Development, 10-11.

构思、师资培训及尝试实验等。第二阶段：发展阶段(1992—1995年)，主要是选取实验学校，并进行初步的GX实验，根据存在的问题完善实验方案，进一步加强教师培训，扩大实验学校的范围等。第三阶段：主要是总结、推广与应用阶段(1996—1998年)，逐步扩大实验学校的范围，采取各种措施促进GX实验的可持续发展，深入研究GX实验教学原则向高中及其他学科的迁移与推广，以及总结GX实验的理论与实践经验等。[①]这实际上是从意图进行GX实验时算起，到大范围主题实验总结反思时为止，主要是以显性的主题活动为标准，对GX实验进行的阶段性划分，缺少对GX实验教学原则形成的挖掘，以及1998年以后的梳理与分析，实际上是对GX实验所做的一个阶段性总结与整理。

张渝老师在回顾GX实验历程时把GX实验划分为如下三个阶段：1986—1991年，是GX实验的孕伏阶段，应该称为GX实验的第一阶段（第一个循环）；1991—2001年，是GX实验行动阶段，应该称为GX实验的第二阶段（第二个循环）；从2001年至2011年已近十年，为GX实验的第三阶段（更新的实验行动）。仍有不少学者和实验研究人员，对GX实验进行深入研究，总结经验，发现不足，为此发表了不少有价值的论文，为提高初中数学教学质量，培养新世纪合格的创新人才，做好进一步深入进行初中数学课改的准备。[②]这实际上是从广义的角度对GX实验的阶段进行划分，其中包括前期GX实验的一些观点的产生，一直到后期人们对GX实验的研究都包括在内，能反映GX实验从萌芽到目前为止的宏观全貌，但过于宽泛，不利于细致研究GX实验教学原则的发展，以及在此过程中所采取的具体改革方法和策略。

朱福胜认为GX实验大致可分为三个阶段：第一阶段是探索实验阶段(1982—1991年)，主要包括GX实验教改组深入调查研究教学现状、积累改革经验、进行教材编写等局部性探索试验；第二阶段是总结发展阶段(1992—1995年)，主要指GX实验教改组在教材编写及教法改革实践的基础上，反思数学教学中存在的问题，吸收先进教学经验，形成提高课堂教学效益的"GX32字诀"，在教材、教法等方面给实验者提供了一个可操作的依据与素材；第三阶段是推

[①]中学数学教改实验组.GX理论与实践[M].重庆：西南师范大学出版社.1998:4-5.
[②]张渝.提高初中数学课堂效益(GX)实验的回顾与展望Ⅱ[M].重庆：西南师范大学出版社,2011:11-12.

广应用阶段(1996—2000年),主要包括GX实验的教学原则及教学方法等在不同类型的学校、不同学段的数学教学、其他学科的教学中得到了广泛的应用和有效地拓展。[1]朱福胜的划分把GX实验的前期拓展到了教改组所进行的有继承性的教学改革实验,而后期以新一轮的数学教学课程改革开始为止,包括了前期可继承的实验,但把后期对GX实验的研究排除在外,不能反映当时GX实验教学原则发展的全部历程。

程良建认为GX实验是从1992年开始的,但是从1982年起,王秀泉先生、宋乃庆教授等主持的"培养自学能力,发展非智力因素"的教学方法改革实验;1985年,王秀泉先生、陈重穆先生、宋乃庆教授《普及九年全日制义务教育初中数学教材》的编写;1987年,陈重穆先生《新编初中代数》的编写和实验;1988年陈重穆先生、宋乃庆教授《九年制义务教育三年制初级中学数学实验课本(内地版)》《九年制义务教育六·三制初级中学实验课本(高层次)》的编写与实验等,都是GX实验的基础。[2]这实际上是从GX实验正式启动开始算起,进行了一个实施前与实施后的划分,利用这一划分也很难对GX实验教学原则的形成与发展进行较为细致的研究。

以上对GX实验阶段划分的梳理,体现了GX实验研究的发展脉络,首先是针对数学教学实践存在的问题,意图编写新的初中数学教材,在教材编写中GX实验教学原则、思想观点产生;其次是通过教材的编写与实践调查研究,启动了GX实验,由教材编写转到了强调教学方法;第三是GX实验的大面积推广,GX实验教学观点得以实践与贯彻;第四是在总结实践经验的基础上,进行GX实验的推广、迁移与理论提升研究。

综合教育改革阶段理论与GX实验阶段的划分,根据GX实验发展过程的主题转换,把GX实验的形成与发展过程划分为以下四个阶段。

第一阶段是酝酿阶段(1986—1990年),主要分析在当时的素质教育背景下,针对当时数学教学实践中存在的问题,GX实验的一些基本观点在教材编写中的产生与初步形成。

---

[1]朱福胜.数学教育哲学视野下的GX实验研究[D].重庆:西南大学,2010:114-117.
[2]程良建.GX实验的再认识与发展研究[D].重庆:西南大学,2008:11-13.

第二阶段是启动阶段(1991—1992年),主要是GX实验教学原则、观点及其实验方案的提出与初步试验阶段,是GX实验教学原则的理念由教材到教法的渗透与融合阶段,GX实验由教材编写到启动教法实验。

第三阶段为实施阶段(1993—1998年),主要是GX实验教学改革的实施与形成阶段,在此阶段GX实验进行了大规模的实施,在实施过程中GX实验教学原则、思想、方法的内涵得到进一步完善、歧义得到一定消除、表述形式得到一定提高,这是GX实验得到不断修正、补充、完善的一个阶段。

第四阶段为提升阶段(1999至今),主要是在总结前期实践经验的基础上,对GX实验进行理论梳理与推广迁移等研究,使GX实验的教学原则、观点与方法等得到进一步的提升与完善。

GX实验的发展与形成过程,基本上也是其教学改革阶段的主题转换过程。因此,下面拟结合教学改革过程阶段理论,对GX实验教学原则的发展按以上划分的四个阶段进行探讨。

第二节
GX实验的启动

　　教材的重建与编写并不代表教师教学行为与观念的改变,在数学教育改革中"穿新鞋,走老路""新瓶装旧酒"的现象经常发生,基于教材进一步启动教法的改革成为GX实验教学改革发展的关键,实现教材与教法的融合与一体化,是数学教学改革真正生成与教师教学行为改变的重要环节。而从教材到教法的渗透与融合必然要启动进一步的教学改革,在对教改组成员的访谈中了解到陈重穆先生在1986年辞去西南师范大学校长职务后,根据当时中学数学教学中存在低效与后进生过多的问题,他意图编写一套易教、易学、效果好的中学数学教材。在数学教育的学术交流活动中,向有关专家咨询,也证实了这一点。另外自1986年开始,直到1991年陈重穆先生主要从事初中数学教材的编写工作,那么如何进一步启动数学教学改革?是教材编写与推广的自然顺延,还是另有原因?要深入了解GX实验的发展有必要厘清这一环节。迈克尔·富兰曾强调"如果我们不理解变革是何以得到启动和维持的话,有再多的'应该'也无济于事,补救举措犹如悬在空中的馅饼"。[1]

一、GX实验启动的影响因素

　　教学实验的启动并不是一个简单的试验方案的制定与执行过程,其中会受到教师、学校、社会等多种因素的影响。在社会学领域,启动指(法令、规划、方案等)开始实施或进行。[2]在课程改革中,麦克弗森(Macpherson,1993)认为,启动是一种

---

[1] [加]迈克尔·富兰.教育变革新意义[M].赵中建,等,译.北京:教育科学出版社,2005:51.
[2] 中国社会科学院语言研究所词典编辑室.现代汉语词典(第6版)[M].北京:商务印书馆,2012:1022.

"不确定性或其他不稳定性影响要素的注入"。[1]一项教学改革实验的启动主要指决定一个改革方案并做出进一步实施决定的过程,这一决定与过程受到政治制度、社会文化、经济发展等多个因素的影响。迈克尔·富兰认为教育变革的启动潜在地受到无数个变量的影响,并从研究文献中概括出八个影响变革启动的因素:①革新的存在与质量;②进入革新;③中心行政机构的拥护;④教师的拥护;⑤外部变革机构;⑥社区压力/支持/漠然;⑦新政策——资金(联邦/州/地方);⑧问题解决与官僚取向。[2]这些因素涉及了改革的内容与方案,改革的社会背景,教育的行政管理、教师、改革的经费等。根据当时我国的基础教育社会背景及自上而下的教育管理模式,结合当时的数学教育现状,以及GX实验教改组先前所做的工作,主要从以下三个方面分析GX实验从教材改革深入教法改革的动因。

(一)教材多样化的政策

1977年7月,邓小平提出编写全国通用的中小学教材,随即国家教委于1978年相继颁发了《全日制小学暂行工作条例(试行草案)》《全日制中学暂行工作条例(试行草案)》《全日制十年制中小学教学计划(试行草案)》,一系列的教育政策、文件统一规定了全日制中小学的学制、课程设置等,统一整顿与治理了我国的学制与课程存在的历史问题,对恢复中小学正常的教学秩序起到了决定性作用,显现了未来课程尊重学科地位、看重科学知识、注重学生基础知识与基础能力的发展趋势。[3]1981年国家教委颁发了《全日制五年制小学教学计划(修订草案)》《全日制六年制重点中学教学计划(修订草案)》与《全日制五年制中学教学计划(修订草案)的修订意见》,至此,基本上确定了我国中小学课程的学科设置。

社会的发展要求人才的多样化、多规格,单一的国家课程与统一的教材所形成的一元化人才培养显然不能适应社会对人才的需求,要求根据不同的需求、不同地域情况、不同学校、不同学生等制定灵活的课程。而当时所采取的课外活动、选

---

[1] Macpherson, R. J. S.(1993). The reconstruction of New Zeland education: A case of "High-Politics" reform?[A]. In H. Beare & W. Lowe Boyd (Eds.), Restructuring schools: An international perspective on the movement to transform the control and performance of schools[C]. New York: The Falmer Press, 69-85.
[2] [加]迈克尔·富兰.教育变革新意义[M].赵中建,等,译.北京:教育科学出版社,2005:55.
[3] 叶澜.中国基础教育改革发展研究[M].北京:中国人民大学出版社,2009:179.

修课等形式不能满足人才培养的要求。于是,除了1986年颁发了《义务教育全日制小学、初级中学教学计划(初稿)》进行了五四制与六三制的学制调整之外,1988年5月国家教委在山东泰安召开教材规划会议,确立了"一纲多本"和"多纲多本"的改革方向,并于同年公布了《义务教育全日制小学、初级中学教学计划(试行草案)》和24个学科的教学大纲。至此,我国中小学"大一统"的课程与教材开发体制及体系被多样化的课程方案与教材体系所代替。

在此期间,国家教委还组织编写了八套不同特色、不同风格的教材,并进行了大规模的实验。陈重穆先生与宋乃庆教授主编的《九年制义务教育三年制初级中学数学实验课本(内地版)》和《九年制义务教育六·三制初级中学数学实验课本(高层次)》便属此列,而这两套教科书及其相关教学材料的编写,是基于1986年陈重穆先生与宋乃庆教授主编的《新编初中代数》,这些教材编写及其相关的调研、教材的推介会等给GX实验的试验、形成与发展提供了发展的境遇。

教学改革或实验主要是一种教育的实践、探索"行为"或"行动",教育政策主要是一种教育的实践"规范"或"指向",二者虽然属于两个不同的范畴,有时甚至是各自独立的,但二者之间又经常存在一定的交叉与联系。具体如图2-5所示。

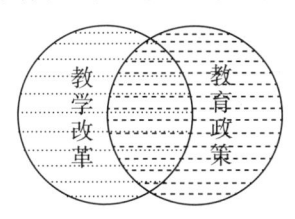

图2-5 教学改革与教育政策关系图

在教学改革与教育政策的交叉领域,一方面,新的教育政策不仅是教学改革的导向,而且能给教学改革提供直接的政策性保障。另一方面,合法的、科学的教育改革措施可以作为一种政策资源,对教育政策的产生与实施起到积极的推进作用。

(二)教师参与改革的阻力

要激发教师参与改革的动力,促使其参与教学改革,首先要消除或规避教师参与改革的阻力。教师参与改革的阻力来自于方方面面,是表面简单、实质复杂的问题,往往与教师所处的客观现实状态、教师的职业习性、学校变革的性质以及自身利益的得失有直接关系。从教师所处的现实状态来看,在我国大班制条件下,烦琐的事务每天要花费教师大量的时间,其中有的来自课堂,如纪律管理和学生冲突的处理,有的来自课堂外,如参加学校的各种活动、听报告、参加培训、各种人际交往等,这些现象对教学改革产生了很大的阻力。对参与GX实验的教师的调查表明,当时参与GX实验的最大困难是"时间紧,任务重",其次是"缺少课程资源",这也可以说是中小学的一种普遍现象。迈克尔·富兰认为对于大部分教师来说,日常事务挤占了严格的、可持续性改进的空间,[①]而且这种现象目前在我国中小学仍然存在。有学者调查表明:"工作量超负荷、精神压力大、工作报酬低,教师工作负担之重几乎已达到极限。班额过大、授课时数过多、非工作性事务过度膨胀,已使得教师的工作量严重超负荷,而绩效评价、考勤等方面的不合理运作又给教师造成了高度焦虑的精神压力。"[②]这些显然阻碍了教师参与教学改革。

波·达林(P. Dalin,2002)认为与其他行业相比,教师常常过着一种更为封闭的专业化生活。[③]课堂教学的个人化、封闭性等特征,使教师得心应手地使用自己的教学方法、策略,有自己熟练的操作,如当时数学课堂教学的"五步法""题海战术"等。参与改革意味着要走出自己的"舒适地带",对外开放与重新适应。在按成绩给学生、教师、学校排名的情况下,教师之间的竞争大于合作,参与改革、开放自己的教学显得更难。在某种意义上说,变革意味着不确定性和模糊性,是"一次走向未知目的地的旅行",[④]这对于教师而言是一个巨大的挑战。

虽然教师的工作具有封闭性,但学校的教学改革是频繁的,有来自国家的,如我国的数学教学大纲变化与修订是较为频繁的,有来自省、市、区、校等不同层面的教学改革,有时改革多得使教师"目不暇接",有"走马观花"的感觉,特别在我国大教学论的制度下,教学改革是基础教育中最为繁华的地带,有些教师目睹或参与了太多的改革,而产生了表面化、防御性或反抗性,这也给教师参与改革产生了阻

---

① [加]迈克尔·富兰.教育变革新意义[M].赵中建,等,译.北京:教育科学出版社,2005:122.
② 李剑萍.校长领导与学校效能的实证研究[M].济南:山东人民出版社,2005:181—193.
③ [挪威]波·达林.理论与战略:国际视野中的学校发展[M].范国睿,译.北京:教育科学出版社,2002:15.
④ [加]迈克尔·富兰.变革的力量——透视教育改革[M].中央教育科学研究所,加拿大多伦多国际学院,译.北京:教育科学出版社,2004:2.

力。正如有的学者所指出的,"我们这个社会是'能够做事'并'急于决策'的,对一个问题的回答就是一个方案。这个方案行不通,就再换一个。若一系列方案都行不通,就干脆对这个问题产生厌倦感,接着就转向其他的新问题了。"[1] 也正如迈克尔·富兰所指称的"圣诞树学校——改革的方案像圣诞树上的饰物一样多,其实只是金玉其外"。[2]

还有一个重要的现实原因就是教师也要生活、生存,与其他职业一样,教师在现实生活中也有利益的诉求。"为什么要参与学校改革?""参与改革能给我带来什么?"等问题是教师经常追问的,如果看不到改革所能带来的利益与效果,教师自然不愿参与。"教师个体的利益追求,是支撑与保障教学工作得以顺利完成的外在因素。"[3]虽然是外在的条件,但利益是教师参与教学改革的重要支撑与保障。

以上分析说明,在GX实验中当时教师是否参与改革主要考虑学生的成绩、时间与精力的投入、改革的持续性、改革的利益四个方面。

(三)改革理念由教材到教法的发展

GX实验从1986年到1991年经过6年的教材编写、教学改革的探索与试验,"淡化概念,归真返朴"等观点已在数学教材中实践,"精讲多练""滚动前进"等在教学改革与反思中不断发展与提升。如图2-6是张渝老师根据自己参与实验的经历与反思所绘制的GX实验路线图,从中可看出GX实验的一些观点在由教材到教法的改革中不断提出与形成。

---

[1] [美]罗伯特·G.欧文斯.教育组织行为学[M].窦卫霖,等,译.上海:华东师范大学出版社,2001:258.
[2] [加]迈克尔·富兰.变革的力量(续集)[M].中央教育科学研究所,加拿大多伦多国际学院,译.北京:教育科学出版社,2004:37.
[3] 周彬.决策与执行:制度视野下的学校变革[M].北京:教育科学出版社,2005:4.

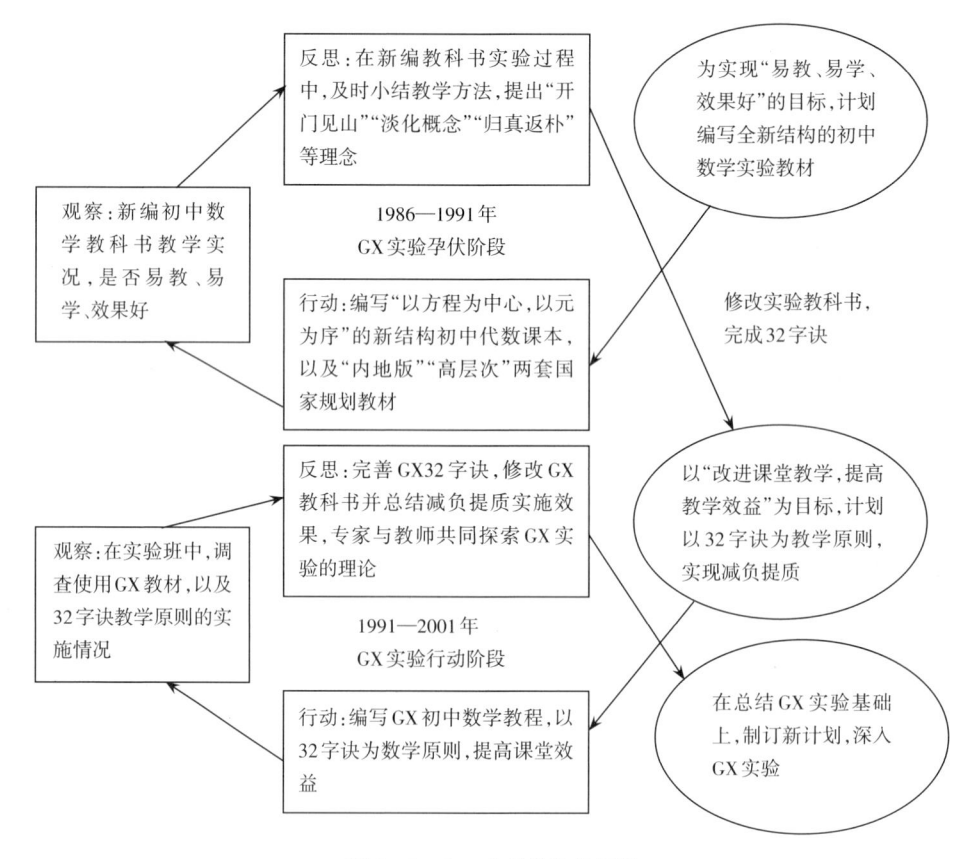

```
                                         为实现"易教、易学、
      反思:在新编教科书实验过程            效果好"的目标,计划
      中,及时小结教学方法,提出"开          编写全新结构的初中
      门见山""淡化概念""归真返朴"         数学实验教材
      等理念

观察:新编初中数          1986—1991年
学教科书教学实          GX实验孕伏阶段
况,是否易教、易
学、效果好            行动:编写"以方程为中心,以元     修改实验教科书,
                   为序"的新结构初中代数课本,      完成32字诀
                   以及"内地版""高层次"两套国
                   家规划教材


                   反思:完善GX32字诀,修改GX       以"改进课堂教学,提高
                   教科书并总结减负提质实施效        教学效益"为目标,计划
观察:在实验班中,调    果,专家与教师共同探索GX实        以32字诀为教学原则,
查使用GX教材,以及    验的理论                     实现减负提质
32字诀教学原则的实
施情况               1991—2001年
                   GX实验行动阶段
                                            在总结GX实验基础
                    行动:编写GX初中数学教程,以      上,制订新计划,深入
                    32字诀为教学原则,提高课堂效     GX实验
                    益
```

图 2-6 GX 实验"路线图"

1991年陈重穆先生在《关于提高课堂教学效益》的报告中指出,"淡化概念,提高效益"要真正在数学教学中实现:①必须有新教材;②考试必须不考名词术语。并指出关于教材编写的原则性措施,如下:[①]

(1)开门见山,迅速达到核心。

(2)不毕其功于一役,分阶段、分层次,循环往复,螺旋上升。

(3)淡化文字叙述,打破原来的体例格式。

(4)实践的原则,从"做"中学,从"用"中巩固知识。

(5)师生共作,学生尽可能参与知识的发生与发展,落实教师主导,学生主体及掌握知识,培养能力于日常教学。

(6)教材教法揉为一体,精简多练,练习主要在堂内完成,及时反馈,减轻师

---

① 陈重穆.关于提高课堂教学效益(保留文稿)[Z].1991.

生课外负担。

(7)以点带面,举一反三,不求全,不平均使用力量。

(8)减少不必要的重复,结合起来统一处理问题。

归纳起来形成以下字诀:

开门见山,直捣黄龙;

淡化概念,归真返朴;

精讲多练,师生共作;

滚动前进,循环往复。

这组32字诀通俗易懂,是GX实验32字诀的雏形,称为朴素型"GX32字诀",最初由陈重穆先生作为教材编写的原则提出,它是陈重穆先生及其领导的教改组多年教材编写经验的总结,但已不仅局限于教材的编写,"精讲多练,师生共作"更属于教学方法的范畴,"开门见山,直捣黄龙"虽然说是一条教材编写的原则,实际上也是一条教学策略。虽然朴素型"GX32字诀"是作为教材编写的原则提出的,但这已是一个集教材编写、教学方法改革于一体的教学改革观点,这给GX实验的启动与实施提供了理论铺垫与操作原则。

(四)学生学习负担过重事件的道德诱因

1. 学生负担过重的现实困境

在人类教育史上,不管是发达国家,还是发展中国家,学生负担问题都是个古老而现实的话题。无论是亚洲地区,还是其他地区,都或多或少出现过类似的问题。[1]我国自从1977年恢复高考以来,高考在为国家选拔优秀人才发挥巨大作用的同时,由于过于注重考试的选拔、筛选功能,逐渐将中小学教育引向应试教育,以及高考成功所带来的人生光环与现实利益,带来了长期困扰着中国教育界的"片面追求升学率",强调"应试"的问题。到20世纪80年代中期,由于受片面追求升学率的影响,师生负担过重的问题尤其突出,甚至陷入了"负担过重—减负—负担再过重—再减负……"的恶性循环,给师生的身心健康与发展带来了极大的危害。从国家到地方,从教育行政部门到学校,从教育专家到一线教师都有相关的改革与研究,但收效甚微。

---

[1]谢利民.我国半个世纪"减负"问题的历史回溯与思考[J].集美大学学报,2005,6(9):20-25.

从国家的教育政策来看,李春玲的统计研究表明,自1949年以来,中央有关减轻学生学习负担的政策颁布了五十多次,20世纪80年代以来,减负的文件发了三百多份,到目前为止我国基础教育共进行了八次大的课程改革,但学生的学习负担并没有减轻。[1]如1981年4月,国家教委颁布了《全日制六年制重点中学教学计划(试行草案)》和《全日制五年制中学教学计划(试行草案)的修订意见》,不断出台的政策,在指导思想上都明确提出,要防止和克服学生负担过重的问题,并针对不同的学制做出相应的教学要求的规定,甚至对学生作业量和考试次数、学生的假期时间都做出了具体的规定,但实际效果并不明显。1981年国家教委印发《中小学数学教材改革座谈会纪要》,对准备升入高等学校文科各专业的学生和进入对数学知识要求不高的生产部门的学生,删减了一些以往规定必学的内容。1988年5月,国家教委发出《关于减轻小学生课业负担过重问题的若干规定》,其主要内容要求学校严格按照教学计划、教学大纲来教学,不得随意增加教学内容、教学时数;各学科严格按照教学计划组织教学,按教学计划规定了作业,不能把作业作为惩罚学生的手段或方式;要控制考试的次数,不下达考试成绩和升学指标;不任意增加教辅资料;保证学生正常的教学时间和自由支配的时间;控制竞赛;帮助后进生等。1991年4月16日国家教委颁布了《关于加强中小学学生用练习册、寒暑假作业、辅导材料编写和使用管理的规定》具体规定了减负的措施。国家关于中小学减负的教育文件不断地颁发,充分说明了问题的难解与严重。教育的现实与国家对人才的需要,促使减轻学生负担、提高教学效率成为教育的一个跨时代话题。

不仅在教育政策方面,在社会上关于片面追求升学率、学生负担过重问题的议论也不断增加。早在1981年因学生学习负担过重,叶绍恭在《教育研究》第6期的《谈谈少年儿童的学习负担与健康》中指出:"社会上救救孩子的呼声很强。"实际上一些人也认识到了这一问题,但感到无能为力,有的学者、学生进行呼吁,痛诉负担之重。如1988年4月24日崔勇在《光明日报》刊登了《中小学生三大愁》一文,其中摘录了一个高中生的打油诗"问君能有几多愁,家里校里到处有,肚里装的有,肩上扛的有,抽屉里书包里往外流"。这是当时高中生负担过重的一个真实写照。《人民教育》在1988年7—8月开辟了"减轻学生过重负担,全面提高教育质量"的专栏,

---

[1] 李春玲.理想的现实建构:政府主导型学校变革研究[M].杭州:浙江大学出版社,2007:186.

这说明这一问题又引起了教育界重视。1992年张家口三位小学生家长给李铁映同志写信，反映小学生负担过重的问题。《人民日报》1992年2月22日以"国家教委强调减轻学生负担，坚决禁止给学校下达升学指标"为题做了报道，学生负担过重已影响了学生的健康发展，当时中小学生减负成为一个热点问题。

2. 学生负担过重事件的道德激发

陈重穆先生在1986年辞去校长职务，并暂时放弃了自己所熟悉的群论研究，积极转入数学教育领域。他在一次有关中学数学教育研究的学术报告中，提出了被誉为"切中中学数学时弊"的独到见解——把方程放在教学中心地位，充分发挥其在激发学生兴趣、培养学生能力上的作用。一些中学教师、大学的数学教育专家、国家教委有关领导希望他据此观点编写一套突破传统框架的新教材。当时陈重穆先生也很矛盾，因为他深知教材编写的重重困难，要付出的精力、时间以及存在的风险。但想到千百万求知的孩子，他毅然走向了基础教育，开展数学教学改革实验。他在给时任国家教委教材办主任南国芬、游铭均的信中透露了当时的心情。他说"自己陷得很深，不能自拔，但并不后悔，因为基础教育改革实验是关系到子孙后代的事，关系到千秋万代的事"。[①] 访谈中了解到，1986年陈重穆先生在辞去西南师范大学校长职务的同时，邀约宋乃庆作副主编，协助他进行教材的编写，至此，陈重穆先生全身心地投入中小学数学教材、教学改革之中。

中小学学生陷入学习负担过重的困境，数学作为基础教育中的一门重要学科，由于数学学科的抽象性及累积性等特征，数学教学中对科学性的过分追求以及当时应试教育的影响，在数学的教与学的过程中师生负担甚重，初中数学教学普遍质量不高，存在大面积后进生的现状引起陈重穆先生对数学教育的忧虑。1991年，中小学生因学业负担过重而自杀的事件多次引起新闻媒体的报道，陈重穆先生得知后非常痛心，他在多种场合指出学生学习根本不需要用太多时间，如果课堂教学效率高，学生在课堂上就能完成学习任务，而课外做作业、补习功课等就是造成学生过重负担的主要原因，但问题的根源是数学课堂教学效率的低下。作为一位代数学家，以及多年来对中小学数学教育的实践参与和研究，陈重穆先

[①] 中学数学教改实验组. 莫道桑榆晚 人间重晚情——追忆GX实验研究的奠基人陈重穆教授[A]//中学数学教改实验组.GX理论与实践[M].重庆：西南师范大学出版社，1998:216.

生不顾风险和阻力,决定进一步启动教学改革,以提高数学的课堂教学效益,减轻师生的负担,至此以"减负提质"为核心,以朴素型"GX32字诀"为指导的GX实验正式提出与启动。

二、GX实验启动的基础

回顾1986—1991年GX实验教学改革的酝酿过程,反思其教学思想观点产生的过程,从整体上纵观其产生的实践理路,不仅有利于进一步认识GX实验教学改革与发展的历程,而且更能得到数学教学改革方法上的启示。

(一)丰厚的学术背景奠定了重建的数学基础

陈重穆先生是我国著名的代数学家、数学教育家,曾任四川省数学会副理事长、数学会名誉理事长、中国数学会理事,四川省政协委员、西南师范大学校长、基础数学博士生导师,国家级有突出贡献中青年专家。陈重穆先生开始跟随柯召教授进行数论方面的研究,后来转向了有限群论。在代数学研究方面,特别是临界群的研究,取得了显著成果。出版代数学专著《内、外Σ群与极小非Σ群》,大学数学教材《有限群基础》《线性规划教材》等多部,发表论文80多篇,研究成果被国内著名数学刊物多篇文章引用,美国《数学评论》多次摘评,1989年陈重穆先生主持、主研的项目"群的构造理论"获四川省科技进步一等奖。1990年,他参加主研的"有限单群的刻画与临界群"获国家教委科技进步三等奖。作为团队的领导者,陈重穆先生具有深厚的数学基础。他对作为学科的数学具有深刻的理解与透彻的把握,能准确定位数学概念之间的层次关系,突出核心概念,淡化次要概念,能从学生认知的角度重构数学的知识体系,突出数学知识的本质,使学生在课堂学习中能迅速达到数学知识的内核,有效提高数学学习的效益。

如陈重穆先生对方程定义、知识体系的理解,除了借鉴国外的一些观点之外,还提出了自己的独到见解,对教材设置的方程章节所存在的逻辑困境有精辟的分析。对单项式的处理、对分式概念的见解、对有理数概念与运算的设置、对绝对值概念的修订等,都提出了独到的解决方法,这些都基于其具有扎实、深厚的数学学科基础,能高屋建瓴地透视数学的结构关系与本质。因此,他能产生"淡化形式,注重实质"的思想观点,能准确把握作为学科的数学要淡化什么形式,要注重什么实质。这也说明数学家在参与数学教学改革中,对数学作为学科的构建具有"数学的深度",能透视以什么样的数学来育人的内涵。

(二)多元化的合作与交流搭建了重建的平台

一个教学思想观点的酝酿与实施不是一个简单的线性传递事件,而是一个多元理解与意义构建的非线性过程。要实现这样一个复杂的任务,搭建能多元协商与交流的平台是至关重要的。在GX实验的酝酿过程中,一是有西南师范大学数学系中学数学教改实验组的团队与平台。早在1982年开展"综合运用教材,发展学生非智力因素,培养学生自学能力"教学改革实验时,在王秀泉教授的主持下,由实验学校、教科所、教育局(教研室)、进修学校联合组成了一个"中学数学教改实验领导小组",在实验学校,分管教改实验的领导、数学教研组组长、实验班和对比班教师,又共同组成"实验研究课题组",[①]这一团队从1983年起就不断进行数学教学改革,对数学教学的现状有较深入的了解,积累了丰富的数学教学改革经验,了解数学及数学教学研究与发展的前沿,对数学教学改革及数学教育中存在的问题有深入的认识。虽然在不同的数学教学改革实验中,教改组的具体成员会有所不同,但每次都能形成一个上通理论,下达实践的数学教学改革共同体。

二是有教材编写委员的团队与平台。在GX实验教学改革及其观点、方法酝酿期间,教改实验组成员分别主编、参编三套初中数学教材,第一套是1986年开始的《新编初中代数》教材,第二套是1988年开始的《九年制义务教育三年制初级中学数学实验课本(内地版)》,第三套是1989年开始的《九年制义务教育六·三制初级中学实验课本(高层次)》,在这些教材的编写、修订与推介会上,教改组成员与一些数学教育专家、不同地区的数学教研员、教育管理人员、一线数学教师等有大量的交流与沟通的机会,有教材编写研讨会、教材推介交流会、研究报告会等多种沟通与交流的途径。不同层面成员之间有建议、讨论、争论等,实现了真正的交流,真诚地相互协作。正如有的学者所描述的,协作不是意见一致,把协作看成是意见一致是一个流传久远的偏见,协作经常有争论和争吵,并且这些争论大部分与个人无

[①]王秀泉,宋乃庆.大面积提高初中数学教学质量的研究——综合运用教材,发展学生非智力因素,培养学生自学能力[J].西南师范大学学报(自然科学版),1987(2):99–109.

关,而集中在真正的分歧上。[①]迈克尔·富兰也指出,抵触是改革中的一个重要资源,如果我们要创造深度变革所要求的高质量的人际关系,我们需要重新定义人们对待抵触心理的方法,以便我们能够从客观的、理性的审视中获得启示,同时吸收那些对改革有疑虑者的不同看法。[②]真正的协商、对参与者提出问题的思考,以及有针对性的处理等,给GX实验的产生与酝酿提供了有利的机会与良好的土壤。

另外,陈重穆先生及教改组在各种不同的场合,还积极利用专题报告,通过实例对GX实验的理念进行物化式的阐释。如1986年陈重穆先生在《关于中学数学教材中的方程问题》的报告中对方程问题的分析与重建;1987年陈重穆先生在《关于新编初中代数的介绍》的报告中对有理数"开门见山""循环上升"式的设置,方程以元为序的编排,淡化名词、术语等的解释;1988年陈重穆先生在《关于初中代数教材改革的几点意见》的报告中对淡化纯文字叙述、不抠数学名词等的解说等。这些从不同角度、在不同场合结合实例、教材、培养目标等的阐释,对数学教师、数学教材的编写者、数学教育的研究者理解、传播与实施GX实验的思想观点起到了积极的作用。

(三)多套教材的编写提供了重建的实践经验

一项数学教学改革要被教师理解与接受,直到在课堂教学中实施,不是靠简单的说理与宣传就能实现的,要在教师理解的基础上转变为教学行为,在数学教学中要为教师提供可操作的教学素材,这就需要把教学改革的理念物化到教师所使用的教材中,为教师在课堂教学中实施与贯彻改革理念提供必要的手段与措施。1986年《新编初中代数》这套教材就贯彻了陈重穆先生关于方程的观点,并对相关的章节进行了改编,在多次教材推介会上,陈重穆先生分别阐明了"开门见山""淡化概念""先做后说""滚动前进"等观点。[③]这是陈重穆先生按自己的观点编写的一套教科书,如在第一册的第一章由两节构成,第一节是简易方程,第二节为字母代数。这一章实际上是"代数"的引言,陈先生把方程作为依附于等式的一个问题,不下正式定义,并用分析方法来解方程,这是其方程观点的具体体现。具体内容见陈

---

①Schrage, M. (1990). Shared minds[M]. New York: Random House, 159.
②[加]迈克尔·富兰.变革的力量——深度变革[M].中央教育科学研究所,加拿大多伦多国际学院,译.北京:教育科学出版社,2004:47.
③张渝.提高初中数学课堂效益(GX)实验的回顾与展望Ⅱ[M].重庆:西南师范大学出版社,2011:9.

重穆先生的《新编初中代数》示意稿的手稿(附录三)。

后继编写的《九年制义务教育三年制初级中学数学实验课本(内地版)》《九年制义务教育六·三制初级中学数学实验课本(高层次)》的代数部分,虽然每一版本的教材都有其独特的目标与要求,但许多代数内容基本上是在《新编初中代数》的基础上修改而成,这使GX实验的有关理念得到充分的物化,为理念在数学课堂教学中的实施起到了积极的推动作用,使改革的理念走向实践成为现实,为后继的实验奠定了基础。教材编写回顾线索图可较为清晰地看出这一演化过程,如图2-7所示。

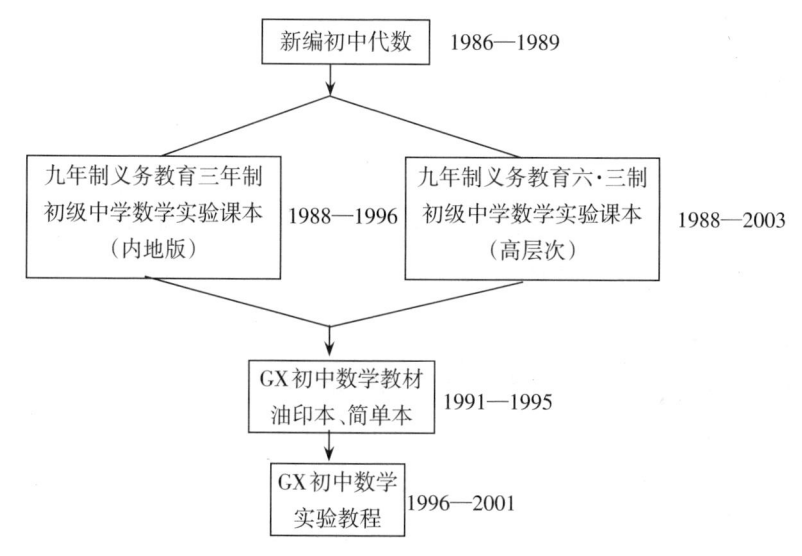

图2-7 陈重穆先生主编初中数学教科书编写与试用的线索图[①]

三、GX实验的初步试验

(一)GX实验教材的编写与启动

1991年陈重穆先生在《关于提高课堂效益》(见附录三)的报告中进一步阐明了实验的思路、目标及GX实验教材的要求等,除了解释之外,基本都包含在朴素型"GX32字诀"之中,并着手编写了《初中代数》(GX)实验课本的初稿(见附录三)。到1992年初,在春季新学期开学前就印出油印本的GX实验教材,GX实验教改组通过重庆北碚区、南岸区、沙坪坝区教师进修学校的数学教研员选了7所学校8个

[①]张渝.提高初中数学课堂效益(GX)实验的回顾与展望Ⅱ[M].重庆:西南师范大学出版社,2011:7.

初一班级进行实验,最后有两个学校的两个班未坚持改革,坚持实验的学校有:1所省重点学校是西南师范大学附属中学,2所一般学校分别为重庆特钢子弟学校与渝州大学附属中学,2所三类学校分别为北碚勉仁中学和重庆珊瑚中学。[1]除北碚勉仁中学有2个实验班外,其他学校均有1个实验班,共5所学校6个实验班进行实验,确定课题为"提高初中数学课堂效益实验研究",开始了朴素型"GX32字诀"的初步试验。

(二)初步试验的效果

为了保障试验能有效地进行,陈重穆先生在实验前和实验过程中多次组织实验教师和各区教研员座谈,了解情况,同时阐释GX实验的基本思路和解决问题的方法。开始的一两个月,试验的阻力相当大,其中最主要的阻力就是学校和家长担心学生成绩下降,知识掌握不牢。在实验过程中课题组与教研员、实验教师一道以"循环上升"解决了学生知识掌握不牢的担忧。经过单元、期中、期末测试三轮循环,保证了学生的巩固学习,通过比较,实验班的优势显现出来:"积极前进"既节约了时间,而且提高了学生的积极性;一系列措施使得在课堂教学中提前完成了教学任务,学生基本无课外作业,没有过重的负担;通过循环,考试成绩得到保证,打消了顾虑,实验顺利进行,一个学期结束时,实验班明显优于对比班,实验的可行性得到了验证。由于效果显著,多所学校要求加入实验,课题组要求由各区教研员具体负责实验的组织工作,建立起由课题组、教研员、实验学校构成的"三级制"教学改革领导体系。由于效果好,实验迅速扩大,[2]课堂教学时间的减少,教学效率的提高,学生考试成绩的提高,使参与GX实验的教师、学生、家长及学校等打消了先前的顾虑。虽然也有人批评GX实验带有明显的"应试"倾向,但在当时"分分分,师生的命根"的情境下,没有成绩的保证,实验的启动与实施是不可能的。而GX实验只是把学生的考试成绩作为实验目标的一个现实部分,其主要愿景是通过课堂教学效益的提高,减轻学生过重的数学学习负担,培养学生能力与素质。其实际采取的思路是:GX实验把提高学生的学习成绩,看成是实验的一个重要组成部分,学生素质好了,成绩自然就不会差,GX实验是平时把考试放置一边,一切教学活动都围绕

---

[1]中学数学教改实验组.提高课堂效益(GX)实验初步情况简报(保留文稿)[Z].1995.
[2]程良建.GX实验的再认识与发展研究[D].重庆:西南大学,2008:13.

发展学生智能进行。考试前则可针对考试组织复习,把考试变为动力,充分调动学生复习的积极性。根据史蒂格勒(Stigler)的"生存法则"(Survival Principle),已经在社会上存在很久的组织,现有之作业模式就是最有效、最可靠的,若任意进行变革,可能导致危机。[1]不因为改革而随意改变现实的教学环境,而关注与有效解决教师的现实压力是GX实验成功启动的一个重要原因。

关于有的学校退出实验或实验效果不好,在对教研员的访谈中了解大概有以下几个原因:一是主要对指导思想不理解,担心成绩不好,操作也不方便。GX实验的教学进度快,有的学生学得慢,平时就跟不上教学节奏。二是实验效果与教师本人分不开,教师教学能力强,采用新教学方法可达到效果;教师教学能力弱,其他学校实验效果再好,也没有办法达到预期效果。三是时间较短,效果不明显或还没体现出来。这也说明在教学改革启动过程中教师、学生、改革的主持者等都有可能成为影响改革的因素,影响启动的因素有时是很复杂的,不仅是教材、教法等数学教学方面的东西,还要关心师生的教学现实及其生活的文化环境。当然实验的成效不是线性的,其实中间出现低谷是正常的,新教学方法的掌握与新教材的理解都需要精力与时间,出现问题是正常的。迈克尔·富兰曾指出,当人们尝试某种新事物时,他们常常会经历我所称的"实施的凹地"(Implementation Dip)。在人们掌握变革的意义和技能时,事情先变坏后变好,而且变得更清晰。[2]其大概变化情况,如图2-8所示。

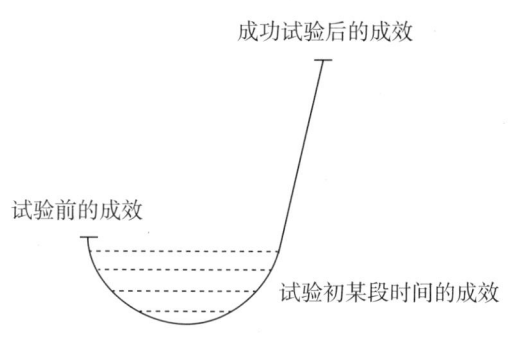

图2-8 改革试验成效变化趋势图

"实施的凹地"的存在提醒人们对教学改革不能急于求成,要正确认识改革成

[1]邱毅.放谈企业变革的理念与原则[J].北京大学学报(哲学社会科学版),1999,36(1):19-24.
[2][加]迈克尔·富兰.教育变革新意义[M].赵中建,等,译.北京:教育科学出版社,2005:95.

果的取得不是一个简单的线性过程,图2-8也只是一个简单过程,在一个较为复杂的教学改革过程中,这样的"凹地"可能会多次出现,教学改革是一个复杂的螺旋式上升过程。

四、GX实验启动的改革策略

先前积累的教材编写经验,对当时数学教学存在问题的准确定位,以及陈重穆先生对数学教育的道德情怀等共同促成了GX实验的启动,由先前"淡化概念,归真返朴"的探讨,到形成朴素型的"GX32字诀",以教材为依托和手段,促使GX实验教学观念得到进一步的拓展与实践,其中的一些改革与实践的方法、策略,值得人们分析、思考与借鉴,同时这种分析与思考也有助于人们认识和理解GX实验教学思想观点的形成与发展。

(一)关注智力、政策和精神的有机融合

朴素型"GX32字诀"的形成与试验有机融合了改革中的学术智力、国家教育政策及道德精神的力量,形成了巨大的改革动力。首先是陈重穆先生及其所领导教改团队的改革创新,创新是教育教学改革的本质,陈重穆先生对中学数学高屋建瓴的把握,提出了创造性地改革中学数学知识结构的观点,从初中数学教学内容的表述形式、数学知识结构的调整、积极前进的教学原则等引导人们积极参与改革。同时,有关数学教育专家的认同与支持,也推动了GX实验教学原则、观念的明确、物化与实施。其次是社会的发展或存在的问题对教育提出了新的要求,促使国家颁布新的教育政策,一些政策的颁布与实施为GX实验的形成与发展提供了有力的支持,特别在我国的教育行政管理制度下,这一力量是很强大的。GX实验切合当时国家推行的教育政策,使教学改革实验得到了政府的支持,为改革实验创造了条件,许多数学教师也愿意积极参与。最后是陈重穆先生对基础教育的关怀,对千百万中小学生的关爱,因一些学生学习负担过重事件的激发,道德动力也进一步促使他推动GX实验的开展,促使他由教材编写到教法改革的进一步深入研究,直接诱导了GX实验的启动。

(二)构建数学教学表达的民族话语

从表述形式来看,GX实验的一些理念自产生开始,其表达就十分通俗化,没

有"创造"新的名词,以示创新,也没有采用"生硬"的学术话语,如较早使用的"归真返朴""淡化概念""开门见山""循环往复""螺旋上升"等,接着出现的如"精讲多练""滚动前进",后面出现的"直捣黄龙""以点代面""适当集中""先做后说""师生共作"等,陈述简洁易懂,朗朗上口。而其后蕴含着系统理论,如赞可夫的高速度、高难度的教学原则,杜威的"做中学"等教育教学理论。GX实验中也没有应用抽象的常令一线数学教师"望而生畏"的理论话语,而采用通俗化的日常用语来表述,显得简洁且易于理解,这实际上涉及异域理论本土化的问题,体现了改革者吸收、改造、转化外来教育教学思想的一种方法、措施与态度,用教师易于理解的通俗方式进行本土化,深入浅出,避免实践中出现过多的学术话语、理论话语,人为制造话语理解的障碍。

　　通俗化、生活化的语言,表现了教学改革中大众式的诗性话语,这种表达形式作为教育话语之一,是一种富有"体验性",但更富有"哲思性"的话语。表面看似平淡、通俗,但能以简朴的形式表达深刻的道理。用这样一种话语形式表述GX实验的教学改革理念更显示出其"文化性""境域性"和"价值性",使严肃的数学教学改革显得诙谐、机智、随性,因而最具灵活性和多样性,也可以适时地介入现实,把焦点定位在教育的热点和难点上,直逼教育的核心问题。即使从当前我国基础教育改革的发展现状来看,紧缺的正是能够尊重现实、激发梦想、建设重于批判的"大众诗性话语"。[①]反思这一阶段的"GX32字诀"不管是在表述形式上,还是在内涵上与后来形成的"GX32字诀"都有一定的差别,但其话语质朴,表达简洁、清晰,便于人们接受与理解,同时也具有亲和力。

　　教学改革中话语的表达与实践关注有时对改革起着重要的作用,这是值得改革者与研究者注意的问题。郑毓信教授曾指出,如"GX实验""青浦实验""初中数学差生转化教育实验"等,之所以能在一定程度上能取得成功,主要是立足于实践,很好地解决了教师在教学实践中存在的问题,用简洁的话语表达了深刻的道理,并没有去追求宏大的理论构建,表述上十分简单明了,从而易于理解、易于实践。如果刻意追求理论的建构,追求所谓什么"两个功能,两条原则,三个目标,八个变量"的"庞大体系",反而缺少指导意思,不利于人们的理解与实验,改革容易陷入形式化。[②]

[①] 张荣伟.论中国基础教育改革的四种话语类型[J].中国教育学刊,2009(10):8-11.
[②] 郑毓信.数学教育研究之规范化与中国数学教育的发展[J].中学数学月刊,2004(1):1-3.

(三)切中数学教学实践中存在的问题

GX实验教改组切中数学教学实践中存在的问题主要体现在两个方面,一是切实抓住了我国数学教学实践中学生学业负担过重的问题。虽然学生学习负担问题可以说是一个国际性问题,但更是一个文化问题,不同的社会制度、不同的思想观念下,学生的学习负担过重的内容与内涵都是不一样的,对学生负担过重的态度及所采取的措施也是不一样的。如同处亚洲儒家文化圈的新加坡、韩国、日本等国家和我国的香港、澳门等地区,同样也存在学生负担过重的问题,但一般都很坦然,认为学生应有必要的负担,否则不利于今后发展。西方的一些国家有的为了减轻学生的学习负担,采取了一些强力措施,如1984年西班牙政府宣布废除给小学生留课外作业的制度,无论教师、家长或学生违规都将受到指控和法律追究。[①]2000年3月9日署名东行的作者在《青年参考报》刊登的《美国学生要"增负"》一文中指出,美国由于受"进步主义"思潮的影响,学生的学业表现日渐下降,开始为学生增加学习负担。如美国肯萨斯城的密苏里校区决定,星期六学生也要上课,早在2000年1月就开始执行,2400多名学生要在星期六学习数学和阅读,同时这个计划也得到教师和家长们的支持。现在许多美国的城市学校都在进行各式各样的增加学生学习负担的试验,希望提高学生的成绩。我国当时学生学习负担过重,存在于整个基础教育系统中,存在于语、数、外等主要的学科学习中,基于数学学科存在的过度形式化、逻辑化现象,学术的严谨性要求导致数学课堂教学效率低下,造成学生数学认知的偏离,教师的教与学生的学都负担过重,陈重穆先生、宋乃庆教授提出了"减负提质"的教学原则,从数学课堂教学的角度找到了"病因"。二是切实解决了教师参与改革面临的担忧。在当时的背景下,教师参与改革最担心的问题是学生的考试成绩,学生考试的分数不仅影响甚至决定教师的生存与发展,"考考考,老师的法宝;分分分,学生的命根"就是当时的一个写照。因此不保证学生的成绩,让教师深度参与教学改革是不可能的,GX实验考虑到这一点,除了改革理念、教材处理等的创新外,在教学改革中采取多层次循环,在循环中巩固等措施,保障了学生的数学学习成绩的提高,用事实打消了教师参与教学改革实验的顾虑,同时也得到了学生家长的认同,使GX实验得到快速的启动。

---

① 曹志平."减负"也有全球性[N].河北日报,2000-03-30(11).

虽然从内涵上来看，朴素型"GX32字诀"与后来形成的"GX32字诀"还有一定的差别，如"循环往复"与"循环上升"，"精讲多练"与"先做后说"等在内涵上也存在着一定的差别，但这不能看成是一种不足，而是一种发展，数学教学改革不是一个事件，而是一个过程。从改革的角度来看，真正有理想的教育改革不在于一次性完成，而在于不断地生成与发展；不在于终结或创造某个理论体系，先知般地把真理交给教育的改革者，而在于不断地深入思考，在思考中实践，在实践中改进、提升和完善。至此，改革知识、经验与理念的增进，知识的分享以及持续将信息转化为有目的地运用知识，形成了进一步改革的高质量思路，有效地推动了GX实验下一步的实施。如果没有高质量思路的推动，道德目标与良好的人际关系是毫无意义的。如果没有高质量的思路和想法，我们只不过是在强化每个人良好的意愿，却无法用实在的东西展示出来，内容和环境同样重要。[①]GX实验先前的争论与后来关于"形式化与非形式化"的讨论，以及后来学者们对GX实验的实验性质的不同看法都体现了这一点。

[①][加]迈克尔·富兰.变革的力量——深度变革[M].中央教育科学研究所，加拿大多伦多国际学院，译.北京：教育科学出版社，2004:48-49.

第三节
"GX32字诀"的形成

教学理论观点需要成功实施才能发挥其实践价值,给教学带来活力与创新。实施包括把一种观念或计划投入实践的过程,或者把一套对那些期望或被实施变革的人们而言是全新的活动和结构投入实践的过程。[1]教育改革的实施是从方案到实践的环节,经过此环节方案可望体现预期的形式,并获得预期的结果。GX实验经过教学理论观点的酝酿,再经过初步的启动与试验,探讨了进一步实施的可行性与操作性,开始了由点到面的大规模教学实施。

将思想观念融入实践是一个复杂的系统过程。启动与试验的成功并不等于或预示着一项教学实验的水到渠成,教学改革的实施阶段与其他阶段相比更具有复杂性,在此阶段教学观点、方法的形成与实践具有其独有的特征与问题。迈克尔·富兰曾指出,改革者如果低估了变革实施的问题和过程,决策者、地方实践者会处于"分了叉的世界"。如果一方都忽略另一方的主观世界(Subjective World)的话,改革就会失败。[2]因此,对GX实验的实施进行剖析,探讨GX实验的实践、形成及其实施的策略,对认识GX实验教学观点、方法的形成与发展具有不可替代的意义与价值。

---

[1] [加]迈克尔·富兰.教育变革新意义[M].赵中建,等,译.北京:教育科学出版社,2005:71.
[2] [加]迈克尔·富兰.教育变革新意义[M].赵中建,等,译.北京:教育科学出版社,2005:90.

一、"GX32字诀"的实践与澄清

(一)教学改革核心观点的实践与澄清

由于先前启动试验获得了超出预期的效果,不少学校的教师主动要求加入实验,结合GX实验教改组先前的教学改革基础及其大力推动,GX实验开始了大面积的改革实践,不仅在重庆市区、四川省的部分市区开展,而且在云南省、贵州省等多个地区展开,到1998年GX实验在黑龙江、江苏、湖南、河北、海南等10多个省开展。如在云南师范大学朱维宗等带领下,云南师范大学数学系于1993年成立了"云南省中学数学高效益(GX)教改实验课题组",联合玉溪市红塔区教委教科所、昆明市教委教研室,并与西南师范大学、贵州师范大学协作,开展教学实验。1993年9月课题组在玉溪市元江县元江民族中学率先开展"中学数学高效益(GX)教材教法教改实验",经过局部的实验,到1995年9月以后,在昆明市呈贡县龙街中学、玉溪市洛河民族中学、玉溪市红塔山学校、云南省民族中学、昆明市第三中学等学校相继开展这项教学实验。

虽然,朴素型"GX32字诀"在启动期间进行了初步的试验,并取得了成功,但一些数学教师及教学研究者对GX实验的某些教学观点还存在一定程度的模糊认识,甚至不理解,这对GX实验的大面积实施带来很大的影响。在GX实验开展大面积实验中,为进一步阐释实验的理念、教学原则、改革观点,消除改革参与者对"积极前进""淡化形式,注重实质"等观点的误解,消除对改革理念存在的疑虑,推动GX实验的进展,1993年陈重穆先生、宋乃庆教授在《数学教育学报》第2期上发表了论文《淡化形式,注重实质——兼论〈九年义务教育全日制初级中学数学教学大纲〉》,主要从三个方面阐述了"淡化形式,注重实质"的内涵,具体要点如下所述。

(1)淡化纯文字叙述

◆"淡化"不是不要,而是不要把文字叙述看得过分"神圣",把它作为最高的表达形式;

◆文字叙述方便、有益就用,否则就不用;

◆对名词、术语的讲解重点要放在学生对其实质的领悟上,不必在文字叙述上孜孜以求；

◆当前能用文字叙述(不是背下来的)说明理解更深，但作为要求对初中学生来说就高了，只能适当地作，要"淡化"；

◆在教师指导下，训练学生自己来叙述，以帮助学生去抓事物的本质特征，不作为必须的要求。

(2)淡化形式，注重实质(允许非形式化)

◆删减方程的形式理论：方程是求指定字母的值，使已给等式成立的问题；删除方程的同解概念与同解原理；等式性质及"推出检验"方式适用于解任何方程；初中数学注重的应是灵活的"通法"，而不是形式化的"同解理论"；

◆在《初中数学》中有些名词不必正式去下定义，要淡化，解释一下即可，甚至可不解释；

◆概念也正是在实际操作中才能真正形成，条文的作用是次要的；

◆就是非常重要的概念，在基础教育中也不宜追求精确的形式而应着重对其实质的理解与领悟；

◆当然已习惯的东西没有十分必要也不必去动，只要不去孜孜以求，予以"淡化"也不会有什么大问题。

(3)"淡化概念"的含义

◆"淡化"不是说概念不重要，更不是说在教学中可以忽视，而是要讲求实效，即要"淡化形式，注重实质"；

◆不要把概念放在最前；

◆"概念"是人们对客观事物某方面本质属性的一种反映，是人为的，不是那样百分之百的不可变动，神圣不可侵犯；

◆当然不能轻易更动原来的定义，也不要拒绝合理的改变。在教学中对这些不宜过分着重，要"淡化"，使思想不致"僵化"；

◆不要单纯在概念本身上下功夫；

◆教学中不要在讲概念处停留过久；

◆概念要靠直观演示，具体操作，使学生领悟；

◆概念要分层次，不能同等对待，平均使用力量；

◆在考试中不出单纯考概念的题。

该论文的发表不仅有效地澄清了"淡化形式,注重实质"的内涵,推动了GX实验的实施,提高了数学教育界对GX实验的认识,而且随即在数学教育界引起广泛关注,引起了一批数学教育专家及数学教学研究者的讨论与质疑。如"淡化形式,注重实质"是"GX32字诀"的精髓,这一思想打破了传统的"数学教育目的是形式陶冶"的教学观念,改变了过分追求数学教学的"形式化""科学性"的做法。这一教学原则提出了"改进我国数学教学的一个重要问题"。[①]李济英曾在《中国教育报》上发文谈到"淡化形式之创见,使中国数学教育出现了'柳暗花明又一村'的前景"。"'淡化形式,注重实质'口号的提出,对我国数学教育改革的确是金玉良言。"[②]"'淡化形式,注重实质'的实施,必将推动我国数学教育发展到一个崭新的阶段。"[③]"'淡化形式,注重实质'是近几年来少有的优秀论文,它来自中国数学教学的实际,却提出了一项涉及根本大计的数学教育课题:形式化与非形式化的关系。"[④]当然也引起了人们的一些质疑,如"概念是数学知识的基础与核心,怎么能淡化?淡化了可以吗?""形式化是数学的一个重要特征,淡化了不会降低学生的数学素养吗?"等问题,结合国际数学教育界对数学的"非形式化"的关注,在我国数学教育界导致了"形式化与非形式化"的思考与争论。

(二)形式化与非形式化之争

"形式化与非形式化"的争论其实在GX实验的酝酿阶段就已产生,当时人们对"淡化概念"的争议,一部分就是关于"形式化与非形式化"的一个讨论。随后,《淡化形式,注重实质——兼论〈九年义务教育全日制初级中学数学教学大纲〉》一文的发表,又进一步使问题明确化,引起了我国数学教育界对于"形式化与非形式化"的争鸣,特别是1993年在全国数学教育高级研讨班上将其作为一个专题进行研讨。"数学教育的争论焦点:形式化与非形式化的关系"就是当时研讨的四大主题之一。许多数学教育专家、学者认为这一问题是研究数学素质

[①] 郑毓信.再谈"淡化形式,注重实质"——《淡化形式,注重实质》读后[J].数学通报,1994,33(8):6-7.
[②] 张奠宙.21世纪数学教育改革展望[M].北京:北京师范大学出版社,1998:23.
[③] 曹尚民,倪炳华.多边形的概念及教法刍议[J].数学教育学报,1995,3(1):79-81.
[④] 数学教育研究小组.数学素质教育的热点透视[J].数学教学,1994(2):1-4.

教育的关键性课题,且具有数学的特殊性,引起与会者的浓厚兴趣,参会者在讨论中主要形成两类不同的观点。①

其中反对"淡化形式"的主要观点有:

①形式化是数学的基本特征。数学抽象就是抽象为形式,数学的严谨就是要符合形式演绎规则,抽去形式化等于抽去了数学的灵魂。

②在信息化社会,数学正是在"形式化"上发挥作用,计算机程序、人工智能、机器人,莫不使用数学的形式功能,降低形式化要求,会降低国民素质。

③数学教育的目的在于形式陶冶,进行思维训练,这是最根本的一条。也是其他学科所不能代替的,一般的人可能忘记了具体的数学知识,却不会忘记数学所给予的思维训练价值。

其中赞成者的主要观点有:

①未来公民的数学素质,首先要适应社会实际需要,而具体问题往往是以"非形式化"方式呈现的。

②非形式化(Informal)是国际的通用口号,这是由于义务教育的普及性,为了使每个学生都能掌握数学的实质,较容易接受数学(有用的数学),不得不采取的"非形式化"措施,这也许是普及教育的一般规律。

③追求形式上的严格,导致课程内容无法更新。

④"非形式化"其实一直在这样使用,仅是尺度不同。现行教材(指当时全国初中数学通用教材)的不严格处理比比皆是。例如,平面几何的公理体系根本不严格,像希尔伯特(几何基础)那样严密处理,谁能吃得消?又如数轴上的点与实数一一对应,也无法严格证明,只能凭直观。

⑤形式化的程度是人为的,因而是可以改变的。在素质教育代替应试教育的过程中,数学上必定会面临非形式化的问题。

⑥追求形式化的教材,显得过于严肃,枯燥乏味。只求表面的形式,忽视实质性的思维过程,难以激发学生学习数学的兴趣。形式化推演的程序和启发式的教学过程恰好相反。

---

①张奠宙.1993年高研班纪要:建构主义(扬州)[A]//张奠宙.数学教育经纬[C].南京:江苏教育出版社,2003:307-314.

⑦中国已将"形式演绎"的严格性提到"过分"的程度,以至谁在教材或课堂上搞点儿"非形式化",来点儿不严格的描述,就会被人指责"犯科学性错误""误人子弟"。照这样指责,中国估算家没有严格证明,牛顿的微积分没有形式化的基础,又该当何论?

虽然经过较为激烈的争论,但当时也没有取得一致的意见。是否需要"淡化形式",如何"注重实质"还有待于实验的检验。随后GX实验的成功给这一争论增添了浓重的一笔,给学校数学"非形式化"的可行性、有效性提供了一个有力的佐证。

"淡化形式,注重实质"是我国数学教学改革中有创新性的见解,在我国新一轮的基础教育改革中,数学课程标准明确提出了"适度形式化"的观点,可见这一数学教学观点已进入我国数学教育的政策层面,对我国数学教育已产生很大影响。数学教育界也不断有人探讨这一话题的内涵,如黄波针对大学数学教学的形式化倾向,提出了数学教学的非形式化观点,并讨论了大学数学教材的非形式化问题。①殷启正、刘培文、戴美凤论述了数学形式化与非形式化理论的概念、性质与作用,并探析了在数学教育中必须坚持形式化与非形式化相结合的教育原理。②王光明、张文贵对数学的形式化与非形式化的内涵进行辨析,并探讨了二者之间的关系。③廖建湘对数学教学中的非形式化及其与形式化的关系进行了分析。④王林全、王跃红结合高中数学课标中"强调本质,注重适度形式化"的问题对数学的形式化问题进行探析。⑤⑥钟志敏发表论文《"GX32字诀"的再认识》,从心理学的角度对"GX32字诀"进行诠释,并提出在当下的数学教育背景下,再加上"以问引路,变式展开",构成"GX40字诀"会更符合新课程的要求。⑦罗静、王光明对数学教育中的形式化与非形式化进行了综述性研究,研究表明当前人们对数学教学中形式化与非形式化的理解仍存在分歧,有的学者认为在中学数学教育中形式化的作用非同一般,代表性观点有:(1)形

---

①黄波.关于数学教学的非形式化[J].工科数学,1995,11(1):147-151.
②殷启正,刘培文,戴美凤.试论数学的形式化与非形式化[J].洛阳大学学报,1995,10(4):19-27.
③王光明,张文贵.数学教学中有关形式与非形式的几个问题[J].数学教师,1997(10):3-7.
④廖建湘.数学教学中的非形式化问题[J].中学数学,1999(6):11.
⑤王跃红.数学形式化及其存在问题[J].数学通报,2006,45(3):16-19.
⑥王林全.谈高中数学对形式化的处理——数学课程一个理念的落实[J].数学通报,2006,45(5):17-19.
⑦钟志敏."GX 32字诀"的再认识[J].数学教学通讯,2008(1):1-3.

式化可以使数学理论体系显得系统、简单和严格;(2)形式化可以有助于数学问题的发现与学生在数学学习中的再创造;(3)形式化可以有助于数学证明的严谨性。有的学者认可和推崇非形式化的作用,代表性的观点有:(1)非形式化可以使数学易于理解;(2)非形式化可以有助于人的认识规律的发展;(3)非形式化可以满足创造过程的需要,并进一步对数学与数学教学中的形式化与非形式化问题进行探析。[1]庞坤、李明振、宋乃庆教授指出"GX实验的教学符合数学素质教育的全体性、全面性、主体性、基础性、发展性特征,能有效培养学生的数学认知方式、多种数学能力、数学意识与观念,能促进学生情感、态度和个性品质的发展,实现了数学素质教育的基本目标,具有较强的可操作性、可接受性和可迁移性,是数学素质教育的重要实践与成功范例"。[2]实际上数学的形式化与非形式化在学校的数学教学中是同时存在的,在数学教学中主要是寻找二者的一个平衡点。陈重穆先生在GX实验中也主要是根据数学教学中存在的过度形式化问题,提出"淡化形式,注重实质"的理念。

(三)"GX32字诀"的确认

论文《淡化形式,注重实质——兼论〈九年义务教育全日制初级中学数学教学大纲〉》的发表,"淡化概念""形式化与非形式化"的争议,GX实验教材的编写与修订等事件的发生与发展,也是GX实验的发展过程,其集中在"GX32字诀"的形成过程中。

据张渝老师回顾,在实质性地(编写GX课本)进入了GX实验后期,与GX实验研究人员和编写组成员交换意见的过程中,教改组开始明确指出"淡化概念",即要"淡化形式,注重实质"。[3]

在梳理GX实验实施阶段的发展线索,特别是"淡化形式,注重实质"的形成过程时,张渝老师根据自身经历与研究指出了从1986至1995年期间"GX32字诀"的发展过程,如图2-9。

---

[1] 罗静,王光明.数学教学中的形式化与非形式化的研究综述[J].中学数学教学参考,2008(3):49-50,59.
[2] 庞坤,李明振,宋乃庆.GX实验是实施数学素质教育的成功范例[J].西南大学学报(自然科学版),2008,30(2):161-164.
[3] 张渝.提高初中数学课堂效益(GX)实验的回顾与展望Ⅱ[M].重庆:西南师范大学出版社,2011:10.

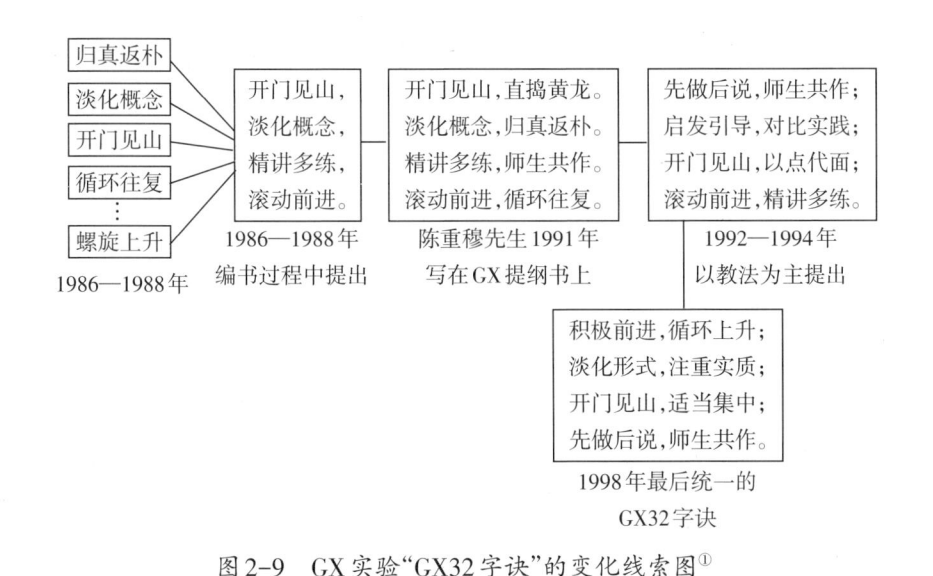

图 2-9　GX 实验"GX32 字诀"的变化线索图[①]

从图 2-9 可看出,GX 实验教学观点的发展经历了一个从散到聚的过程。一条课堂教学原则,一个教学内容的处理方法,一个课堂教学的指导策略等,在反思我国数学课堂教学存在的过度科学性要求、过度形式化、课堂教学低效等问题中,在提高课堂教学效益的指导思想下,逐渐积聚,由 1986 年散积的几条观点到 1991 年的 32 字诀,然后到最后形成的"GX32 字诀"。这体现了 GX 实验教学发展的实践性、经验性、继承性与创新性,体现了由单项的教材、教法改革到形成一个集教育思想、教材编写、教学方法于一体的综合性数学教学改革。综合前面的分析可知,GX 实验的教学观点经历了由散到聚,由模糊到清晰的发展历程。同时其内涵也在不断变化,从废除概念到淡化概念更多体现了改革的建构性,提出并解决了不必要的概念,形式化的概念,为何要废除、淡化,如何淡化等问题。从淡化概念到淡化形式更多体现了改革内涵的扩大,不仅是一个概念的淡化问题,更是一个数学教学的形式化处理问题,体现了 GX 实验的过程也是一个有效澄清的过程,随着改革实施的深入,其理念越来越明晰。

二、"GX32 字诀"的形成

至 1998 年以"减负提质"为核心,始于教材改革,又融合教材与教法于一体

[①] 张渝.提高初中数学课堂效益(GX)实验的回顾与展望Ⅱ[M].重庆:西南师范大学出版社,2011:6.

的综合性数学教学原则方法体系已形成。GX实验教改组也对大范围实施以来的成果及存在的问题进行总结,当时标志性的成果有李忠如、魏林的《GX实验的回顾与思考》,该文从实验指导思想、步骤、策略、成果及存在问题等方面对GX实验自实施以来进行了一个初步的总结。[①]杜文久的《GX实验教材实验情况调查与分析》,该文利用项目反应理论对GX实验教材的使用情况进行调查总结。[②]教改组编写的《GX理论与实践》一书从理论、实践及教案展示三个部分对GX实验进行了一个较为全面的总结。根据"GX32字诀"的演变与发展,下面以"GX32字诀"为基点,对自实验开始到1998年期间在实践中所形成的GX实验教学观点进行初步的梳理。

(一)"淡化形式,注重实质"的形成

数学作为基础教育的一门重要学科,要通过数学来育人,那么作为基础教育中的数学应是什么样的?也就是说我们应选择什么内容?以什么样的形式呈现?相同的数学内容如何设置才能有效地提高课堂教学的效益?这是数学教学原则甚至是数学教育中的基本问题。在这方面GX实验强调义务教育阶段的中学数学要"淡化形式,注重实质"。由以上的分析明显可看出,人们对这一条的讨论、争议是最多的,后来在GX实验参与教师对实验认识的调查中,分析"您认为'GX32字块'中最核心的一句是什么?"的回答,有62.79%的教师认为"淡化形式,注重实质"是"GX32字诀"中最核心的一条;分析"您认为GX实验教材的成功之处主要体现在哪个方面的创新?"的回答,有62.79%的教师认为教材的成功之处在于教材中知识的处理方式;分析"您认为GX实验教材的不足之处主要体现在哪个方面的不足?"的回答,有62.79%的教师认为教材的不足之处在于教材内容的呈现;分析"您认为GX实验课堂教学的成功主要体现在哪个方面?"的回答,有37.21%的教师认为课堂教学的成功之处在于教学内容的处理;分析"您认为用GX实验课堂教学的不足之处主要体现在哪个方面?"的回答,有41.86%的教师认为课堂教学的不足之处也在于教学内容的处理,对教学内容的处理都是选项中所占比例最高的,访谈结果同样也说明了这一点。

---

① 李忠如,魏林.GX实验的回顾与思考[J].数学教育学报,1998,7(1):1-3,16
② 杜文久.GX实验教材实验情况调查与分析[J].数学教育学报,1998,7(1):4-7,23.

要认清事物,发现其本质,透视其形成过程是必不可少。实际上前文已讨论了"淡化形式,注重实质"产生的原因与雏形,但前面主要在不同阶段分别讨论,还缺少一个系统地梳理,下面对其演变历程再进行分析,以对其实践与形成有一个更为清晰的认识与理解。

"淡化形式,注重实质"的演变历程大致如下:首先是在对数学教学实践存在的过度形式化问题进行批判,针对具体的中学数学教学内容,提出了废除不必要的形式化原则、规约,淡化纯文字叙述,调整数学知识结构等,经过实践、交流与讨论,形成了"淡化概念,归真返朴"的观点,但随后引起了人们的争论,更严重的是引起了人们的误解,如有人提出"概念是数学知识形成的基本要素,怎么能淡化?",这在具体的教学改革实践中也给GX实验带来了不小的阻力。由前面的分析可知,陈重穆先生当时也想回避这一说法,以免引起人们的误解。另外从内涵上来看,GX实验教学改革过程中还有叙述方式的淡化、逻辑结构的淡化等,显然也超出了概念的内涵,这涉及数学的形式化问题。因此,GX实验实施后期,"淡化概念"在不断地被提出、讨论中进一步发展成"淡化形式"。

"归真返朴"也即"返璞归真"(返:回归;璞:璞玉,指没有加工的玉石;真:本来,原始状态),意指去除外在的装饰,恢复原来质朴的状态。"淡化概念"的一个直接目的是要强调数学的实质,但这样的数学可以是形式化的,也可以是非形式化的,并不是指数学的原始形态,这一词能大概表达"淡化形式,注重实质"的要义,但是不够确切。后来在GX实验交流研讨中演变为"注重实质",这一表述不仅更加准确,而且能反映出数学中"形式"与"实质"这一对矛盾,显然在内涵与表述水平上更上一个层次。

综合以上对"淡化形式,注重实质"的讨论,可见其内涵主要是作为学科的数学要适度的形式化,突出数学的本质。数学已成为一门模式的学科,由现实抽象出形式化,形式化作为数学的一个基本特征,极大地推动了数学的发展。因此,中小学的数学教学中强调一定的形式化是必要的,但如果过度的形式化,过度强调数学的科学性原则,过度强调数学知识的逻辑性、严谨性等,反而不符合学生的认知特征,造成学生学习数学的困难与负担,就走向了问题的反面,影响通过数学培养学生的能力与素质,这是数学教学中必须达成的目标。如上所述,在GX实验中具体采取了废除不必要的定义与规则、淡化纯文字叙述、淡化概念、淡化形式结构等措施,在中学的数学教学中有效地淡化了形式,突出了数学的实质。

(二)"积极前进,循环上升"的形成

"积极前进,循环上升"是GX实验针对当时我国数学课堂教学存在的"层层夯实""一步一个脚印""前不清,后不接""不煮夹生饭"等现象造成的教学低效、师生负担过重的问题,结合"循序渐进""量力性"等教学原则提出的。[①]它是GX实验课堂教学方面的一个重要体现,特别在一线教师中这一点得到一定认同,调查显示有27%教师认为这是"GX32字诀"中最为核心的一句。在访谈中也有学者认为"积极前进,循环上升"是GX实验中提高课堂教学效益的关键。其演变过程大致如下。

在GX实验初期,当时的表述形式是"滚动前进,循环往复",强调在数学教学过程中要尽量前进,如果在某个数学知识点处停留过久,反而不利于学生认知,并通过"上挂"与"下连"实现"滚动",基本上表达了"积极前进"的含义,但好像过于通俗化,并且陈重穆先生提出了数学教学的积极性原则,所以后来就演变成"积极前进"。"循环往复"与"循环上升"相比显然缺少了一层提升的意思,GX实验主要是通过知识模块、单元、学期等不同循环来保证"积极前进"的效益,要通过"循环"来发现学生学习中还存在的问题,来弥补以前对"次要"概念关注的不足,所以更是一个上升的过程,而不是简单的重复,后来在GX实验教学研讨会上,有人提出用"循环上升"来代替,如此更加准确。

其具体内涵在实施总结阶段具体如下:

(1)强调学习的基点是前进,前进与巩固是矛盾的统一体,前进是目的,巩固是手段,是为了更好地前进;

(2)前进才能使学生在数学学习中有新鲜感,保持学习的积极性,前进可使学生不断有新的收获,有成功感,增加对学习数学的兴趣,变被动学习为主动学习,从而促使其"上进";

[①] 魏林,朱乃明.积极前进,循环上升——《GX》的学习观[J].数学教育学报,1997,6(3):24-28.

(3)"积极前进"是要让学生自己伸手,甚至跳起来摘桃子,这样能促使学生自主学习,较能实现学生的主体地位;

(4)只要理解基本事实,会基本操作就可以前进。其他问题在前进中再解决,在循环中再解决;

(5)积极前进,要立足于循环。用循环来完善和加深认识,熟练操作,解决存在的问题,这才符合人们的认识规律。积极前进与循环上升相结合,用循环来解决问题,用循环来巩固,用循环来加深认识,用循环来系统化知识,用循环来提高质量。

(三)"开门见山,适当集中"的形成

传统中学数学教学中"小步子前进",制造机械的"装配式"知识划分,按数学的严密逻辑,把知识点划分得较细,步子跨得较小,在每个点上停留过久,对次要的概念花费了较长的时间去学习,每一单元或章、节的实质性、重要的内容得不到突出。这不仅严重阻碍了学生认知过程的积极前进,而且学生学到的知识较零碎,缺乏整体了解,给学生智能的可持续发展造成负面影响。"开门见山,适当集中"主要是为了促使数学教学能直达数学知识的核心,发挥知识系统的整体功能所提出的一条教学策略,其演变历程大致如下。

在GX实验初期其表述形式为"开门见山,直捣黄龙",这突出了数学教学要直接进入主题,抓住主要内容,而不要在外围转。"开门见山"比喻说话或写文章直截了当谈主题,不拐弯抹角。出自唐朝诗人刘得仁的《青龙寺僧院》:"此地堪终日,开门见数峰。""直捣黄龙"一词出自《宋史·岳飞传》:"金将军韩常欲以五万众内附。飞大喜,语其下曰:'直抵黄龙府,与诸君痛饮尔!'"黄龙:指黄龙府,辖地在今天的吉林一带,当时为金人腹地。意指一直打到黄龙府,直接捣毁敌人的巢穴。由上面两个词的解释看来,"开门见山"与"直捣黄龙"实际上表达了同一个意思,是同义的重复,二者在内涵上没有什么区别。而GX实验中有些内容为了强调系统功能,做了一些集中处理,如将全等三角形的几条判定定理放在同一课时,这一层意思,上面的字诀显然表达不出来,所以后来演变成了"开门见山,适当集中"。另外在教研讨论时,有人认为"直捣黄龙",这一表述太

过于通俗化、口语化,而对于较为严格的数学教学实验来讲,这样的表述好像有些不妥,后来就演变为"以点代面",但这个意思好像也不是很明确,不能突出整体性、系统性这一层意思,后来就演变为"适当集中",显然更为准确、严谨一些,在内涵上与表述形式上都得到了提升。

其主要内容与内涵如下:

(1)"开门见山"就是直达数学学科的基本概念、基本原理,迅速呈现数学知识网络结构中的核心内容;

(2)"适当集中"就是遵循数学基本概念、基本原理之间的内在逻辑联系,整体性呈现数学知识网络结构中的关系模块;

(3)"开门见山,适当集中"就是从整体联系的观点来处理教材所涉及的数学知识,由点构成线、由线构成面,从而形成具有生命力的处于动态的、经纬交织的、融会贯通的知识网络结构。①

(四)"先做后说,师生共作"的形成

对于"先做后说,师生共作",在前期有较多的表达形式,实际上这是 GX 实验教学中强调的师生关系或地位的问题,如前期先出现的有"精讲多练",其强调的是教师少讲、有效地讲,而让学生多动手练习。接着又演变为"先做后说,师生共作",这不仅克服了"精讲多练"中学生的被动性,而且更强调了学生的学习由感性到理性的认识过程,更符合学生的认知原理,体现了"做中学"的思想,这在 GX 实验中也有突出表现,课堂中教师先通过学生的"做"去发现问题,然后有针对性地讲,大大提高了数学课堂教学的效益。"师生共作"进一步强调了课堂教学中师生的互动性,强调师生的交流与合作,表达了 GX 实验的现代师生关系。其中还有"启发引导,对比实践"这一表述不管在含义或内涵上都过于宽泛,后来被代替。

对"先做后说,师生共作"的内涵所做的总结主要如下:②

(1)"先做后说,师生共作",把学生学与教师讲有机结合起来,师生一起共同探讨问题,共同归纳结论;

---

① 中学数学教改实验组.GX 理论与实践[M].重庆:西南师范大学出版社,1998:59.
② 朱乃明,魏林.先做后说 师生共作——《GX》的教学方法[J].数学教育学报,1998,7(1):8-12.

(2)随课堂进展的情况或学生多做,或教师多引导,在教师主导下,实现学生的主体地位;

(3)教师是导演,学生是主演;

(4)学生先"做",形成一定感性认识后,再"说",再下定义,再归纳结论、方法(理性认识)等。

以上的分析主要以"GX32字诀"为基础所做的一个线性分析,但在教学实践中它们之间往往是相互联系、整体性地促进课堂教学效益的提高。从不同的视角来看,这一体系的内容与内涵,也会有不同的认识结果。陈重穆先生、宋乃庆教授从时间效益的角度,在总结"GX32字诀"的关系时指出:"积极前进,循环上升"从宏观上提高了时间效率;"淡化形式,注重实质"从整体上把时间用在刀刃上;"开门见山,适当集中"从技术上把时间用在刀刃上;"先做后说,师生共作"从微观上提高了时间效率,从而达到"提高课堂效益"的目的。[1]

虽然,"GX32字诀"是从数学教学内容、数学教学方法、学生的学习心理特征、课堂教学中师生的关系等不同的角度,对GX实验进行规约与阐释,并有其各自的内涵。但它们不是割裂的,从数学知识、教学方法、教师、学生等不同角度进行提高课堂教学效益的整合,使不同的教学要素形成一个相互联系的有机整体,从整体上充分保障课堂教学效益的提高。

三、"GX32字诀"形成的对策

教学改革实验的实施过程是一个非常复杂的过程,也是教学改革真正发生的最为重要的一个过程。因此,对其反思是必要的,又是困难的。而简化抽取,言之要点是摆脱这一困境的有效对策。下面对GX实验改革中的实施理路做一简析。

(一)构建观点澄清的多元化路径

人们对教学改革的实施往往会有一种简单的思维,认为改革的理念与规划都确定好了,相关人员进行实践、测验与推广就可以了。这实际上把改革的实

---

[1] 陈重穆,曾崇燊,宋乃庆."GX"为什么能减轻负担,提高质量,又能节约时间?[J].数学教学通讯,1995(3):2,41-42.

施简单化了,把它看成了一个线性化的过程。GX实验在减负提质的原则下,并没有实施严格的、封闭式的按"GX32字诀"进行实验,GX实验的教材、"GX32字诀"的内涵都是在实验中根据参与改革的教师、教研员、数学教育专家、学者等提出的问题,边实验,边修改,边前进,在省、市、县、区等不同层面的教改交流会,教材编写委员的会议上,数学教育专家、学者交流会上广泛开展讨论交流,总结成功的经验,反思实验存在的不足等过程中实现的。张渝老师在回顾时认为GX实验的过程是一个典型的行动研究的过程。正如迈克尔·富兰所说的,对复杂性的变革来说,是在改革的进程中追求明晰,而不是实施明晰。[①]无论是从实质运作还是技术上的原因来看,太多"前置"式的明晰都不是一个好主意。相对于前者,复杂的解决方案中有太多的未知因素,无法事先确定。从某种程度上来说,不得不在实施改革的过程中来找寻答案,同时需要参照改革最前沿参与者的反馈和想法。

特别是"淡化形式,注重实质"明确提出后,在数学教育界引起了研究者的关注,成为1993年数学教育高级研讨班上研讨的四大主题之一,经过这种高层次的研讨,赞成者与反对者在公开场合面对面地交流,虽然最后也没有达成共识,但问题越辩越明,问题的利与弊越来越清晰,大大提高了数学教育者对这一观点的认识与理解。同时也促使了后来一系列学术论文的发表,如《再谈"淡化形式,注重实质"——〈淡化形式,注重实质〉读后》(郑毓信,1994),《再谈"淡化形式,注重实质"》(宋乃庆、陈重穆,1996),《"淡化形式,注重实质"两例》(余自生,1996),《也谈"淡化形式,注重实质"》(巩子坤,1999),《GX淡化形式注重实质应用》(陈振环,2000),《也谈"淡化形式,注重实质"》(蒋敏佳,何小亚,2003)等。这些从不同层面、不同角度对"淡化形式,注重实质"及GX实验教学观点的研讨,有力地推动了GX实验的发展。

(二)构建学导研三级互动的培训制度

没有教师的积极参与就没有课堂教学的革新。教师对改革的理念、方案及其实施不了解,缺乏实施教学所需的知识技能,实验将很难顺利开展。在GX实

---

① [加]迈克尔·富兰.变革的力量——深度变革[M].中央教育科学研究所,加拿大多伦多国际学院,译.北京:教育科学出版社,2004:92.

验的过程中,把教师的培训作为一项核心内容,为了全面有效地进行教师培训,GX实验组建立了师资培训的"三级制"。第一级是西南师大课题组(高校研究者),第二级是各区、县教研员或所有课题组,第三级是实验学校。培训方式是第一级指导第二级,第二级指导第三级。每年假期第一级直接指导第三级,主要是帮助理解GX实验的教学观念、思想,分析教材结构、体系、重难点、章节的处理方式等,并根据教学实践反馈的信息对改革进行相应研讨与调整,形成了教学、指导、研究三级互动的培训机制,有效地推动了GX实验的实施。具体互动情况,如图2-10。

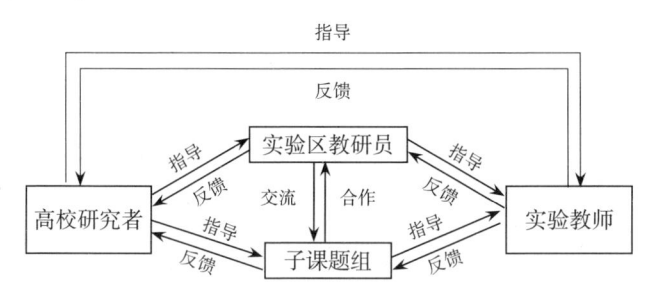

图2-10　GX实验学导研三级互动的培训关系图

(三)构建基于教学现实的改革策略

教学改革不仅是一个技术问题与教育内部的问题,更是一个社会问题与文化问题。有了实验的教材和团队并不等于实验就能成功,实验能否顺利进行与发展,还取决于家庭、社会对实验效果的认同与评价,从我国的教育现状来说,这一点更是至关重要。陈重穆先生、宋乃庆教授及其所领导的课题组深刻地认识到了基础教育的这一现状,为保证教改实验的顺利进行,基于数学教学的现实合情合理地构建了改革的策略。

1. 教科书结构的进退性调整

GX实验教改组对原来的数学教材内容、结构进行处理与调整,关注数学知识的本质,强调数学知识结构的系统有效性。如"相似形"单元,教材第一部分以共高定理、共角定理为基础,以面积为桥梁,介绍了三角形中的比例线段、角平分线定理、射影定理、勾股定理,接着安排了由平行线截得的比例线段定理。内容安排上相对集中,知识内在联系紧密,结构严谨,一环扣一环。又如前所述

GX实验教材对方程、有理数等内容的处理,使GX实验的教材与传统教材存在很大的差别。

但传统的教材教师已使用多年,"得心应手"。实验教材结构的调整如何才能被实验学校认同,被实验教师采用?当教师对实验教材不适应时,如何及时地退出?而且当时在我国中小学数学教学中普遍存在省、市、区等不同层面的统一考试。GX实验教改组针对当时社会、学校及家庭对中考成绩的要求,考虑到教师教学的现实情况,虽然在教材内容与结构上发生了变化,但在教材的章节上保持与当时所用的教材一致,使实验教材与当时所用教材的使用可相互转换,让教师可选择实验教材进行实验,不适应时也能及时退出实验,换用当时的通用教材,这样在教材上消除了教师进行教学实验的后顾之忧。目前,在数学课程改革中有些教师手持新老两套教科书进行教学,也说明了此处理方式的价值。

2. 应试成绩的前提性纳入

在基础教育的现实情况下,实验不能封闭和保密进行,对作为实验对象的学生来说,他们终究要与同龄人一样接受一些关键的社会评价,如初中生的中考成绩。这些评价体系虽然存在一些问题,但相对是公平和现实的,参加各类评价测试的实验对象应优于非实验对象,才有说服力,学校才能放心参与实验,教师才能放心进行教学实验,这是教学实验启动与持续的前提。GX实验改革之初,一些校长与教师表示担心,他们不愿参与实验的主要原因就是害怕实验对中考成绩带来不利影响,造成上级管理部门及学生家长等对教师和学校的教学产生不满,给学校带来负面的评价。而GX实验在教学改革之前就预设了这一点,通过"积极前进,螺旋上升"的形式,在每一单元、学期的期中与期末都留有时间让学生针对知识与考试进行螺旋式复习,取得了较好的考试成绩,这也是后面GX实验能迅速推广到十多个省(自治区、直辖市)的一个重要原因。应试成绩作为不可回避的、现实的社会评价,遵从与提升是促进教学改革实施的一条有效策略。

3. 改革成效的现实性突破

GX实验的效果除了在考试成绩上得到现实评价的认同外,在教学中更关注学生的能力培养,重点放在学生的素质发展上,而且注重学生非智力因素的发展，学生不仅在规定时间内学完了必学内容，而且有了更多时间从事自己喜爱的活动，使"全面发展"有了可能。如重庆特钢子弟学校GX实验班除成绩好、内容多、进度快之外，实验班与平行班相比没有加班加点，实验班的教师、学生均感轻松。将数学课省下的时间用于复习其他学科，该班六科成绩平均及格率高出平行班10个百分点。渝州大学附属中学的GX实验班由该年级排名倒数的28人组成，经过一年半的实验，第一年区统考平均分比区平均分低19分，第二年区统考平均分高于区平均分12分，学生喜爱数学课，宁愿缺其他课也不愿缺数学课。把学生从繁重的数学学习中解放出来，使学生能自觉、愉快、积极地学习数学。在遵从与提升现实评价的基础上进行突破与创新是教学改革的根本。

教学过程中考虑教师、教学体系、教学现实的合情合理性是重要的，表面上看它们可能是教学改革的阻力，但对这些行为进行合理化的处理，在一定范围内正视其生存的空间，它们可能转变成教学改革的动力，在现实的基础上实现改革的愿景。GX实验除了学科考试成绩的衡量之外，在能力、智力与情感因素等方面都取得了良好的效果，实验还推广到不同学段、不同类别的学校、不同的学科，取得了突破性的实验成效。

以上三个方面的阐述表明，除了提出先前的、创造性的改革理念外，基于实践理性的考量，对教学现实的遵从与突破是GX实验成功的一个关键与核心。正如有学者指出"任何的教育改革作为，若是与其定见相符，或者是相差不太远，那么，就容易为社会大众所接受，教育改革成果的延续，即较为可能；反之，若是教育改革的做法，因为变化的幅度太大，以致与其定见相差太远，甚至产生南辕北辙的窘境，那么就很难为社会大众所接受，而其教育改革成果的延续，就根本不可能。""学校教育的运作已渐形成难以巨幅改变的'章法'。"[1]这也说明了为什么一些观念先进、方法科学的教学改革实验在我国没有成功的一个重要原因。由此可见，实践理性是我国数学教学改革成功的关键之一，也是我国教学改革成功的内在机制之一。[2]

---

[1] 单文经.教改性质的历史分析：逡逡巡巡步向理想[J].教育学报，2006，2(2)：25-35.
[2] 徐建星.实践理性：我国课堂教学改革的现实路向——以"GX实验"为例[J].现代中小学教育，2014(2)：26-30.

第四节
GX实验减负提质的效果与评价

从不同的角度和标准来看,教学实验评价有不同的分类。如有的研究者从实验进行的工作逻辑,区分出论证性评价——通过理论的研讨、辨析对实验的理论假设的科学性水平、实验课题的理论根据和实验设计的科学性水平作出鉴定;形成性评价——在实验过程中完善实验系统自身的规范化,从而保证实验理论假设、实验课题和实验设计如期实施,是实验科学性水平的监理机制;终结性评价——对教育实验的总体成果的水平,理论与实践的价值的鉴定。[1]有的研究者从评价活动的主体来分类,把教育教学实验评价区分为教育行政部门——行政验收性评价;有关专家——专家评价;实验者——自我评价。[2]有的学者从教学实验的实际情况出发,把教学实验的评价区分背景评价——对教学实验的各项背景内容进行的综合性评价;过程评价——在教学实验实施的各个环节、阶段上进行的评价,当然也是在教学实验结束后,回过头来对整个实验过程进行的评价;结果评价——对教学实验最终结束时所取得的成果的评价;综合评价——对教学实验的背景、过程和结果进行的全面的、综合的评价。[3]下面按评价主体的分类方式,从GX实验的参与者,教育专家、学者及相关研究者三个角度来审视GX实验的效果,从不同层面了解GX实验减负提质的效果。

---

[1] 戴汝潜,宛士奇.实用教育实验法[M].北京:教育科学出版社,1992:78.
[2] 靳玉乐,和学新.教育实验论[M].重庆:西南师范大学出版社,1993:472-473.
[3] 王策三.教学实验论[M].北京:人民教育出版社,2000:284-285.

一、GX实验学校减负提质的效果与分析

（一）基于学校的学生学业成绩的统计与分析

对于学生的数学考试成绩，GX实验主要是通过当时各校、区、市等的统一考试来测试与比较，其一般实施方法是以正式通知的形式，直接或间接地通过实验区的教研机构通知实验学校，具体内容主要包括：考试的时间，测试对象，成绩的统计，命题、试卷、阅卷等的要求与说明。以保证测试的常态、科学、有效，在自然的教学环境下具有可比性，以准确地得到实验的测试结果。如图2-11为当时的一个通知。

1. GX实验学校测试的基本模式

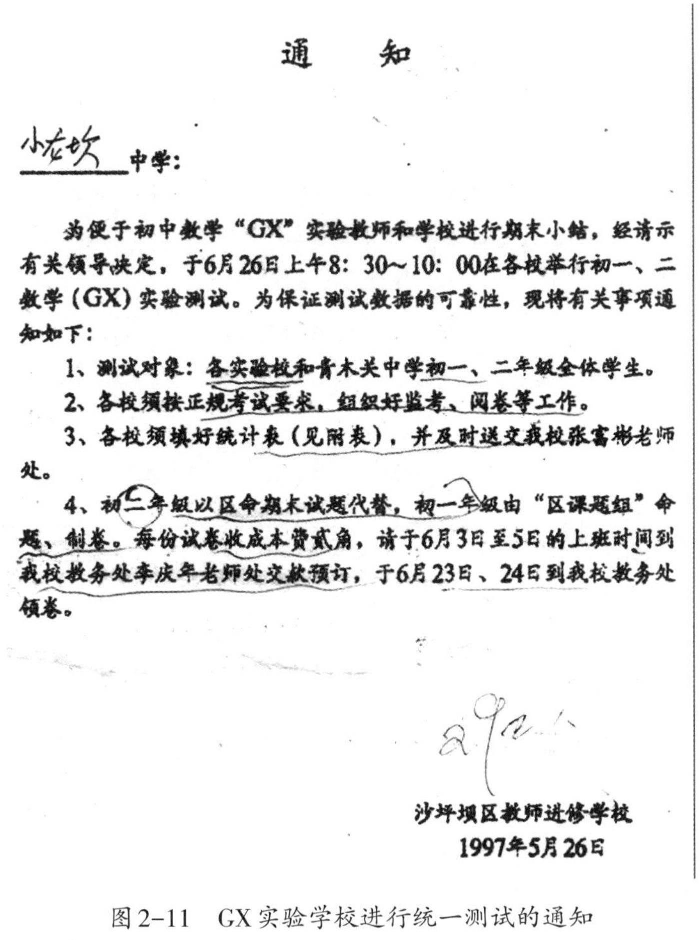

通　知

小龙坎中学：

为便于初中数学“GX”实验教师和学校进行期末小结，经请示有关领导决定，于6月26日上午8：30～10：00在各校举行初一、二数学（GX）实验测试。为保证测试数据的可靠性，现将有关事项通知如下：

1、测试对象：各实验校和青木关中学初一、二年级全体学生。

2、各校须按正规考试要求，组织好监考、阅卷等工作。

3、各校须填好统计表（见附表），并及时送交我校张富彬老师处。

4、初二年级以区命期末试题代替，初一年级由“区课题组”命题、制卷。每份试卷收成本费贰角，请于6月3日至5日的上班时间到我校教务处李庆年老师处交款预订，于6月23日、24日到我校教务处领卷。

沙坪坝区教师进修学校
1997年5月26日

图2-11　GX实验学校进行统一测试的通知

2. GX实验学校成绩的统计与效果分析

在学校统一阅卷后，填写学生成绩统计表，并对各班的学生成绩进行简单的分析，包括平均分，优、差生人数与比例等，以较为全面地了解实验班成绩的概况，且与非实验班进行简单的比较与分析。图2-12为以班为单位的一个成绩统计表。

沙坪坝区初中数学（GX）教改实验测试统计表

[illegible] 学校 初一 年级

班名	教师姓名	参考人数	总分数	平均分	及格数	及格率	优生数	优生率	差生数	差生率	备注
1	杨虹	64	5769	90.1	61	95.3	56	87.5	1	1.6	√
2	吴培健	42	2432.5	57.9	27	64.3	13	31	13	31	×
3	杨虹	42	2658	63.3	25	59.5	9	21.4	7	16.7	×
4	吴培健	41	2179	53.1	19	46.3	8	19.5	14	34.2	×
5	陶[illegible]	38	2454	64.6	23	60.5	13	34.2	8	21.1	×
6	万代兵	38	2768	72.8	32	84.2	18	47.4	5	13.2	×
	一般班	201	12491.5	62.1	126	62.7	61	30.3	47	23.4	
实验班合计		265	18060.5	68.9	187	70.6	117	44.2	48	18.1	
非实验班合计											

说明：请在“备注”栏写明是否实验班。

图2-12 GX实验学校统一测试的成绩统计表

（二）基于实验区成绩的统计与效果分析

把实验学校的成绩上报以后，在区级教学管理或研究部门再进一步进行统计分析，一般按班级的层次进行分层比较与统计，从中观的角度分析整个区的实验学校的学生成绩分布情况，以对实验的效果进行进一步的认识。图2-13、图2-14为重庆市沙坪坝区的同一年级较好班和一般班的成绩统计表。

沙坪坝区初中数学(GX)教改实验测试统计表

初？级较好班

校 (班) 其中注"△"号者为实验班	参考人数	平均分	及格率	优生率	差生率	备注
市七中(1至10班)△	465	85.1	92.5	72.7	0.2	
六十八中(1、2班)△	109	87.9	99.1	72.5	0	
六十九中(4班)△	61	85.1	95.1	80.3	3.3	
小龙坎中学(1班)△	64	90.1	95.3	67.5	1.6	
嘉陵厂中学(1、2班)△	76	91.5	98.6	93.4	0	
重棉一中(1、2、3班)△	134	87.1	94.0	72.4	2.2	
实验班合计	909	86.6	94.4	75.9	0.8	
非实验班合计(青木关中学)	119	78.9	85.7	54.8	6.7	

图2-13　GX实验区的较好班级实验测试成绩统计表

沙坪坝区初中数学(GX)教改实验测试统计表

初99级一般班

校 (班) 其中注"△"号者为实验班	参考人数	平均分	及格率	优生率	差生率	备注
六十八中(3、4班)△	105	79.6	88.6	62.9	3.8	
六十八中(5至8班)	174	47.3	44.8	18.4	40.2	
六十九中(3班)△	60	71.1	73.3	48.3	11.7	
六十九中(1、2班)	101	63.8	63.9	38.6	21.8	
天中(1、3、7班)△	136	68.2	72.1	38.9	13.2	
天中(2、4、5、6、8班)	219	56.6	54.4	25.1	30.5	
小龙坎中学(2至6班)	201	62.1	62.7	30.3	23.4	
二塘中学(1、2班)△	46	73	80.4	35	17.4	
特钢中学(1、3、4班)△	138	62.2	58.7	33.3	24.7	
特钢中学(2、5至9班)	251	52.5	44.6	21.9	35.5	
嘉陵厂中学(3至6班)	132	52.8	45.5	20.5	34.9	
重棉一中(4至7班)△	179	68.9	72.1	35.8	14	
特钢三校△	29	74.6	72.4	52	17	
实验班合计	894	68.0	70.3	39.1	16.6	
非实验班合计	877	53.8	49.0	23.7	33.5	

图2-14 GX实验区的一般班级实验测试成绩统计表

(三)基于改革主持者的效果统计与分析

提高课堂效益(GX)实验初步情况简报

本研究课题于92年春在7所学校8个班插入一年级实验。在进行中与实验教师联系不多,基本上是在该地教研员及学校关心下任课教师独立作战。有两个学校两个班未坚持下去,实验到底的是西南师范大学附中一个班,重庆特殊钢厂子弟校一个班,北碚勉仁中学两个班,重庆珊瑚中学一个班,渝州大学附中一个班。各班均能提前一月左右结束新课,用此时间进行全面循环复习。

1、西师附中(省重点),任课教师黄昌梅,多上了一章几何基本知识。区统考人平89.6%是该校5个平行班中最好的,90分以上占75%,80分以上占87.5%。

2、特钢厂子弟校(一般学校),任课教师谦武,多上了一章二次根式。用数学课空出的时间复习其他学科,得到全面提高,7科总平合格率达88%,区统考数学人平87.2分为该校5个平行班之冠(第二78.5分,最末59.6分),该班入学时成绩为五个班的第四位,数学竞赛得一、二等奖各1名,三等奖2名,平行班中只有一个班得三等奖三名,谦武老师被沙坪坝区推荐获厂矿子弟校教育研究会二等奖。

3、珊瑚中学(三类学校),任课教师徐峪云,区统考人平81.5分,为该校5个平行班之冠,第二的人平只有65.9分,该校在开发区学生多为农转非,工作有保证,学习动力不足。

4、勉仁中学(三类学校),任课教师李苡,该校一年级只两个班,区统考人平一班77.4,二班80.8,达到区重点水平。同类的天生中学人平仅49.6分。

5、渝大附中(一般学校),任课教师刘剑平,该校把该年级最差的28人编为一个班,上期区统考仅有7人及格,本期实验后提高显著,人平64.08分,及格率为64%,优生率16%。

实验初步情况说明,(GX)是可行的,且效果显著,适合各类学校,对教师也不需特别培训,但要转变思想,开动脑筋备课。

取得成绩最主要原因:

1) 循环上升,前进中巩固。

— 1 —

立足于"循环"，不毕其功于一役，在前进中来熟练知识、掌握知识，不在点上逗留，尽可能快地前进，这样才能省出时间。有了时间，就有了回旋余地，就可因材施教，就可根据具体情况采取针对性措施，发挥时间的更大效益。彌陀中学每周用一课时给差的学生加强基本训练(循环)，一般学生作一般作业，好的学生学进一步知识。魁仁中学用省出的一月时间，对学生进行系统全面的复习和强化训练。成绩就是这样拿上去的，结果既省了时间又提高了质量。

2) 知识点相对集中，并行运算。

例如乘法公式，不是一节课讲一个，而是一节课讲完且作初步练(识别公式)第二节，用一步公式，第三节，综合用公式。这样对比进行，三节课的效果比原分散安排三节课的效果要好得多。

3) 先做后说，师生共作。

不单纯讲概念，而是先讲实质性问题，使学生有了更多的感性认识后，再归纳出名词概念。例如二元一次方程组，先解了方程，再顺便归纳出二元一次方程组的意义，例子一举两得(概念与解法)，这叫"先做后说"。

课堂教学要充分让学生参与，使学生从"用"中学、从"用"中识图，通过"做"，师生一起来下定义，作结论，表述一个事实，靠学生自身实践，而主要不靠教师讲，这不但符合实践论的原则，也把课堂时间用在了刀口上，这叫"师生共作"。

4) 学校的支持与教师的努力。

例如彌陀中学，未订到(GX)教材，学校刻出油印给学生用，实验教师在实验风险努力根据(GX)课题要求，创造性地进行工作。有关教研员深入课堂协助研讨都是本实验取得成绩的原因。

图 2-15 GX 实验主持者的实验统计与分析简报

通过实验学校或实验区教研机构统计后，GX实验教改组再对实验区、学校的实验情况进行统计与分析，形成实验简报，以对整个实验情况有较为深入的了解。如图 2-15 是 1992 年 GX 实验初期教改组的一份实验简报。

如此在不同层面对学生学业成绩的统计,从微观到宏观对实验的概况与效果有较为深入的了解。当然不能只注重学生的数学成绩,GX实验注重培养学生的数学学习兴趣及参加一些数学竞赛活动,GX实验在这些方面也取得了许多成绩。当时的实验者基于实践效果给出了一些评价,如1994年重庆市南岸区教研员在总结南岸区实验班的情况时说:"期末循环后学生成绩提高很大,效果好,效益高,震动大。"北碚勉仁中学当时二年级GX实验班区统考及格率91%,人均79.2分,创该校历史最高纪录,达到区重点学校水平,区教研员说:"这真是奇迹。"渝州大学附属中学的GX实验班的实验教师说:"学生喜爱数学课,宁愿缺其他课也不愿缺数学课。"教研员、教师等实验者的评价进一步说明了GX实验的成功,让一线数学教师自我评价实验效果,通过成绩与教学效益的提高,给教师参与GX实验提供了动力,这也是GX实验能有效、迅速推广的一个重要原因。

表2-1　2001年龙山中学初一、二学生参加重庆市数学竞赛获奖人数比较

年级	人数(人)　奖级　类别	一等奖	二等奖	三等奖
初二年级	实验班	2	3	4
	控制班		1	1
初一年级	实验班	2	2	3
	控制班		1	2

二、GX实验的专家学者评价

(一)教育管理部门的认同与评价

来自教育行政部门对GX实验的评价,主要体现在以下两个方面。一是GX实验既获得了国家教委基础教育研究中心基础教育科研立项,又获得了四川省教委基础教育科研立项,这说明GX实验研究得到国家有关教育行政部门的认

同。二是GX实验有关成果在不同层面上获奖,如论文《淡化形式,注重实质——兼论〈九年义务教育全日制初级中学数学教学大纲〉》于1998年获得教育部普通高等学校第二届人文社会科学研究成果三等奖,《提高初中数学课堂教学效益研究——GX理论与实践》于2001年获得重庆市科技进步二等奖。GX实验参与者在校、区、县、市等不同层面都获得了大量的奖项。这充分说明了GX实验的研究及其成果在不同层面的教育行政与管理部门均获得认同与好评。

(二)专家学者的评价

如在2000年中科院院士、四川大学教授刘应明对GX实验的科技成果鉴定函审意见中认为:GX实验教学效果好、实验面涉及广,在强调素质教育、减轻中学生过重负担的今天,在培养学生创新精神与对数学精神的培养上都很有意义;GX实验提出了实施素质教育必须解决的问题——如何高效发挥课堂45分钟的作用;GX实验富有中国特色,有很强的创新意识。[①]"淡化形式,注重实质"是"GX32字诀"的精髓,这一思想打破了传统的"数学教育目的是形式陶冶"的教学观念,改变了过分追求数学教学的"形式化""科学性"的做法。国际数学教育哲学团体核心组成员,南京大学教授郑毓信认为GX实验"提出了改进我国数学教学的一个重要问题"。中国教育报记者李济英认为"淡化形式之创见,使中国数学教育出现'柳暗花明又一村'的前景"。国际数学教育委员会执行委员,华东师范大学教授张奠宙认为"淡化形式,注重实质的口号的提出,对我国数学教育改革确是金玉良言"。天津师范大学教授张国杰认为"GX实验牵住了数学教学教育改革的牛鼻子,实不为过"。人民教育出版社副编审张孝达认为"该项实验是可行的"。这些专家的评语给予GX实验高度的评价。同时,有研究者指出了"GX实验"的五点影响:促进了中小学数学教育观念的转变;全面提高了学生的素质;"大众数学"的教育理念体现了课程思想的先进性;"满负荷"的策略实现了课堂教学的高效性;"非形式化"的教学设计反映了数学教学的务实

[①] 刘应明.GX实验的科技成果鉴定函审意见(保留文稿)[Z].2000.

性。[1]可以说,GX实验是全国最具影响的中学数学教育改革实验之一。[2]

从以上的评价中可以看出,GX实验针对中国数学课堂教学,甚至是基础教育中存在的问题,是一项具有突破性、创新性的初中数学教改实验。

三、GX实验研究者的效果分析与评价

(一)GX实验研究的两个学术平台

在教学实验取得成功后,如何推广与迁移以取得更大的改革成果,是改革中、后期所面临的一个重要问题。基于素材可分为思想的推广、方法的推广、内容的推广,三者表现了从抽象到具体的不同层面;基于范围可分为外延式推广、内涵式推广,前者范围不断扩大,后者把研究推向精深。GX实验的实践者与研究者在梳理、提升与推广时,除了利用各种教研活动、学术会议等,还形成了硕士、博士研究生平台与学术期刊平台,围绕GX实验从内涵到外延进行多角度、多层面的理论梳理与经验总结。如张廷艳的《提高高中数学课堂教学效益的实验研究——西南师大附中高中数学GX微型实验》是一个外延式的推广,进一步扩大了GX实验的教学改革范围。王书林的《GX实验的多媒体组合教学设计和实验研究——初一代数微型实验》,是一个内涵式的推广,把现代教育技术整合于GX实验。于波的《"拟经验"数学观与"GX"教学原则的整合性实验——"GX"高中数学教学微型实验研究》既扩大了外延,把GX实验的教学改革推广到高中,又增加GX实验的内涵,把"拟经验"数学观渗透于GX实验。庞坤、李明振的《减轻师生负担 提高学生素质——对数学新课程背景下GX实验的研究》,在新的教育背景下,提升了GX实验教学原则的适应性。[3]周云碧的《GX教学法在高中数学教学中的应用》[4]、黄刚、程良建的《循环上升,提高复习效益》[5]、高世林、何明的《GX实验与教育扶贫》[6]、陈颖树、颜振标、李足的《提高黎族地区初中

---

[1]熊明安,喻本伐.中国当代教育实验史[M].济南:山东教育出版社,2005:501-506.
[2]张奠宙.21世纪数学教育改革展望[M].北京:北京师范大学出版社,1998:121.
[3]庞坤,李明振.减轻师生负担 提高学生素质——对数学新课程背景下GX实验的研究[J].中国教育学刊,2007(5):66-68.
[4]周云碧.GX教学法在高中数学教学中的应用[J].新课程研究·基础教育,2008(2):80-81.
[5]黄刚,程良建.循环上升,提高复习效益[J].数学教学通讯,2006(1):1-2.
[6]高世林,何明.GX实验与教育扶贫[J].数学教学通讯,2002(3):3-4.

数学教育质量的探讨》①等多角度的推广,在完善GX实验教学理论的同时,有力地推动了GX实验的发展与扩大了实验的价值。

(二)利用期刊平台的研究分析

为了从学术研究的视角更为清晰地审视GX实验教学改革的发展情况,统计分析1993—2008年期间所发表的关于GX实验的期刊论文,有理论探讨的,有实证分析的,还有经验总结的等,这也有效地推广与提升了GX实验的思想。在中国知网和维普资讯网以"GX实验"为主题词和关键词分别进行搜索,从1993年1月1日到2008年12月31日的16年间,在学术期刊上公开发表的GX实验研究的论文共144篇,具体发表篇数与年份,如图2-16。

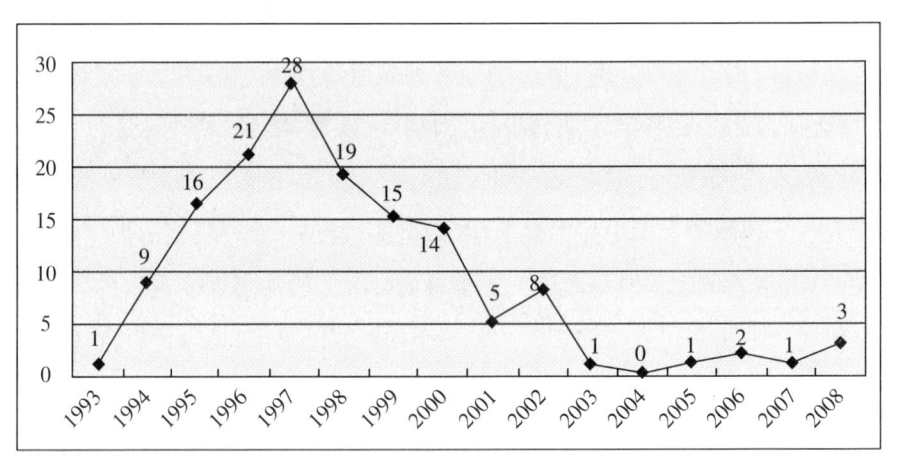

图2-16　1993—2008年以"GX实验"为主题发表的期刊论文统计图

图2-16说明,自1992年GX实验正式开展后,人们对GX实验研究发表的论文不断增多,到1997年达到高峰,一年发表了28篇GX实验研究的论文,这期间的研究有效地澄清与推动了GX实验教学改革的发展,后期的50余篇论文主要是对GX实验的教学改革进行推广与理论提升。

表2-2显示GX实验发表论文的期刊有19种,其中在数学学科教育、教学期刊上发表论文达123篇,这些期刊给GX实验的教学改革者搭建了一个学术研究与交流的平台,对GX实验的推广与研究发挥了重要的作用。

---

①陈颖树,颜振标,李足.提高黎族地区初中数学教育质量的探讨[J].琼州大学学报,2003,10(5):63-66.

表2-2　1993—2008年GX实验发表论文的期刊统计表

发表期刊	篇数（篇）	发表期刊	篇数（篇）
数学教育学报	14	云南教育	1
数学通报	2	新课程研究	1
中学数学教学参考	4	西南师范大学学报	4
数学教学通讯	101	琼州大学学报	4
中学数学	1	雅安教育学院学报	2
数学教师	1	玉溪师专学报	1
中国教育学刊	1	达县师专学报	1
学科教育	1	贵阳师专学报	1
现代中小学教育	1	黔东南民族师专学报	2
江西教育	1		

进一步统计分析发现，共有142人发表GX实验的教学与研究论文，其中高校数学教育研究者46人，中学教师92人，教研室人员4人，有效地推动了GX实验教学原则的传播，特别是给中学教师提供了一个很好的研究平台，不仅提高了实验教师的教学研究水平，而且也推动了一些教师的发展，访谈中了解到在GX实验的教学与研究中很多取得成果的教师，有的调迁到更好的学校发展，有的成为市、县（区）或校级的教学骨干教师、教学名师，有的升任为教学管理人员，甚至升任为校长等。

四、GX实验改革的反思

回顾GX实验的形成与发展历程，GX实验教改组深入中小学数学课堂教学，通过听课、调研等发现数学教学实践中存在的问题，在当时"一纲多本""多纲多本"的境遇下，针对问题从教材编写入手，在GX实验期间以陈重穆先生为主编、宋乃庆教授为副主编编写的中小学数学教材就有5套，在多套教材编写的基础上初步形成GX实验教学原则，在减轻学生学习负担，推进素质教育的要求下，启动了GX教学实验，实现了由教材到教法的渗透与转换，最后形成了一项融教材、教法为一体的整体式数学教学改革。其减负提质的实验效果得到了认同，对教师的调查显示有18.6%的教师认为GX实验的效果非常显著，有72.1%的教师认为GX实验的效果显著。虽然课改后大部分地区已不使用GX实验教材了，但从教研员的访谈中了解到许多参与GX实验的教师，在备课与教学实践中还在使用，许多教师还在按GX实验教学原则指导课堂教学。重庆市区的一位新任教研员说："虽然现在GX实验教材不再用了，但好多教师还在那样教。"数学课程标准中也明确提出了要"适度形式化"，这部分说明了GX实验所取得的成果。但调查中也发现GX实验还存在一些不足，如有的教师认为教材有些章节的容量偏大，有的教师认为在GX实验中对学生的评价以成绩为主的占76.6%等，对学生的发展性评价显得不足等。

(一)GX实验的理论研究有待于进一步提升

进一步从GX实验所形成的研究成果来看，发表的论文中理论分析型的论文有24篇，实证调查型的有11篇，经验描述型的有109篇，说明GX实验中经验描述研究最多，对GX实验教学原则进行的实证研究与理论研究有些不足。这后来成为一批硕士生与博士生的研究对象。对发表论文的作者进行统计发现，高校人员有46人，中学教师92人，教研员4人（以实验组为整体作者的未列入），说明高校的数学教育研究者与中学教师是GX实验研究的两大主体，在GX实验研究中贡献最大。并且在研究中形成了一个活跃的作者群，这是一个对教学改革有很大影响的团体。按照文献计量学著名专家普赖斯(Price.D)确定的进入活跃作者群的门槛值：

$$N = 0.749(N_{max})^{\frac{1}{2}}$$

在1993年到2008年内发表论文最多的作者是陈重穆先生，其署名论文有8篇，进入核心作者群的门槛值约为2.12，可得活跃作者群或GX实验的主要研究者为发表2篇及以上论文者。分析确认GX实验的核心研究者主要为陈重穆、宋乃庆、李忠如、魏林、朱乃明、庞坤、李明振、杜文久、余自生、丁丰朝、李光忠、柏启宏、刘建平、陈颖树。大部分研究成员为高校的研究者。

进一步对24篇理论分析型论文分析发现，研究主要体现在教材、教法、教学原则、教学评价、GX实验的迁移、GX实验的学习观及综合性研究等方面，如表2-3所示。

表2-3　1993—2008年GX实验理论分析型论文研究主题统计表

	教材	教法	原则	评价	迁移	学习观	综合
论文篇数（篇）	4	1	3	1	2	1	12
比例	16.7%	4.2%	12.5%	4.2%	8.3%	4.2%	50%

表2-3说明，从理论分析的角度对GX实验的研究主要体现在综合阐释和教材两个方面，其中对GX实验进行的综合性理论研究，主要是向上寻找GX实验的理论基础及其解释等，向下探究GX实验的理念如何物化于教材之中，因此教材的编写与构建是GX实验理论研究的一个重要内容。

GX实验的理论研究者主要是高校的课题组成员，中学教师仅发表了4篇理论分析的文章，具体如表2-4所示。这说明在GX实验中也存在理论与实践如何紧密联系的问题。

表2-4　1993—2008年GX实验理论分析型论文作者群体统计表

	高校教师或研究者	中学教师	其他
论文篇数（篇）	19	4	1
比例	79.2%	16.7%	4.2%

而对GX实验教学原则进行实践经验分析的论文有109篇，GX实验教学原则的实践经验得到了很好的传播与交流，进一步分析发现经验性研究主要体现在教材、教法、课例、迁移、综合等方面。具体如表2-5所示。

表2-5　1993—2008年GX实验经验描述型论文研究主题统计表

	教材	教法	课例	迁移	综合
论文篇数（篇）	17	36	6	16	34
比例	15.6%	33.0%	5.5%	14.7%	31.2%

表2-5说明，从教学实践的角度对GX实验的研究主要体现在综合分析、教材运用与教学方法三个方面，其中对GX实验进行的综合性描述，主要是GX实验的教材使用、教学内容的处理，以及在GX实验中如何进行课堂教学等两个方面，因此，GX实验教材的使用与GX教学原则下的课堂教学是经验描述型论文

的两个主要研究内容。

GX实验的经验性研究者主要是中学教师,而高校研究者发表的经验描述型论文占总数的19.3%,具体如表2-6所示。这也说明了在GX实验中存在理论与实践联系的问题,同时也印证了表2-3的研究结果。

表2-6　1993—2008年GX实验经验描述型论文作者群体统计表

	高校教师或研究者	中学教师	其他
论文篇数(篇)	21	82	6
比例	19.3%	75.2%	5.5%

从以上的分析中可看出,在GX实验的改革与发展过程中,特别是GX实验在1998年以前,对GX实验的理论研究存在不足,虽然在GX实验的提升阶段,有十多位硕士、博士研究生进行了大量的理论研究,但缺少对GX实验教学实践从哲学、心理学、社会学等方面作更深入的理论研究,以揭示其数学课堂教学高效的理论基础。

(二)GX实验的实证研究有待于进一步细化

对11篇实证调查型论文分析发现,研究主要体现在教材、迁移、综合三个方面。其中对GX实验教材进行实证研究的论文有2篇,对GX实验进行迁移性研究的有3篇,对GX实验进行综合性研究的有6篇,这说明从实证的角度对GX实验的研究主要体现在整体实验方面,其中涉及GX实验的教材、课堂教学原则等。另外,从经验与实证的角度来看,GX实验在教学实践中产生了较好的迁移效果,说明了GX实验的教学效益。当然整体实验存在实验因子多且难以严格控制的问题,影响了实验的科学性。

进一步分析发现,GX实验的实证性研究者共有11人,主要是中学教师和高校研究者,其中高校研究者、中学教师各有5人,这说明GX实验的两个研究主体已进行了一些实验的量化研究,能注重研究的科学性,特别是后来的一批硕士、博士研究生在这方面做了大量的研究,为GX实验研究的实验科学性提供了佐证。但从中也可看出,实证研究还有待于进一步提高,如缺少对GX实验教学原则进行心理学上的实证分析,没有更加深入的分析出GX实验效果产生的心理学原因。

　　另外,从GX实验后期的理论提升与完善来看,硕士、博士研究生是研究的主要群体,这一群体对GX实验的数学观、教学模式、学习策略、教学原则等进行研究,进一步充实与丰富了GX实验理论基础与实证研究,使GX实验教学理念得到提升并取得了丰富的研究成果。但这些研究在教学实践中的反响不如GX实验前期的影响,这些理论与实证没能有效地在数学课堂教学中实践,没有得到有效的传播与应用。从2003年到2008年仅有6篇以GX实验为主题的论文发表,这也说明GX实验研究的持续性不足。因此对GX实验的宣传与发展也有待于进一步提高。

第三章

GX实验面向学生认知的初中数学教材的构建

陈重穆先生、宋乃庆教授及其所带领的数学教学改革实验团队,自20世纪80年代始主编了《初中代数新编》《九年制义务教育三年制初级中学数学实验课本(内地版)》《九年制义务教育六·三制初级中学实验课本(高层次)》等多套初中数学教材,他们丰富的教材编写经验与实践为集中体现GX实验理念的"GX32字诀"物化于教材奠定了基础,实验编写的《GX实验初中教程》在结构体系与内容呈现等方面均有许多创新与特色。

第一节
GX实验初中代数知识体系的构建[①]

一、初中代数知识的基本模块

20世纪80年代末与90年代初,在我国数学教学大纲的要求与规范下,基于当时的教育背景,陈重穆先生、宋乃庆教授及其所带领的数学教学改革实验团队把代数与几何分科设置,初中代数的课程内容没有增减,主要包括有理数、多项式、因式分解、不等式、分式、二次根式与根式、一元一次方程、一元二次方程、二元方程组、函数及其图像等数学内容。陈重穆先生作为一名代数学家,基于其对代数学的深度理解与把握,进一步抽象概括,将这些基本内容归结为数、式、方程三大模块。[②]在"淡化形式,注重实质"等数学教学理念下,以方程模块

[①]本节内容主要源于:徐建星."以方程为纲,以元为序":初中代数知识结构的重建——"GX实验"面向教学的初中代数体系探究[J].数学通报,2015,54(1):4-8.
[②]陈重穆.关于《初中代数》中的方程问题[J].数学教学通讯,1990(2):封二,1-2.

为核心与脉络,按"以方程为纲,以元为序"的逻辑架构,对初中代数知识的结构体系进行了重建,在初中的数学教学实践与改革中取得了显著的教学效益,形成了颇具我国数学教育特色的初中数学知识结构体系。

二、"以方程为纲"的逻辑架构

(一)方程概念的本源性回归

1986年陈重穆先生在《关于中学数学教材中的方程问题》的报告中指出,当时教科书中方程的定义"含有未知量的等式叫方程"不合理,存在许多逻辑上的困境。[①]另外,在数学教学实践中许多教师对这一定义进行大量的形式化练习,造成师生教与学的过重负担。这一批判性分析被誉为"切中中学数学时弊"的独到见解。陈重穆先生吸取了苏联伯拉斯基的"方程是问题"的观点,指出"方程不是等式而是与等式有关的一个问题,因此不必正式下定义。略加说明即可"。[②]这实际上是废除不必要的方程的定义,但不等于说方程的概念在初中数学中不重要,而是进一步强调了初中代数要"以方程为中心",[③]突出方程作为"问题"的本源与实质。

对于"解方程"陈重穆先生认为这是学生能直观理解的一个概念,没有必要再下定义,并删除了方程的"同解概念"与"同解原理",要求利用"等式的性质"以及"推出检验"的方式来解方程,要求学生用"分析法"与"观察法"等"通法"来解方程,而不是形式化的"同解理论"。[④]这种对数学核心概念淡化形式定义、注重本质内涵的处理方式得到数学教育界的认同。有些专家、学者也从不同的角度对方程的概念进行解析,如张奠宙先生指出"方程是为了寻求未知数,而在未知数和已知数之间建立起来的一种等式关系"。[⑤]史宁中先生与孔凡哲教授认

[①]陈重穆.关于中学数学教材中的方程问题(提要)[J].数学教学通讯,1987(2):2-3.
[②]陈重穆.关于《新编初中代数》的介绍(保留文稿)[Z].1987.
[③]陈重穆.新编初中代数(第一册)[M].重庆:西南师范大学出版社,1987:1.
[④]陈重穆,宋乃庆.淡化形式,注重实质——兼论《九年义务教育全日制初级中学数学教学大纲》[J].数学教育学报,1993,2(2):4-9.
[⑤]张奠宙,路建英.构建学生容易理解的数学教育形态——10个案例[J].中学数学教学参考(初中版),2008(3):1-4.

为,"方程概括的是一类事物普遍适用的模型。"[1]《全日制义务教育数学课程标准》(实验稿)指出"方程是刻画现实世界的有效模型。"虽然方程的概念经过众多数学家、数学教育家、数学教师的讨论,但现在仍是中小学数学教育者关注的一个问题。

(二)"以方程为纲"的认知内涵

"纲"原指提网的总绳,比喻事物最主要的部分(多指文件或言论)。[2]陈重穆先生认为代数(中学)这门学科是从研究方程而产生发展起来的,初中代数教材"以方程为纲"来带动代数的基本知识,就可以做到"使学生认知规律与学科知识结构结合起来"。"以方程带动数、式"的学习符合代数发展与形成的脉络,也切合了学生的认知规律,有利于激发学生的数学学习兴趣,培养学生的数学素质。并且他进一步指出"以方程为纲"就是"以问题为纲",要求教材中的代数知识尽可能从问题引入所学内容,又用所学内容来解决实际问题。如此形成了在情境上以"问题"为显性导引,在代数知识方面以"方程"为主线的初中代数知识的结构体系。

学术视野下的数学一般是一个公理化、形式化的结构系统,呈现出来的是由定义、公理到命题的逻辑序列,大多数数学分支与其历史发展不一致,但人的认识过程常与历史发展相同。陈重穆先生打破了数学的形式化结构,把方程看成是实际问题所产生的一个数学问题,回归数学定义的本源,使初等数学的发展脉络与学生的认知结构相切合,实现了数学的学术形态到教育形态的有效的转化。

(三)"以方程为纲"的初中代数知识结构

当时初中数学的代数与几何是分科设置的,代数共有3册,基于当时的教育背景,陈重穆先生没有改变初中数学的知识点,把一元二次方程提前放在代数第一册的下册,把二元方程组调到第二册,共3册的数学课程内容具体设置目录如表3-1所示。

---

[1] 史宁中,孔凡哲.方程思想及其课程教学设计——数学教育热点问题系列访谈录之一[J].课程·教材·教法,2004,24(9):27-31.
[2] 中国社会科学院语言研究所词典编辑室.现代汉语词典(第6版)[M].北京:商务印书馆,2012:426.

表3-1 "以方程为纲"所构建的教科书目录*

第一册		第二册	第三册
上册	下册		
第1章 有理数	第5章 因式分解	第9章 不等式	第13章 根式 指数
第2章 多项式加减	第6章 一元二次方程	第10章 分式	第14章 函数 图像
第3章 一元一次方程	第7章 开方、近似计算	第11章 二元方程组	第15章 统计初步
第4章 多项式乘除	第8章 一元二次方程(续)	第12章 二次根式	第16章 总复习

*整理自陈重穆《四川省编九年义务教育初中数学<代数>课本介绍》[保留文稿].1990.

在相关章节的具体数学知识展开时,按数学发展逻辑的关系与数学应用问题,通过方程的内容把前面14个章节的代数内容形成一个相互联系的结构体系。如下是各主要章节之间的一条逻辑关系:通过"字母代数"从有理数引入多项式;通过"代数简明的表示出量与量之间的运算,可进而用它表示出量与量之间的相等关系"从多项式引入一元一次方程;通过"方程的求解问题"引入等式的性质以及方程的解法;通过"等量关系到不等量关系"以及"方程(等式)"引入不等式;通过"实际问题的方程"引入分式,后面又在该章设置了分式方程及含有字母系数的方程内容;通过"较为复杂性的数学问题与未知量的增加"引入二、三元方程组,以及简单的二元二次方程组;通过"根式方程"建立方程与二次根式的逻辑关系,并引出无理方程(选学);通过"函数图像的交点"以及"方程的图像解法"建立方程与函数内容的逻辑联系。如此把14个章节的初中代数知识按"以方程为纲"的逻辑框架形成一个结构体系。其简明关系如图3-1所示。

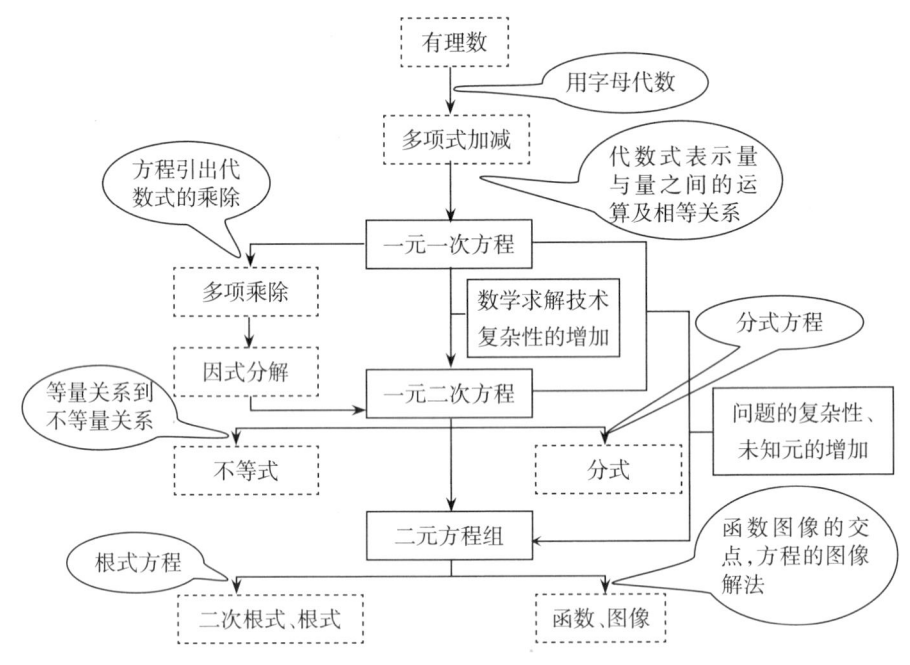

图 3-1　按章节顺序的"以方程为纲"的初中代数结构关系图

三、"以元为序"的逻辑演进

(一)"以元为序"的内涵

"元"指方程中所含的未知数,"以元为序"是指按未知数由少到多的顺序来编排方程的课程内容。对初中代数的方程来说,在一元一次方程之后,把一元二次方程放在前,二元一次方程组放在后,这打破了多年来初中方程内容设置的顺序。陈重穆先生认为对于方程及其求解而言,"次数"的增加只带来技术上的困难,增加了复杂的程度,而"元"的增加将引起概念上的变化,这使得数学学习的难度更大,并且一元二次方程的解与二元一次方程组的解也大为不同。

对于学生的数学学习而言,如果学生未能切实掌握所讨论的对象,尽管方法简单,学生也只能被动接受,照搬模仿,达不到通过知识培养能力的目的,再说真正要用二元一次方程组求解的应用问题通常是较难的,过早学习对学生会有困难,如果都是些容易的题就起不到应有的培养作用。"以元为序"更符合循序渐进,由易到难的原则。

另外,陈重穆先生认为把二元一次方程组后置,更有利于联系后续的二阶矩阵、行列式的内容,如果"二元"放在前面要作这种联系就较难了。综上分析可知,陈重穆先生基于知识的难度、学生的认知规律及能力培养、前后知识之间的联系等考量,把初中代数中方程的内容按"以元为序"的演进方式进行重新设置。

(二)"以元为序"的螺旋式设置

陈重穆先生在对初中数学中方程的内容进行设置时,提出以应用问题为背景,采取集中与分散相结合的处理方式,这实质上是一种螺旋式设置,体现了"螺旋设置,循环上升"的数学教学观念。首先在"字母代数"中设置简易方程内容,在多项式加减法后正式引入一元一次方程,并在其后集中讲一元一次方程应用问题,实现了对一元一次方程通过概念提升与应用加深的循环。在一元二次方程、分式方程、无理方程等进一步设置应用问题,在二元一次方程组又集中讲一元一次方程应用问题(较多地联系物理与化学),如此不断循环上升。

对于方程的解法也按相应的螺旋式设置,如一元一次方程解法分了三个层次:第一层次是利用等式性质用推出符号" $\Rightarrow$ "解方程,重点突出检验的必要性(第一册第3章第1节);第二层次是在等式性质的基础上掌握两个最基本的等式(第一册第3章第2节);第三层次是在学生解方程的实感的基础上,归纳步骤(师生共作)使学生较熟练地掌握解法(第一册第3章第3节)。[1]避免开始就教授学生法则步骤,虽然简洁且近期效果好,但通过知识培养学生能力的远期效果较差。其他章节方程的内容除了有类似的设置外,还通过后面方程的学习,复习前面的内容,渗透了数学教学中"积极前进,螺旋上升"的教学理念。

四、中小学数学知识与体系构建的多样性

"以方程为纲,以元为序"对初中代数知识结构的重建,在陈重穆先生、宋乃庆教授所主持的GX实验中,学生数学成绩与素质等方面均取得了较好的教学效益,使得实验在全国十几个省、市、区(县)得以推广。反思以上的分析,对当下数学课程改革有以下几点借鉴与启示。

---

[1] 陈重穆.四川省编九年义务教育初中数学《代数》课本介绍(保留文稿)[Z].1990.

(一)中小学数学核心概念的定义形式是多样的

在义务教育阶段数学核心概念是"数学课程内容的核心,是教材的主线"。[1]是"数学课程的目标点,很多核心概念都体现着数学的基本思想"。它"有利于研究者理解课程内容的本质,把握课程内容的线索,抓住教学中的关键"。[2]数学核心概念往往还是教学的重点与难点,是相应数学学科发明的本源。[3]因此数学核心概念的定义就像一个"风向标",既引导着教师的教,也预示着学生的学,隐含着一个数学知识模块的教学价值与目标。

在数学课程改革中,许多数学教育者或教师仍受到数学形式化、公理化等学术传统的影响,追求或强调概念准确性、逻辑性与完备性,与中小学许多数学概念经过"教育化"的处理,处于"描述化"状态,产生一些逻辑矛盾,会给学生的数学学习增加困难与不必要的麻烦,造成教学效率的低下。如方程的概念虽然是中小学数学的一个核心概念,但其定义不是唯一的,可以把它作为含有等式的问题,作为一种数学模型,作为一个建立等量关系的桥梁等,如果过于强调学生对"方程是含有未知数的等式"的定义,类似形式化、公理化的数学逻辑体系,让学生通过定义理解概念,并以此进行性质、定理等的演绎推理,不仅会产生许多逻辑上的矛盾,而且淡化了方程的根本教育价值,带来"琐碎的麻烦"。所以,在数学课程改革中认识、理解与构建中小学数学核心概念定义的多样化描述形式,借之帮助学生多角度的理解概念,关注其育人价值,从强调数学核心概念的学术性到强调其"教育性",是理解中小学数学的一个根本立场,也是我国当下数学课程改革的一个基本价值取向。

(二)中小学数学知识结构的建构途径是多元化的

中小学数学的基本内容是数学某一领域较为完善的内容,在学术数学中具有严谨的数学结构体系,它是相关的数学概念与性质发展成熟后所形成的数学逻辑系统,其逻辑结构与学生的认知结构有许多不相符的地方,一般与其发展的历史顺序也不同,如果把中小学的数学当成学术数学的缩影,必然会导致学

---

[1]中华人民共和国教育部.义务教育数学课程标准(2011年版)[S].北京:北京师范大学出版社,2012.
[2]黄翔.数学课程标准中的十个核心概念[J].数学教育学报,2012,21(4):16—19.
[3]陈振宣,陈永篯.数学核心概念意象构建的理论与实践[J].中小学数学·高中版,2009(12):1—3.

生数学认知上的困难。陈重穆先生"以方程为纲,以元为序"的初中代数知识体系的重建就是其中的一个范例。综观国内外许多著名的中小学数学教育改革往往会涉及数学知识体系的改造或重建,如20世纪初著名的"培利——克莱因运动",培利(Perry,1850—1920)以数学的实践与应用为目的对当时的数学教学内容进行了重建,克莱因(Klein,1849—1925)提出中学数学内容应以函数概念为中心。20世纪60年代美国的"新数运动",对数学课程的内容进行现代化的重构。20世纪80年代的"大众数学"促进了学校数学由强调学术性到学科性的转化。我国的"MM教育方式",利用数学方法论对数学教学的内容进行改造。[①] "情境——问题"教学实验,从数学问题的角度改造数学课程内容。[②] 一系列数学教育改革中数学知识结构体系的重建,说明改革理念的不同会导致知识建构的方式不同,其关键是数学呈现的知识结构与学生的数学认知结构相一致。

另一方面,某一模块数学核心概念的变化,也将会导致该模块结构体系的变化,数学教育的目的或价值取向的变化,同样将产生数学结构体系与教学侧重点的不同,如强调数学的工具价值与育人价值是两个不同层面的教育目的,前者强调数学的应用,后者强调数学对学生能力、素质的培养,这也将导致学校数学结构体系的改变或重构。因此,同样的数学知识,其结构体系的构建具有多元性,不是固定不变的,要根据数学教育理念、目的与要求等的不同进行体系的改造与重建。

(三)数学课程理念的物化过程是复杂的

数学作为基础教育的一门重要学科,是进行课程与教学改革较为频繁的一个领域,教育改革理念要物化于学校的学科课程,通过教师的施教与学生的学习获得实现,在这一过程中涉及改革者的课程设计,涉及教师对改革理念的理解与教学,同时还要符合国家的课程标准,符合学校及学生的现实水平等。因此即使是单一的教育改革理念,要切实地物化于数学课程内容也是一个复杂的过程。如陈重穆先生的"以方程为纲",把一元二次方程提前,二元一次方程组

---

①徐利治,徐沥泉.MM教育方式简介[J].自然杂志,2008,30(3):138-142.
②夏小刚,吕传汉,汪秉彝,等.基于"提出问题"的数学教学实验研究[J].贵州师范大学学报(自然科学版),2007,25(3):87-92.

的内容后置,不是简单地交换两部分内容的章节位置,不仅这两部分内容自身要进行改造,而且还涉及因式分解、不等式等课程内容如何设置、多个章节之间的逻辑关系如何建构等一系列内容的处理与设置。

当下的数学课程改革从教育理念、教学目标、教学内容等各个方面均提出新的内容与要求,每一点的变化都是复杂的,不是简单地替代或叠加。如强调学生探究能力的培养,那么什么样的数学知识适合学生进行探究性学习？如何设置学生探究学习的情境？数学的概念、定理、规则是精确的,具有客观性与一义性,如何处理它们与探究的多样化之间的矛盾？一系列问题的处理不是一个简单的操作与程序可以解决的。

另外,随着数学自身的发展促使学校数学的知识及其体系结构不断发生变化,而且随着社会对人才需求的变化、教育学、学习科学等基础理论研究的发展,相关的各个层面也将会不断地提出新的理念与要求,这些都会给改革理念的物化增添难度,增加改革理念物化的复杂性。

学校数学的核心价值在于其育人价值,它是学术形态的数学经过"教育化"过滤的产物,二者在概念的定义、知识的结构体系等方面一般有很大的差别。中小学数学的核心概念、有效组织的结构体系在数学课程中的重要性具有世界性共识,已经引起国际数学教育界的关注与研究。[1]基于数学课程标准,根据数学教育的目标,以学生的数学认知结构为参照,对学术形态的数学进行概念的重新定义与结构体系的重建,是数学教学改革的一个关键与核心,也是数学教育改革的一个永恒的话题。

---

[1] 章建跃.主要国家高中数学教材核心概念、技能及重要思想方法的比较研究[J].中学数学月刊,2011(3):36-38.

第二节
GX实验初中几何知识体系的构建[①]

对于初中的几何课程，GX实验强调几何的推理与理性认识，强调适当地说理，认为说理是发展学生思维的需要，也是牢固掌握知识的需要。"理"可以把知识组织起来，联系起来，知识才能更好地为学生所掌握、所利用。"讲理"对学生品德也起潜移默化的作用。[②]对于初中的几何教学，陈重穆先生认为初中学生经过小学阶段的几何知识学习，已对几何图形有了感性认识，平面几何的目的就是要提高理性认识。因此初中几何重点是对各种图形下定义，对图形的性质做出论证。[③]因此，GX实验的几何教材十分注意训练学生的表达、论证能力，定义、定理的文字表述尽可能训练学生自己完成，表达形式介绍了"分点"叙述方式，"∵""∴"方式及使用"⇒""⇔"方式，论证从第一章开始浸润，到第二章教师简明示范，学生模仿，到第二章末再较完整地提出要求，由此循环上升使学生过好"论证关"。[④]

[①] 本节内容主要源于：徐建星.初中几何课程减负提质的有效构建策略——"GX实验"面向教学的初中几何探究[J].数学教育学报，2016，25(4)：98-102.
[②] 陈重穆，宋乃庆.提高课堂效益(GX)实验研究简介[J].数学通报，1996(8)：21-23.
[③] 陈重穆.关于义务教育中的教学原则[J].西南师范大学学报(哲学社会科学版)，1994(3)：16-21.
[④] 魏林，朱乃明.中学数学教育改革新探索——《GX》实验[J].学科教育，1998(2)：10-12.

一、初中几何课程的主要模块

GX实验教改组梳理了当时的几何课程内容,主要包括以下三个不同的层面:

①直观几何:线段、角、相交线、平行线、三角形(一)。

②平面几何:命题、证明、公理等概念简介、三角形(二)、轴对称、四边形、相似形、解直角三角形、圆。

③直观空间图形。[①]

在代数与几何分科设置下,GX实验教材把上述内容分为3册,其主要内容的目录如表3-2所示。

表3-2 GX实验初中几何课程的章目设置情况

第一册	第二册	第三册
第1章 几何初步知识	第4章 三角形(二)	第6章 相似形
第2章 相交线 平行线	第5章 四边形	第7章 解直角三角形
第3章 三角形(一)		第8章 圆

二、初中几何减负提质的教材调整策略

自《几何原本》出版以来,一方面它成为公理化体系的典范,成为数学知识系统化的范本,另一方面,其逻辑推理与证明也成为几何学习,甚至数学学习的一个难点,"几何学习中没有王者之路",没有简易的捷径,成为千百年来人们的共识。当时在我国对初中几何逻辑推理能力的较高要求及统一应试的情况下,学生的几何学习负担重、教学效率低的情况非常普遍,甚至成为学生学习的一个"拦路虎"。在不能删减几何课程的知识点,不降低教学要求的情况下,为了使初中几何成为一个易教、易学、效果好的学科分支,GX实验对几何课程内容与结构的调整主要采取了以下的一些措施。

(一)证明格式的"分点式"过渡

1. 关于几何证明格式问题

从证明格式的角度来看,几何证明主要有"综合式"与"分点式"两种。当时的初中几何教材多采用"因为""所以"的综合叙述形式,这种形式的主要优点是

[①]陈重穆.九年制义务教育初中几何教材纲要[Z].1990.

简便灵活。"综合式"源于苏联教材。苏联很多教材(包括大学教材)都采用综合叙述形式,甚至不明确标出定义、定理,夹叙、夹议,来龙去脉较为清楚,较具启发性。但眉目就不那么清晰,给初学者或自学者带来一定的困难。

"分点式"的主要特征是把证明过程分为两个部分,一般左边是具体的证明内容,右边是证明的逻辑依据,每一步证明的理由清晰,逻辑严密。具体如下例题所示(几何第二册22页)。

已知:∠1和∠2是对顶角(如图)。

求证:∠1 = ∠2。

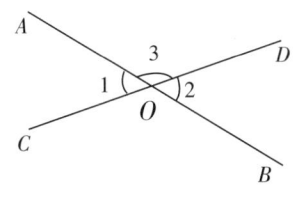

叙述　　　　　　　证　　理由

1. OA, OB 构成一条直线　　1.对顶角的定义
   OC, OD 构成一条直线

2. $\angle 2 + \angle 3 = 180°$　　2.平角的定义
   $\angle 1 + \angle 3 = 180°$

3. $\angle 2 = 180° - \angle 3$　　3.等量减等量其差相等
   $\angle 1 = 180° - \angle 3$

4. $\angle 1 = \angle 2$　　4.等于同一量的量相等

"分点式"在20世纪50年代前广为流行。"三S几何"作为培养数学专长生的教材,就采用了这种证明格式,曾取得了较好的教学效果。"分点式"实际上源于欧几里得的《几何原本》,《几何原本》在给出定义、公设、公理的基础上,其命题证明的陈述中会标出所用到的定义、公设、公理及命题,如其命题1——"在一个已知有限直线上作一个等边三角形"的作图证明中"以 A 为心,且以 AB 为距离画圆 BCD;[公设3]",明确标出推理依据为"[公设3]"。[1]

陈重穆先生认为分点式有如下优点:[2]

---

[1] [古希腊]欧几里得.几何原本[M].兰纪正,朱恩宽,译.西安:陕西科学技术出版社,2003:3.
[2] 陈重穆.关于(省编)《初中数学》实验课本中的几个问题[Z].转引自张渝.提高初中数学课堂效益(GX)实验的回顾与展望Ⅰ[M].重庆:西南师范大学出版社,2010:86-89.

①分点式形式新颖(学生初次接触),富有对称性,能引起学生新奇感与兴趣,叙述、理由平列,突出了论证的严密性(言必有据,明显的也要定出理由)。"以理服人"常能激发学生积极性。

②分点式形式庄严规范,有如人进入庙堂便肃然起敬,可使学生更认真严肃对待作业,对待学习,有利于良好学习习惯和品德的培养。

③分点式学生较易模仿,就像写字描红格一样可减少学生静态上的困难,有助于克服"几何入门难"的问题,学生掌握分点式后,简化分点式,再用综合式。

④分点式,眉目清楚,便于教师批改作业,教师不必要在"因为""所以"的松散推理叙述中,去找所得结论的理由是否充足。

因此,陈重穆先生主张在《几何》教材中使用分点式,但考虑到多年教材和教学形成的习惯,为慎重起见,采用了简化式的"分点式",具体格式如下。

已知:×××××

求证:×××××

证明:1.叙述××××× (理由××××)

2.××××× (××××)

如对定理"三角形三个内角的和等于180°"的证明如下。

已知:如图,$\triangle ABC$。

求证:$\angle ABC + \angle BCA + \angle CAB = 180°$。

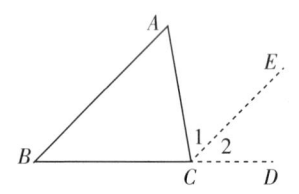

证明:1.延长 BC 为射线 BD(线段可向两方延长),

2.过 C 点作 BA 的平行线 CE(过直线外一点,有一条直线与已知直线平行)。

3.所以 $\angle CAB = \angle 1$(两直线平行,内错角相等),

4.$\angle ABC = \angle 2$(两直线平行,同位角相等)。

5.因为 $\angle BCA + \angle 1 + \angle 2 = 180°$(平角的定义),

6.所以 $\angle ABC + \angle BCA + \angle CAB = 180°$(等量代换)。

经过简化的"分点式"证明格式的处理，一方面有效利用了"分点式"证明的优点，使初学几何证明的学生易于掌握、理解推理与证明的过程、方法等，另一方面使教师易于适应几何证明的教材改革，不导致"断裂式"的改造，易于教师使用教材。

(二)课程内容的"集中式"系统优化

GX实验强调尽可能多的采用"整体出现、分层推进"和"集中讲、对比练"的方式，这是由"小苗到大树"的发展方式，可以使学生在一定程度上了解知识的全貌，可以主动地参与教学过程，有利于学生智能的发展。[①]如全等三角形的定义、全等三角形的四个判定定理（SAS、SSS、ASA、HL）及一个推论（AAS）集中在一节课讲解，然后再集中练习，[②]改变了传统中学一个公理、练一个公理的教法。四个公理集中练习，容易区分它们的异同，理解它们的特征和应用时各自所需的条件，有利于防止单个练习时常产生盲目生搬硬套公式，不肯动脑筋的现象。这样，不但有助于加快学生对公理掌握的进程，还有助于学生思维的训练。[③]

类似的几何教材内容同样进行了"集中式"的系统优化，如平行线的判定、性质定理，平行四边形的判定与性质定理，三角形全等的三个判定定理等都分别在一课时讲完。教材按课时编排，内容适当集中处理，为教师争取较快的"进度"，有更多的灵活掌握时间，为更高的课堂效益创造了条件。[④]

(三)几何推理的"面积化"支架

GX实验的几何教材吸取了"面积法"处理几何的优点。所谓"面积法"主要指运用面积关系来计算或证明几何题的方法。其特点是把已知和未知的量用面积公式联系起来，通过运算达到求证的结果。用面积法来解几何题，几何元素之间关系变成数量之间的关系，只需要计算，有时可以不添置辅助线，即使需

[①]魏林,朱乃明.中学数学教育改革新探索——《GX》实验[J].学科教育,1998(2):10-12.
[②]陈重穆,宋乃庆,彭智勇.GX初中数学实验教程·几何（第一册）[M].重庆:西南师范大学出版社,2001:107-108.
[③]李光忠..点评:一堂高效益的几何课[J].中学数学教学参考,1999(3):17.
[④]魏林,朱乃明.中学数学教育改革新探索——《GX》实验[J].学科教育,1998(2):10-12.

要添置辅助线,也很容易考虑到,常会收到事半功倍的效果。如GX实验把矩形面积作为公理,用它处理几何量收到了直观简明的效果。引入了共高定理、共角定理、共边定理,有效地解决了一些线段的计算、比例等问题。

①共高定理:共高三角形面积的比等于其对应底边之比。

②共角定理:共角三角形面积之比,等于对应角(相等角或互补角)的二夹边乘积之比。

③共边定理:有公共边的两个三角形面积的比等于它们第三顶点连线被公共边所截对应线段的比。[①]

平面几何和实际应用中常需计算线段的长度,共角定理以面积为桥梁,是达成线段间关系的一种工具,[②]能较为简洁地证明塞瓦定理、梅涅劳斯定理,能简洁地计算或证明三角形中的比例线段问题,如三角形角平分线的比例性质、三角形中平行于一边的线段的比例性质,以及"有两个角对应相等的两个三角形对应边成比例"等三角形相似的定义与性质等。[③④]

[①]陈重穆,宋乃庆,彭智勇.GX初中数学实验教程·几何(第三册)[M].重庆:西南师范大学出版社,2001:7-10.
[②]陈重穆,宋乃庆,彭智勇.GX初中数学实验教程·几何(第三册)[M].重庆:西南师范大学出版社,2001:13.
[③]陈重穆,宋乃庆,彭智勇.GX初中数学实验教程·几何(第三册)[M].重庆:西南师范大学出版社,2001:13-14.
[④]陈重穆,宋乃庆,彭智勇.GX初中数学实验教程·几何(第一册)[M].重庆:西南师范大学出版社,2001:128-132.

第三节
GX实验教材内容设置的案例分析

下面分别以一节代数课与几何课为例,从微观的角度分析GX实验教材的改革,及其改革理念如何渗透到具体的教学内容,形成易教、易学的初中数学教材。

一、初中代数教材设置的案例分析

对于初中代数中方程的处理,在GX实验教材中是具有代表性、典型性的一个模块,所以下面选取《GX初中数学实验教程·代数》第一册的第三章《一元一次方程》,以此章的第一课《方程》[①]为例进行解析。

教材内容	设置简析
第一课 方程 **问题** 甲每小时走5千米,乙每小时走4千米,两人同时从A地出发到B地,甲到B地时,乙还距B地4千米。问甲从A地到B地需要多少时间。 为了解决这个问题,我们设甲从A地到B地需要x小时。用x表示出相关的量:两地的距离,可以表示为$5x$千米,也可表示为$4x+4$千米(如图所示)。于是得到方程 $$5x = 4x+4 \qquad (1)$$	←以行程问题为导引,体现了方程是"含有等式的问题"的概念。

[①]陈重穆,宋乃庆,彭智勇.GX实验初中数学实验教程·代数(第一册)[M].重庆:西南师范大学出版社,2001:128—132.

续表

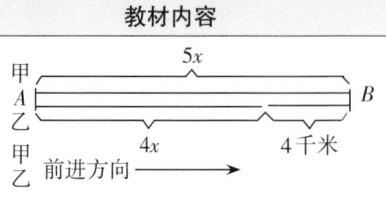

教材内容	设置简析
由上例说明，方程是为了解决实际问题通过字母代数而产生的。方程就是一个求指定字母的值使已给等式成立的问题。要求的字母叫作未知数，也叫元。方程也用来指问题中所含的等式。因此有时也把方程简单说成是"含有未知数（待求数）的等式"。使方程左右两边相等（使等式成立）的未知数的值，叫作方程的解。求出方程的全部解叫解方程。 以方程(1)为例： 当 $x=1$ 时，方程左边的代数式 $5x$ 的值是 $5×1=5$；右边代数式 $4x+4$ 的值是 $4×1+4=8$。因为 $5≠8$，所以 $x=1$ 不是方程(1)的解。 当 $x=4$ 时， 因为左边 $=5×4=20$，右边 $=4×4+4=20$， 所以左边 $=$ 右边。因此 $x=4$ 是方程(1)的解，只含有一个未知数的方程的解也叫方程的根。 想一想，怎样去求方程的解呢？如果盲目地用一些数代入方程两边进行检验，像"大海捞针"，是不容易得到方程的解的。我们可以这样想，假定 x 已经求出来了，那么就有等式 $5x=4x+4$。由此出发，看 x 应等于多少。 如果 $5x=4x+4$，那么由等量减等量，其差相等的道理，等式两边同时减去 $4x$，得 $$5x-4x=4x+4-4x$$ 合并同类项，得 $$x=4$$ 不过，$x=4$ 是假定 x 是解的前提下推出的，只能说，"如果 $5x=4x+4$，那么 $x=4$"。反过来 $x=4$ 是不是方程的解呢？还须代入方程两边检验（这是很重要的一步！）。 前面我们已做过检验，$x=4$ 确实为方程(1)的解。即有"如果 $x=4$，那么 $5x=4x+4$"。 这种解方程的思想方法，是先假定需要解的答案已经得到，以此为出发点进行推理，得出所要求的结果，再检验所得结果是否为所求。这是我们在研究和解决问题时常用的思想方法之一。 **课堂练习** 1.设某数为 x，根据下列条件列出方程： (1)某数加上4再乘3，得24； (2)某数的一半比它的3倍大4； (3)某数比它的平方小42；	←给出方程的定义，并说明其他教材中方程的概念。在下面的例题与分析中也用到这一定义的合理成分。但要求不强调方程定义本身，下面也没有设置类似的例题、习题，不进行这方面的强化。 同时，简单给出方程的解、解方程等相关概念，相当告知学生，不作过多的解释，学生理解即可。 ←由前面的特例的分析，引出解方程的一般思路，而不是给出具体的解法。 ←说明检验的重要性，这也是比较强调的一点。 ←进一步说明解方程的一般思路，强调方程的求解，也不是方程的定义。 ←通过简单的列方程让学生巩固与理解方程的概念。

续表

教材内容	设置简析
（4）某数的20%减去15的差的一半等于2。 2.检验 $x=3$ 是不是下列方程的解： （1）$5x=x+12$；　　（2）$2-x=\dfrac{x}{2}-\dfrac{x}{3}$； （3）$2x+3=x-3$；　　（4）$4(x-1)=1-3x$。	←通过验证的形式让学生理解方程的解的概念，并强化了检验的方法与需要。
习题 1.填空： 求方程 $5x-3=1-3x$ 的解。 解：假定方程 $5x-3=1-3x$ 的解已经求出来了，那么就有 $5x-3=1-3x$， 　等式两边同加 _____，得 $$5x+3x=1+3,$$ 　合并同类项，得 $$8x=4,$$ 　等式两边同除以_____，得 $$x=\dfrac{1}{2}。$$ 　检验： 将 $x=\dfrac{1}{2}$，得 左边=_____， 右边=_____。 因为左边_____右边， 所以 $x=\dfrac{1}{2}$ 是方程 _____ 的解。 2.检验： （1）$x=-1$ 是不是方程 $2x-5=8-x$ 的解； （2）$x=5$ 是不是方程 $14x-2x=3x-11$ 的解。	←巩固与练习解方程的一般思路。 ←巩固与练习方程的检验。
3.在以下各方程后面括号内的一组找出方程的解： （1）$4x-2=10$　（1,2,3）； （2）$3x+1=4$　（-1,0,1）； （3）$3x-4=11$　（4,5,6）； （4）$3=\dfrac{2}{3}x-1$　（3,6,9）.	←通过练习巩固与理解方程的解的概念。
想想·做做 解下列方程，并写出检验： 1.$x-3=8$； 2.$2x=x+3$； 3.$3x=15$； 4.$4x+2=3x+8$； 5.$\dfrac{1}{2}x=4-\dfrac{1}{2}x$； 6.$2x-5=11-6x$。	←通过想想·做做的形式，把解方程与检验综合起来，提高练习的要求，使习题的层次性加大，有利于数学学习优等生的学习，体现了因材施教的思想。

从上面的教材分析可以看出,GX实验的改革理念能有效地渗透到教材中,深入到了具体的概念,结合教学参考书的使用,教师具备了实施教学改革的易于操作的素材,同时也在一纲多本的要求下,形成了具有特色的数学教材,使改革更加开放、更加深入。

二、初中几何教材设置的案例分析

本章上一节所讲述的GX实验初中几何的重新设置、调整的策略与思想,但限于篇幅只能选取其中一部分进行分析,对于"分点式"的证明,上面已有较为详细的说明,所以下面选取《GX初中数学实验教程·几何》第一册的第三章《三角形(一)》,以此章的第四课《全等三角形》为例进行解析。

教材内容	设置简析
第四课 全等三角形 **全等三角形** 请同学们观察下面两个三角形(图3-15)。 它给我们的感受是,两个三角形一模一样:形状相像,大小也一样。为什么会有这种感觉呢?我们再一部分一部分仔细地观察和比较: 图3-15 $\angle A$ 和 $\angle D$ 有何关系? $\angle A=\angle D$ 。同样可以量出 $\angle B=\angle E$, $\angle C=\angle F$ 。再观察、比较边,得 $AB=DE$, $BC=EF$, $CA=FD$ 。 如图3-15,形状、大小都一样的三角形叫全等三角形,记为 $\triangle ABC \cong \triangle DEF$ 。 一般地,对应角和对应边都相等的两个三角形叫全等三角形。 什么是对应角、对应边?三角形有三个顶点,本来它的先后顺序并不重要,如 $\triangle ABC$ 、$\triangle ACB$ 、$\triangle BCA$ 都表示同一个三角形,但要比较两个三角形时,就要把顶点顺序固定才方便。当把两个三角形顶点固定时,就要把顶点间建立起一个"一一对应"关系:第一个对应第一个,第二个对应第二个,第三个对应第三个。例如,$\triangle ABC$ 与 $\triangle DEF$ 的对应关系是: $A \leftrightarrow D, B \leftrightarrow E, C \leftrightarrow F$ 。	←开门见山地直接引入主题,由直观的图形观察导出三角全等的一条判定条件。 ←给出三角形全等的相关概念,并对对应关系与要求进行简析,利于学生对概念的理解,形成相关的规范。

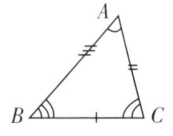

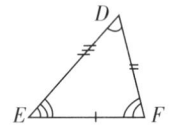

续表

教材内容	设置简析
在此对应关系下,角是如何对应的?边是如何对应的? 提到两个三角形全等时,顶点书写顺序不能搞乱。 两个全等三角形有三对对应角,三对对应边,它们分别相等。 **全等三角形的判定** 　　如图3-16,AB,AC是两根小棒,A端连在一起,两根小棒可以任意活动,线段BC可长可短。如果B,C端点再连上一根小棒BC,那么$\triangle ABC$就固定了,就不能再动了,这叫三角形的稳定性。桥梁钢架,房顶支架,多处都用到三角形的稳定性以保证建筑物的稳定。实践得出:两个三角形如果三对对应边相等,则两个三角形全等。 图3-16 　　再看图3-16,如果$\angle A$固定了,那么$\triangle ABC$也就固定了,因此又有:两个三角形如果有两对对应边及其夹角相等,则两个三角形全等。 　　从实践中我们得出全等三角形的下列重要定理: 　　有三边对应相等的两个三角形全等(简称"边、边、边"或"SSS")。 　　有两边和它们的夹角对应相等的两个三角形全等(简称"边、角、边"或"SAS")。 　　有两角和它们的夹边对应相等的两个三角形全等(简称"角、边、角"或"ASA")。 　　根据三角形的三内角和为180°,由"角、边、角"可得: 　　推论:有两角及其中一角的对边对应相等的两个三角形全等(简称"角、角、边"或"AAS")。 　　有斜边和一条直角边对应相等的两个直角三角形全等(简称"直角边、斜边"或"HL")。 　　例　已知:图3-17,已知BC是$\angle ABD$的平分线,也是$\angle ACD$的平分线。 　　求证:$\triangle ABC \cong \triangle DBC$。 图3-17 证明:在$\triangle ABC$和$\triangle DBC$中, 　　$\because \begin{cases} \angle ABC = \angle DBC(\text{角平分线的定义}), \\ BC = BC(\text{公共边}), \\ \angle ACB = \angle DCB(\text{角平分线的定义}), \end{cases}$ 　　$\therefore \triangle ABC \cong \triangle DBC$ (ASA)	←模拟实物操作,通过学生的动手实践,让学生归纳全等三角形的判定定理,在数学活动中让学生理解判定的条件。 ←在一课时中归纳出了三角形全等的三个判定定理及一条推论,实现了适当集中,通过整体比较理解概念,加强定理巩固、运用的综合性,有效地提高了课堂教学效率。

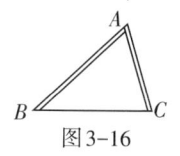

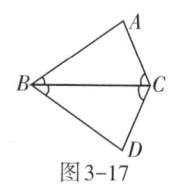

续表

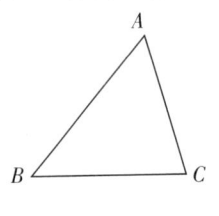

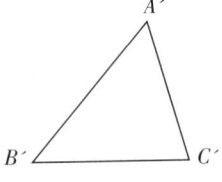

教材内容	设置简析
课堂练习 1.口答:全等的两个三角形中,对应边所对的角是不是对应角?对应角所对的边是不是对应边?对应边的夹角是不是对应角?对应角的夹边是不是对应边? 2.如图3-18,用字母符号写出三角形全等的三个判定定理。 图3-18 3.如图3-19,已知 $AC=DC$, $BC=CE$ 。你能判断哪两个三角形全等?为什么? 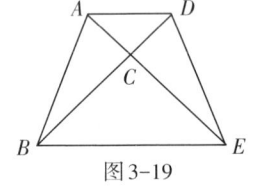 图3-19 **习题** 1.如图,已知 $\triangle ABC \cong \triangle ECD$,写出所有对应边相等、对应角相等的等式。 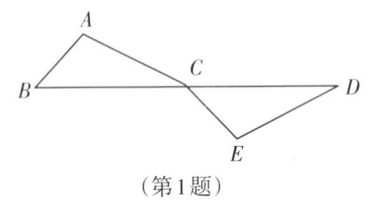 (第1题) 2.如图: (1)已知 $\triangle ABD \cong \triangle ACE$,写出所有对应边相等、对应角相等的等式。 (2)已知 $\triangle ABE \cong \triangle ACD$,写出所有对应边相等、对应角相等的等式。 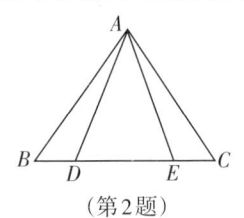 (第2题) 3.如果 $\triangle AOB \cong \triangle MNP$,直接写出它们对应边、对应角相等的等式。	←练习1旨在加深学生对于三角形全等对应关系的理解,有利于学生形成数学规范。 ←练习2,3旨在加深学生对三角形概念的理解。 ←习题1,2,3题类似于练习中的1,2,3,难度稍有提高,让学生有层次地进行练习。

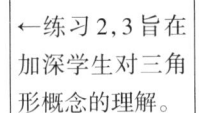

续表

教材内容	设置简析
4.如图,已知 B,C,F,E 在同一条直线上,$AB \perp BE$,$DE \perp BE$,垂足分别是 B,E,$AB=DE$,$\angle A=\angle D$。 求证:$\triangle ABC \cong \triangle DEF$。 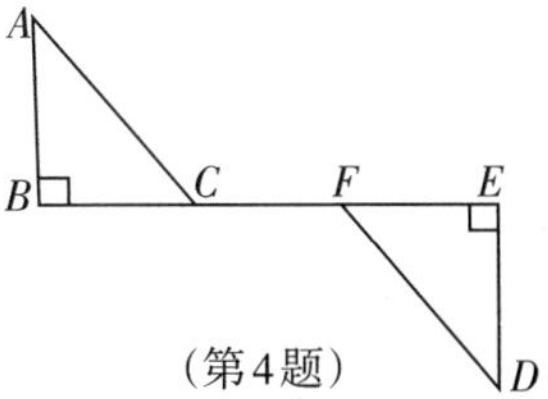 (第4题) 5.如图,已知 $AB \parallel CD$,O 是 AC 的中点。 求证:$\triangle AOB \cong \triangle COD$。 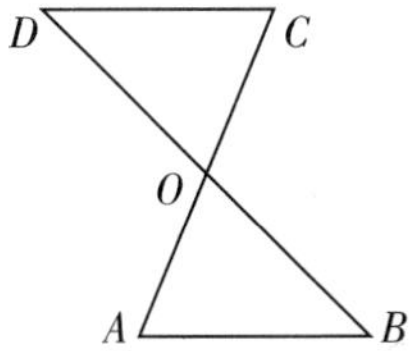 (第5题) 6.如图,已知 $AB \parallel DE$,$AB=DE$,$BF=CE$。 求证:$\triangle ABC \cong \triangle DEF$。 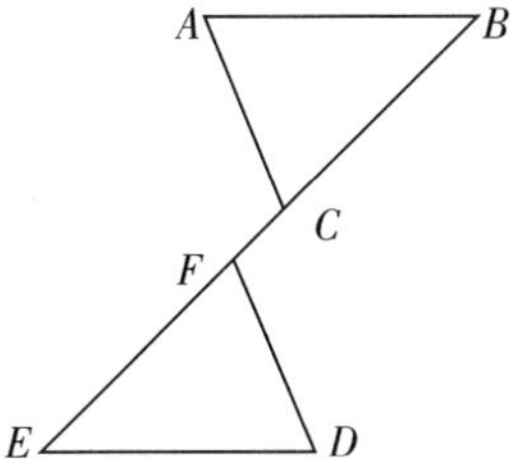 (第6题) 7.如图,已知 $AD \parallel BC$,$AD=BC$。 求证:$\triangle ADC \cong \triangle CBA$。 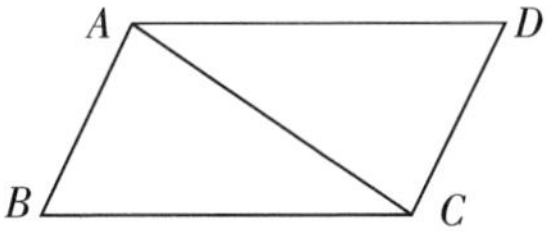 (第7题)	←习题4,5,6,7,8分别设置不同的情况,让学生进行三角形全等的证明,让学生巩固对三角形判定定理的理解与运用。

续表

教材内容	设置简析
8.如图,已知 $BF=CE$,$AC=DF$,且 $AC /\!/ DF$。 求证:$\triangle ABC \cong \triangle DEF$。 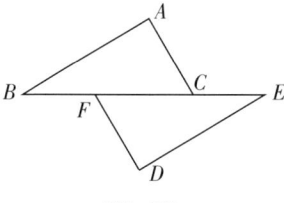 (第8题) 9.如图,已知 $DF=CE$,$AD=BC$,$\angle D=\angle C$。 求证:$AE=BF$。 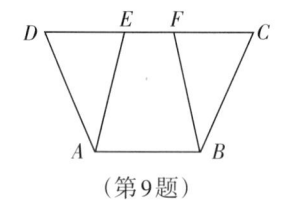 (第9题) 10.如图,已知 $\angle B=\angle C$,$AD \perp BC$,D 为垂足。 求证:$AB=AC$。 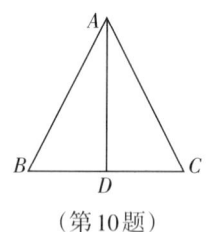 (第10题) **想想·做做** 你骑过自行车吗?为什么自行车上有一个三角形架? 试一试:用纸剪一对如图一(甲)的全等三角形,并把它们重合在一起。然后把 $\triangle ABC$ 固定,移动另一个三角形(注意仔细观察移动过程)拼成如图一(乙)的图形。 想一想:你是经过怎样移动另一个三角形得到图一(乙)中的图形的?移动后图形的位置与大小相对于原图形有什么变化?	←习题9,10通过三角形全等来进一步证明线段的相等,提高题目的难度与综合性,形成习题的梯度。

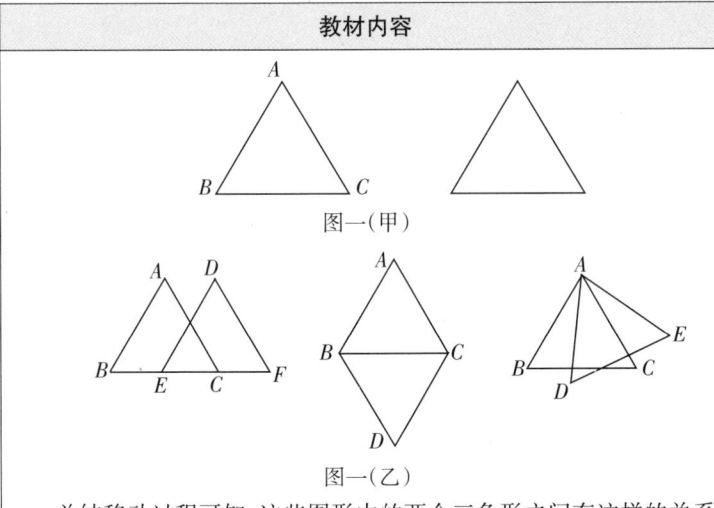

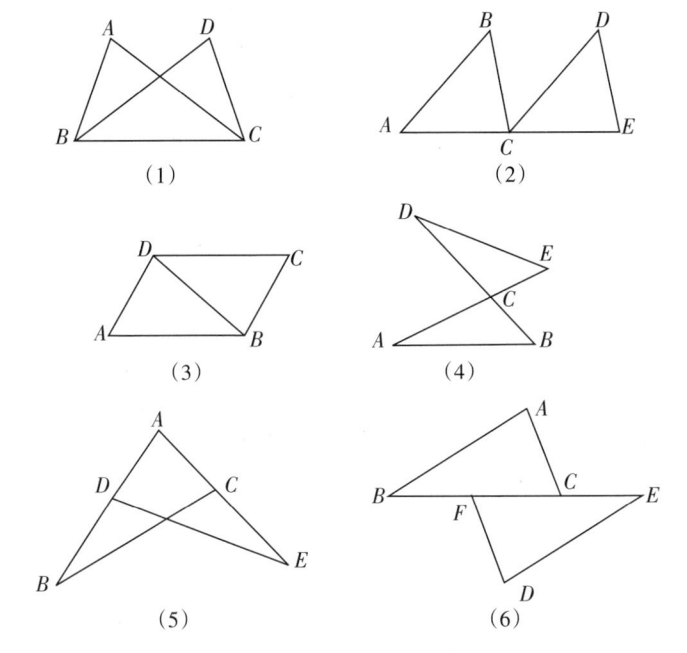

教材内容	设置简析
图一（甲） 图一（乙） 　　总结移动过程可知，这些图形中的两个三角形之间有这样的关系，变换后的图形是由△ABC经过平行移动、翻折或旋转等方法得到的。像这样，按一定方法把一个图形变换成另一个图形叫图形变换。由于被移动的三角形与△ABC全等，易知变换后的图形位置变化了，但形状大小都没有改变，我们称这种图形变换为全等变换。 　　利用图形变换可为我们研究几何图形的性质提供方便。 　　试一试：你能用两个全等的三角形拼成下列图形吗？这些图形是由哪一个三角形经过全等变换而得到的？ （1）　　（2） （3）　　（4） （5）　　（6）	←这一环节，除了联系实际生活情境，及加深学生对三角形全等的理解外，一个主要的内容是引入了几何变换的概念，通过几何变换提升三角形全等的概念。

第四章

GX实验高效益数学课堂教学的分析

第一节
GX实验的数学教学原则

一、教学原则概述

教学原则作为教学活动的准则,对教学活动的顺利进行起着有效的指导和调控作用,能够为教师提供开展教学活动的依据。教学原则在一定程度上决定了教学内容、方法、手段及其组织形式的选择,对教学工作具有积极而重要的作用。如苏联教育家、心理学家赞可夫提出的高难度、高速度、理论知识起主导作用、使学生理解学习过程、使全班学生包括后进生都得到发展等教学原则。美国教育家布鲁纳提出的动机原则、结构原则、程序原则、反馈原则等,都对教育教学的实践与理论都产生了重要的影响,推动了教育教学的发展。

实际上自从教育产生开始,人们就不断总结教学的实践经验,研究教学工作成功与失败的原因,有效与高效的条件,探讨教学中存在的规律,构建各种教学方法、策略,如孔子提出启发式教学原则。到了近代,教育家们明确提出了教学原则的概念,制订了一系列教学原则。如捷克教育家夸美纽斯在《大教学论》中提出了37条教学原则,德国教育家第斯多惠在《德国教师教育指南》中总结了33条教学的规律与规则。随着教育学、心理学等有关学科的发展,以及教学实践的深入,教学原则的内容越来越丰富,一方面不断提高概括化程度,另一方面随着学科教学的发展,也不断精细化与具体化,并得到科学的论证和说明。

我国在总结、批判与继承教学实践经验的基础上,通过归纳与演绎所提出的中小学的教学原则主要有:科学性原则,系统性原则,巩固性原则,直观性原则,量力性原则,思想性原则,理论联系实际原则,教师主导作用与学生主动性相结合原则,传授知识与发展智力相统一原则,统一要求与因材施教相结合原则等。对我国的中小学课堂教学起到了很好的指导作用,但有些教学原则显得过于空泛或经验化。

二、数学教学的主要原则

数学教育作为教育的一个子系统,除了遵循一般的教学原则外,根据数学教学的特殊性,还有其独特的数学教学原则。一般认为,数学教学原则是数学教师在组织数学教学活动中,为了实现预定的教学目标,遵循数学教学规律而制订的基本准则,是数学教学有效进行的基本保障。多年来国内外的许多教育研究者对数学教学原则进行了大量的探讨,得到了一些结论,对数学教学起到了很好的指导作用。

(一)国外主要数学教学原则概述

美籍匈牙利数学家波利亚在《数学的发现》中提出数学教学的三条原则为:主动学习原则、最佳动机原则和阶段性循序原则。[①]

苏联教育家斯托利亚尔在《数学教育学》中提出数学教学要遵循的六条教学原则:教学的科学性、掌握知识的自觉性、学生的积极性、教学的直观性、知识的巩固性、个别指导。[②]

奥加涅相在《中小学数学教学法》中提出的八条数学教学原则为:科学性、教育性、自觉性、积极性、学生掌握知识的巩固性、教学的系统性和循序渐进性、教学的可接受性,以及在全班进行集体教学活动的条件下注意有区别对待。[③]

荷兰数学教育家弗赖登塔尔提出的四条数学教学原则为:"数学现实"原则、"数学化"原则、"再创造"原则和"严谨性"原则。

美国全美数学教师理事会(National Council of Teachers of Mathematics,简称

---

① [美]乔治·波利亚.数学的发现(第二卷)[M].刘景麟,等,译.呼和浩特:内蒙古人民出版社,1981:158.
② [苏]A. A. 斯托利亚尔.数学教育学[M].丁尔陞,等,译.北京:人民教育出版社,1984:64.
③ [苏]B. A. 奥加涅相,等.中小学数学教学法[M].刘远图,等,译.北京:测绘出版社,1983:187.

NCTM)在2000年出版的《美国学校数学教育的原则和标准》中规定了数学教育的六条原则——公平原则、课程原则、教学原则、学习原则、评价原则和技术原则。其中教学原则提出有效的数学教学要求教师了解学生知道什么及需要学什么,然后促使并帮助他们学好。[①]

以上有些观点已逐渐被我国乃至世界范围的许多数学教育工作者所接受与实践。我国学者在借鉴外国数学教学原则的同时,结合我国数学教学的实际也提出了一些数学教学原则。

(二)国内主要的数学教学原则概述

我国著名数学家陈建功曾在20世纪50年代就提出了支配数学教育目标、材料、方法有三大原则:实用性原则、论理性原则、心理性原则。[②]在十三院校协编的《中学数学教材教法(总论)》中提出四条数学教学原则为:严谨性与量力性相结合、抽象与具体相结合、理论与实际相结合、巩固与发展相结合。赵振威在《中学数学教材教法(1990年版)》中提出中学数学教学的主要原则为:具体与抽象相结合的原则、理论与实践相结合的原则、严谨性与量力性相结合的原则、数与形相结合的原则、发展与巩固相结合的原则。张奠宙等在《数学教育学》中从数学的特点出发提出了三条原则:现实背景与形式模型互相统一原则、解题技巧与程式训练相结合的原则、学生年龄特点与数学语言表达相适应的原则。曹才翰和蔡金法在《数学教育学概论》中提出数学教学原则体系由目的性原则、准备性原则、技术性原则三个层次组成,在每一层次下又包含更加具体的原则,如技术性原则中又包括具体与抽象相结合原则、严谨与量力相结合原则两条,体现了数学教学原则既具有教学的一般性,又具有数学的特殊性。张楚廷、李求来、刘振修在《数学教学原则概论》中也提出数学教学原则的层次结构,他们把数学教学原则分为两个层面,第一个层面是一般的教学论原则,共提出了六条,如深入与浅出相结合原则、传授知识与能力培养相结合原则等,第二个层面为数学教学的特殊原则,如非形式化与形式化相结合原则、严谨与不严谨相结合原则等。杜玉祥、马晓燕提出数学教学原则是一个层次结构系统,其中第

[①] 全美数学教师理事会.美国学校数学教育的原则和标准[S].蔡金法,等,译.北京:人民教育出版社,2004:12.
[②] 陈建功.二十世纪的数学教育[J].中国数学杂志,1952,1(2):1-21.

一级有5个因子,分别为:方向目的原则、教师教的原则、学生学的原则、师生合作原则和技术策略原则,每一级又含有5个二级因子,如此形成一个层次结构系统。[1]张艳霞、龙开奋、张奠宙认为数学教学原则既要遵循教育学的一般原则,又有其独特特点,根据数学知识的发生过程、认知规律与数学教学的实践经验等,构建了以下四条数学教学原则:学习数学化的原则、适度形式化的原则、问题驱动的原则和渗透数学思想方法的原则。[2]赵小成从新课程的要求出发,结合自己的教学实践,提出了五条数学教学原则:激励原则、引导学生探索性学习的原则、面向全体原则、过程性原则和整体性原则。[3]

由以上所呈现的数学教学原则来看,学者们对数学教学原则的研究先从一般的教学因素分析开始,逐渐形成一个教学原则的体系结构,研究越来越复杂,越来越科学,经历了一个从简到繁,从一般到特殊的过程,他们更加关注数学教学原则的系统性与特殊性。李伟军对收集的15部有代表性的数学教育学著作和70篇研究论文进行比较分析,他认为我国数学教学原则的基本历程大致经历了移植引进(1978—1989年)、审视与反思(1990—1997年)、体系的开发与研究的多样化(20世纪90年代后期)3个阶段。在当下教育背景下,对以前的研究成果,我们需要批判性继承、发展性继承、创造性继承,以有效地开发与构建数学的教学原则。[4]

三、GX实验的数学教学原则

GX实验教学原则的阐释与研究主要体现在两个方面。一是把"GX32字诀"作为GX实验的教学原则。如GX实验教改组在《GX理论与实践》一书中把"GX32字诀"看作是GX实验教材编写与指导实验的教学原则。吴江在《GX实验的32字诀教学原则探究》一文中认为"GX32字诀"是教学原则,并利用赞可夫的"高难度""高速度"教学原则、维果茨基的"最近发展区理论"、杜威的"做中学"、陶行知的"教学做合一"、布鲁纳的"学科结构论"等现代教育学、心理学以

---

[1] 杜玉祥,马晓燕.数学教学原则体系构建研究[J].中学数学教学参考,2002(11):1-4,14.
[2] 张艳霞,龙开奋,张奠宙.数学教学原则研究[J].数学教育学报,2007,16(2):24-27.
[3] 赵小成.新课标下数学教学基本原则初探[J].教育导刊,2011(3)(上半月):93-94.
[4] 李伟军.数学教学原则研究20年:回顾与前瞻[J].内蒙古师范大学学报自然科学(汉文)版,2004,33(2):222-226.

及数学的学科特点为理论基础,对"GX32字诀"进行理论诠释以及初步的整体性思考,着重从理论层面探究"GX32字诀"中各句的含义、相互之间的关系。

二是主要体现在陈重穆先生所发表的两篇论文中,其中一篇是1994年在西南师范大学学报发表的《关于义务教育中的教学原则》,该文略去了一些数学的例题,可看成是一个简略版,另一篇是1995年在数学教育学报发表的《关于义务教育中的数学教学原则》,该文是经西南师范大学学报编辑部与陈重穆先生同意,添加了一些数学实例而成文,具有更浓厚的"数学味"。这些教学原则是参考了先前数学教学原则的研究成果,根据义务教育的目标与要求,结合GX实验教改组在教学改革中的经验与成果提出的,其具体内容大致如下。

(一)积极性原则

积极性原则主要体现在以下两个层面。

一是教师的积极性。主要包括教师的敬业精神与教师的幸福观。

二是学生的积极性。主要体现于四个方面:

1.兴趣的原则

数学学习不要让学生厌恶数学,要从多个方面激发学生的学习兴趣。其中积极的量力性原则,主要包括两种情形,其一类似于把桃子放在学生头上,要伸手才能摘到,学生就会感到有意义一些。其二是桃子放得更高一点,要跳一下才能拿到,学生会更感兴趣。这两种方式教师应针对学生实际情况,灵活运用,分层次、设台阶以保持与激发学生学习兴趣,同时使学生在能力上得到提高。而放得过低与过高都不可取,这就是赞可夫的"高难度、高速度进行教学的原则"。

2.实用的原则

"学以致用"是学习的根本目的。学生能真实地感到学的东西是有用的,就会有积极性,并随着学习的深入而增长。

3.识理的原则

识理的原则强调要让学生达到"知其所以然"的层面,在说理上不能降低要求。"知"是一个层次,"知其然"又是一个层次,"知其所以然"是更高层次,教师在教学中要恰当掌握,要注意"说理"。如在正、负数运算中负乘负得正的原因,去括号、添括号的法则,π值的得来等都不应只简单地给出结论而应说明其理由。

4.竞技的原则

竞技的原则要求教师要恰当地应用测验(包括常规考试),这是无声的有形竞赛;要关注习题评讲;要有意在讲课中提出一些问题征询解答,但不要求全体学生都做;还可以组织班级、小组的模拟竞赛等。

(二)培养性原则

在义务教育阶段学校的一切活动都是为了培养学生成为德、智、体全面发展的合格公民,数学课也不例外,也是为达此目的而设。通过知识,发展思维,培养能力。能力是"智"的体现,着眼点应是培养学生的能力,着手点是知识的学习。GX实验教改组主要提出了以下几个方面的要求。

1.培养一般能力

培养数学能力并非数学课的最终目的,数学课还要通过培养数学能力来培养学生的一般能力。其中认识能力主要可从以下四个阶段来培养:

(1)观察是认识事物的入门;

(2)分析、综合;

(3)依据初步的结论或估计进行操作试验以获取对问题的进一步了解与认识;

(4)最后作出判断、决策或具体地解决问题。

以上分析可见,这里强调的认识能力的培养主要体现了"观察→思考→尝试→判断"的过程。

对于创造能力,GX实验教改组主要强调了"求精"与"求异"两点。"求精"要求在学习过程中问题解决了,作为学生事情还未做完,还要看一看、想一想,有什么经验教训?是否可以做得更好、更美?对自己是否有其他方面的启发?这里使用的解题方法能否解决其他问题?等等。"求异"可从三个角度入手。异是"不同",寻找不同的证法、不同的解法、不同的看法、不同的表达方式;异是"变异",在已有题目的基础上加以变化得出另外的问题,或把问题推广;异是"奇异",发现不常见的规律(公式、性质),把数学知识灵活用于实际问题,使人产生

"不寻常"的感觉。当然这些可能都是初步的、浅易的,常是已有的结论,但对学生来说却具有创造因素。有了求精、求异的精神,再有开动脑筋的习惯,虽然不一定就有创造,但创造一定来自求精、求异与开动脑筋。

2.逻辑思维能力

GX实验教改组认为逻辑思维能力是一切能力的核心。

3.因材施教

除了一般的要求外,GX实验教改组更强调教师在课堂教学中要抓两头;抓个别;不本位主义。

(三)科学性原则

GX实验教学原则中的科学性原则强调教学是学生掌握知识发展智能的过程,是学生认识世界的一部分。因此教师应按学生(少年、儿童)的生理与心理发展规律,遵照辩证唯物主义认识论和实践论的一般规律来科学地处理教学过程。具体内容主要包括以下几点。

1.从感性到理性

除了要求遵循从感性到理性的一般认识原理外,GX实验教改组进一步认为在教学中从感性认识到理性认识可简单地称之为"先做后说",即先"做"形成一定的感性认识后,再"说",即再下定义,最后归纳结论、方法等。

2.实践的原则

除了一般的实践内涵外,GX实验教改组进一步认为学生的"参与"是在教师精心策划下进行的。教师是导演(主导作用),学生是演员、主演(主体作用),并简单地称之为"师生共作"。

3.巩固与前进

GX实验教学原则强调巩固与前进的矛盾统一性,强调通过"上挂下连,滚动前进"实现二者的统一。

4.整体性原则

GX实验教学原则中整体性原则强调知识之间的整体联系,GX实验教改组认为在知识的多种相互联系中逻辑联系在数学中是最重要的一种,在教学中教师应予以充分注意。当然由于初中学生理论水平有限,教师讲了不一定要求学

生也能照做,但讲与不讲对学生的培养大不一样。例如,去括号法则:

$-(a+b)=-a-b$,就是求二数和的相反数。

$a+b$ 的相反数是这样一个数,它与 $a+b$ 之和为零。

现有:$(a+b)+(-a-b)=a+(-a)+b+(-b)=0$,所以 $-(a+b)=-a-b$。

整体性原则、派生统一性原则,也是数学的特点,即统一的处理问题。如等式性质:

$a=b$,$c=d \Rightarrow a+c=b+d$,$ac=bd$

$ab=0 \Leftrightarrow a=0$ 或 $b=0$

在初中可以推出其他各种等式性质,可以处理代数式的恒等变形,也可以处理方程,应加以突出讲解。又如,相交弦定理,割线定理,切割线定理可统一为圆幂定理等。

从以上GX实验教学原则的内容来看,GX实验的教学原则主要分为两个层面,一是宏观的教学论层面,主要指积极性原则、培养性原则与科学性原则,这三个原则放在义务教育的其他学科也成立,从中看不出数学学科的教学特色。二是微观的数学教学层面,主要是从数学教学的角度对宏观层面的三个总括性原则进一步细化,体现了数学教学的特征,及其如何体现在"GX32字诀"中。它们之间的关系如图4-1所示。

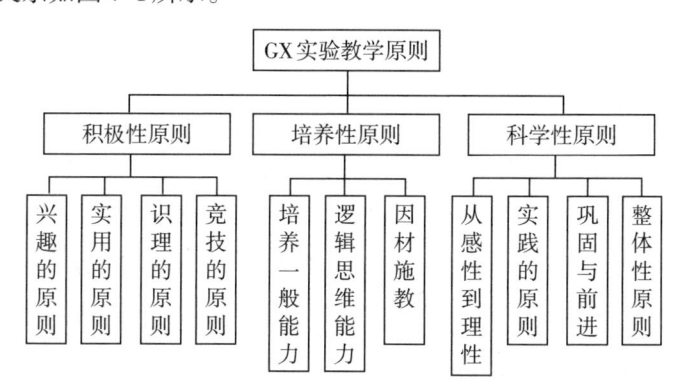

图4-1 GX实验教学原则结构简图

通过以上两个层面的分析可知,第二个层面的教学原则已突破GX实验的具体层面,探讨的主要是义务教育中的数学教学原则,其"数学味"主要体现在这个层面上,而这个层面上的大部分内容主要体现了"GX32字诀"的内涵,如积极性原则体现了"积极前进",从感性到理性体现了"先做后说",实践的原则体现了"师生共作",巩固与前进体现了GX实验前期的"上挂下连,滚动前进",后期提升为"积极前进,循环上升",整体性原则体现了"适当集中",要保证以上的各条原则的实现,数学教学内容要"淡化形式,注重实质",讲课要"开门见山"。

因此,两个层面上所谈的教学原则实际上是一体化的,前者主要是针对GX实验本身来谈的,属于宏观的层面,后者是在前者基础上的进一步系统化,上升为义务教育的数学教学原则,属于微观层面的。但作为数学教学原则的数学特性主要体现在"GX32字诀",这也是对GX实验实施阶段成果的一个总结。以上教学原则的形成与发展过程,实际上也是GX实验的形成与发展过程,GX实验教学原则一方面指导GX实验的开展,另一方面也在GX实验的过程中构建与形成。

第二节
GX实验课堂教学的模式特征

在GX实验启动与实施的初期,数学课堂教学并没有归纳或提出一个具体的教学模式,而在其发展的中后期,随着"GX32字诀"的有效实施与实现,从理论观点到具体的课堂实践,GX实验的课堂教学有了明显的模式特征,一方面体现在许多教师把GX实验进行了推广或深化,形成了一些具体的数学课堂教学模式;另一方面是有的学者对GX实验的课堂教学进行研究,梳理出其所具有的模式特征。

一、GX实验课堂教学的模式特征

(一)实质重于形式

GX实验课堂教学体现了"淡化形式,注重实质"的思想,认为在基础教育特别是初中阶段不宜追求精确的形式而应着重对其实质的理解与领悟(陈重穆,宋乃庆,1993),这与数学的初等化理论相吻合。对"淡化形式,注重实质"的理解,GX实验强调要清楚两点。一是"淡化"是为了真正的"强化"。初中的数学教学要淡化不重要的概念、淡化冗长的文字叙述、淡化知识逻辑的细枝末节等,强调数学的本质,强调数学知识模块中的核心内容,在核心内容的学习与构建过程中,再弥补先前次要概念或形式方面的不足,同样达到数学知识的全面掌握。如有理数的学习,其核心内容是有理数的运算,而有理数、绝对值等概念与之相比是次要的,所以在GX实验中有理数的第一节课是通过现实背景,直接学习有理数的运算,在有理数运算规则的归纳与运用中明确绝对值等概念,使有理数知识的学习系统化,体现了重实质,轻形式的数学教学特征。

二是在教学中要处理好数学"形式(化)与非形式(化)"的关系。数学是形式的科学,在数学研究中必须舍弃对象或问题的物理属性等具体内容,而从纯形式的角度去进行研究。[①]而初中的数学教学是指向学生的学习与发展,不是纯粹的数学研究,考虑学生的思维能力、特征及以后的发展与生活,教学要体现"数学化"的过程,要体现数学在现实中的应用,为了学生的学习与发展而教。因此初中的数学教学要强调适度的数学形式化,要体现数学的非形式化,注意数学的形式化与非形式化之间的平衡。

(二)逻辑基于实验

GX实验课堂教学注重教师的讲解,讲究推理和论证,强调培养学生的数学逻辑思维能力是数学教学的一个重要目标,强调通过逻辑思维训练培养学生的理性精神。但在GX实验课堂教学中此目标的实现主要是通过"先做后说"实现的,是让学生以一定的(符号或现实材料)操作活动为支撑,在对相关事实、现象产生体验与感悟的基础上,猜想、归纳出合理的结论,并做出逻辑解释,这种操

[①]庞坤.GX实验的再研究——GX教学模式的建构[D].重庆:西南大学,2007:76.

作活动没有过多地停留在活动本身,而是及时上升到内部的数学思维层面,这是先做后说的内涵所在。

GX实验课堂教学中注重符号操作为主的数学背景,重视思想实验,依靠逻辑作为真理的标准,但运用观察、模拟以至实验来作为发现真理的手段,强调数学是逻辑的,也是实验的。[①]这体现了逻辑推理基于数学现实体验与实验的教学思路与策略。

(三)速度提升效益

GX实验课堂教学强调"积极前进",注重在初中数学教学中要处理好速度与效益的关系。GX实验参与者共同认为课堂教学是学校工作的基本形式,教师的工作主要通过课堂来实现,初中生学习任务也主要在课堂完成。因此,教师应树立课堂时间的效益意识,狠抓课堂45分钟,提高学生实际投入到所布置任务上的时间,教学紧凑,有各种各样的呈现教学内容的方式,不断地给学生提供参与的机会,让学生独自去做课堂作业,尤其不过多地布置没有任何检查与反馈的课堂作业,倡导积极前进,将时间用在"刀刃"上,使课堂时间真正用于教学活动,充分发挥课堂的最大效益,从而"减轻负担,提高质量",这也符合赞可夫的发展性教育理论。[②]

GX实验通过紧凑的课堂教学,通过速度提升了教学的效益。双基教学作为我国数学教学的一个基本特征,强调"速度赢得效率",强调"在掌握基础知识和基本技能的基础上进行发展和创新"(张奠宙,2005),体现了把数学计算的技能教学提升到数学思维教学的高度,学生有了足够的计算速度,速度将节省工作记忆的空间以支持更高水平的思考,即"速度带来效益",没有速度,就没有效益。虽然二者具体的教学方式与策略不同,但均说明了数学教学中用速度提升效益的可行性与重要性,体现了我国数学课堂教学的一个重要特征。

GX实验课堂教学在教学内容上"淡化形式,注重实质",在内容呈现上"开门见山,适当集中",在教学进度上"积极前进,循环上升",在课堂活动上"先做后说,师生共作",结合背后的理论支撑与实践操作,形成了GX实验课堂教学的模式特征。

---

① 庞坤.GX实验的再研究——GX教学模式的建构[D].重庆:西南大学,2007:78-79.
② 庞坤.GX实验的再研究——GX教学模式的建构[D].重庆:西南大学,2007:79-80.

二、GX实验课堂教学模式的发展

随着GX实验的实践发展与研究深化,王书林以一般系统论、传播理论、学习理论、教学理论为基础,提出了GX实验教学与多媒体融合的教学模式,主要环节包括:问题引导、精讲精练、复习质疑、及时强化、循环渐进。并以GX实验教材初一代数为例,进行微型教学实验研究,并得出如下结论:①GX实验实施多媒体组合教学,能激情激趣,突破难点,创设民主和谐、自然宽松的气氛;②GX实验实施多媒体组合教学能增加课堂密度,优化课堂结构,提高教学质量;③GX实验实施多媒体组合教学,能优化教学过程,充分发挥学生的创造力,提高学生学习数学的能力;④GX实验实施多媒体组合教学,能提高数学成绩。他还认为GX实验实施多媒体组合教学,能进一步"减负提质",让学生自然、和谐、主动地全面发展。[①]由于在GX实验实施阶段,当时多媒体等现代教育技术的水平还较低,大部分学校还没有相关的教学设备与教学实践。因此,在GX实验的过程中几乎没有涉及相关的内容,而教育技术现代化与数学课程教学的整合是数学教学现代化的一个重要内容,因此这一研究填补了GX实验与现代教育技术的整合,推动了GX实验教学的现代化。

张廷艳针对高中数学教育中存在的课堂教学效益低下,师生课业负担过重的状况,结合高中数学内容的特殊性和高中生思维发展的特征,冲破传统的教育思想和观念,将"GX32字诀"教学原则从初中移植到高中,构建了高中GX实验的课堂教学策略——开门见山,展示目标;整体呈现,积极前进;即时反馈,循环上升;先做后说,师生共作;创设情境,扩展思维场。并进行了高中GX微型实验,结果表明:高中GX实验大面积提高了学生的数学学业成绩,对其他学科的学习产生了正迁移,并能有效地激发学生的学习兴趣,改善学习方法,从而明显地减轻了学生的学习负担。[②]这次把GX实验课堂教学原则从初中阶段推广到高中阶段。

魏林基于对新课标初中数学教材在实验推广过程中存在问题的调研与反思,依据建构主义认识论的基本观点,对教师在初中数学课堂教学中的作用进

[①]王书林."GX实验"的多媒体组合教学设计和实验研究——初一代数微型实验[D].重庆:西南师范大学,2001:46.
[②]张廷艳.提高高中数学课堂教学效益的实验研究——西南师大附中高中数学GX微型实验[D].重庆:西南师范大学,2001:10-28.

行了重新思考,把"GX32字诀"与新课程的课堂教学实践相结合,提出了提高初中数学课堂教学效益的课堂教学策略:积极前进,适时梳理;开门见山,明了主题;变式演练,合作构建;先做后说,以练促学;分层循环,多元评价,并在西师附中、重庆兼善中学、北碚实验中学进行了微型实验,取得明显的效果。[①]魏林主要在当下数学课程改革背景下,基于现代教育教学理论,对GX实验提高课堂教学效益的策略进行了系统地研究,构建了相关的教学策略并进行了微型实验,这是GX实验在当下数学教育背景下的发展性研究,推广了GX实验的研究,提升了其在目前教育背景下的适应性。

从以上对GX实验教学方面的进一步研究可看出,GX实验在教学层面的挖掘越来越深,从现代教育技术、教学模式、教学策略等角度进行了发展性教学实验研究,有的还推广到少数民族等,通过严格的微型实验与专家的指导,方法上也越来越科学。

三、GX实验课堂教学模式的基本环节

在教学理论方面,朱福胜从教学的认识、师生关系等方面进行分析,认为GX实验课堂教学"遵循了从感性认识到理性认识的认识过程","符合数学认识发生的原理","强调数学知识的结构特征、理论起主导作用","强调教师的引导作用和学生的主体地位","非常强调实践原则"。[②]罗万春认为GX实验的教学遵循赞可夫的以高速度进行教学的原则,使学生理解学习过程的原则,使全班学生都得到发展的原则,且符合维果茨基的"最近发展区"理论。[③]庞坤从教学论理论基础的角度分析,认为GX实验教学的哲学基础是马克思主义认识论、中国知行学说;GX实验教学的心理学基础是情境认知理论、知识网络结构理论、记忆心理学理论、最近发展区理论和数学认识活动观;GX实验教学的教育学基础是发展性教育理论、活动—经验理论、数学初等化理论等,并进一步对初中代数与几何的教学课例进行分析与归纳,提出GX实验的教学模式主要有以问题为中心、呈现和组织内容、当堂练习、反思回顾、布置作业、循环上升六个环节。[④]具体如图4-2所示。

---

① 魏林.提高初中数学课堂教学效益的策略研究[D].重庆:西南大学,2008:16,28.
② 朱福胜.数学教育哲学视野下的GX实验研究[D].重庆:西南大学,2010:86-108.
③ 罗万春.GX实验教材的编写策略探究[D].重庆:西南师范大学,2002:25-26.
④ 庞坤.GX实验的再研究——GX教学模式的建构[D].重庆:西南大学,2007:31-74.

图 4-2　GX 实验模式结构*

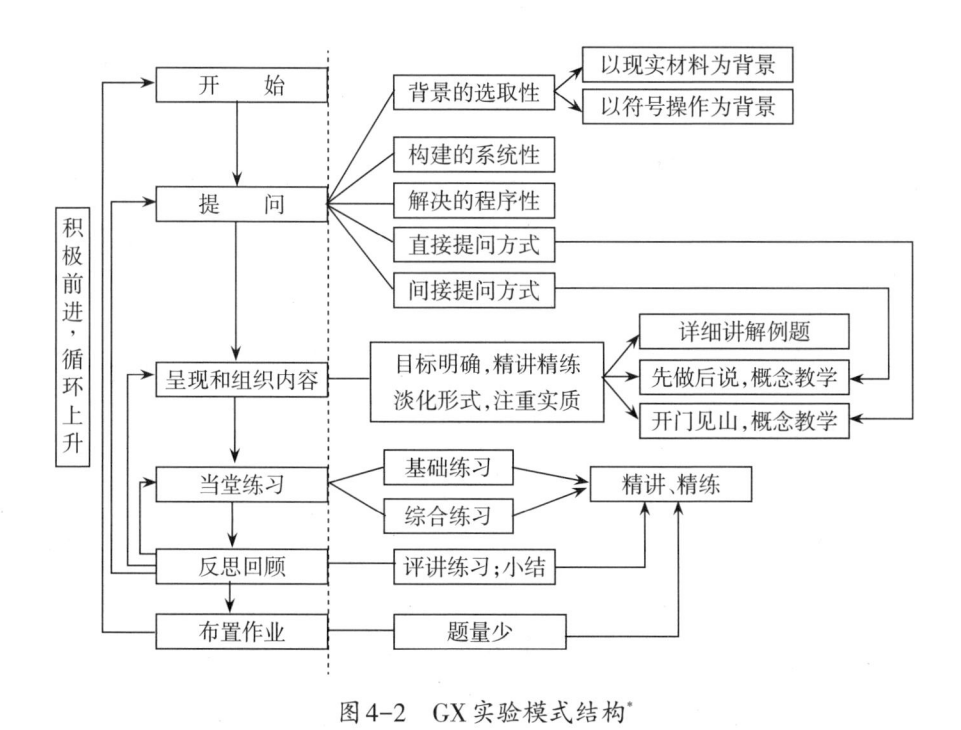

（注：虚线左边为 GX 教学模式的主要环节，右边为 GX 教学模式内容的逻辑解析。）

第三节
GX 实验课堂教学的课例分析

　　课堂教学是实施教学改革精神与理念的核心环节与关键场所。选取具有一定典型特征的 GX 实验课堂教学课例，一方面分析 GX 实验的课堂教学特色，考查 GX 实验改革理念在课堂教学中的实施概况；另一方面提供一份 GX 实验的课堂史料，以便于学者们分析、参考。下面对初中代数与几何各选取一节课，展开其课堂教学实录及相关学者的分析，其中初中代数选自 GX 实验教材《代数》第三册第十章第一课"一元二次方程"，恰好这一节课有两个不同视角的案例，一个是庞坤在研究GX实验教学模式时收集的课堂教学案例,主要从教学模式的视角来分析课堂教学的环节与结构;另一个是在GX实验教学观摩课上所呈现的一个案例,主要从GX实验课堂教学有效性的角度进行分析与点评,所以把这两节课都作一呈现,以提供一个比较的视角,能较为细致的呈现审视GX实验的课堂教学。

一、课例1:一元二次方程——基于模式分析的视角[1]

(一)创设问题情境引入新课(预计5分钟)

1. 问题情境

在科技活动展示中,同学们看见过一辆漂亮的"自动翻斗车"车斗是这样一种无盖的长方体盒子(出示教具),它的底面积为128 cm^2,你能用一块长20 cm,宽12 cm的铁片制作它吗?你能用数学知识来解决这样一个实际问题吗?(用幻灯片投影出来)

2. 学生根据已有的生活经验和数学知识,独立探究,教师巡视,进行个别指导

3. 合作讨论、交流探究的结果(请一位同学将大家探究认可的结果写在黑板上)

在长方形铁片四个角上剪去相同面积的小正方形,设小正方形的边长为 x cm,那么盒子底面的长和宽分别为 $(20-2x)$ cm 和 $(12-2x)$ cm。

得出 $(20-2x)(12-2x)=128$,

整理 $x^2-16x+28=0$(新方程)。

4. 引导学生观察、比较、概括出新方程的特点,抽象出一元二次方程的概念,引入新课与学过的一元一次方程比较,如 $3x-8=0$

相同点:都是整式方程,合并同类项后方程都只有一个未知数。

不同点:新方程中未知数的最高次数为2,而一元一次方程未知数的最高次次数为1。

---

[1] 庞坤.GX实验的再研究——GX教学模式的建构[D].重庆:西南大学,2007:50-54.

概括新方程的特点：含有一个未知数，合并同类项之后，未知数的最高次数是2的整式方程。

揭示课题：一元二次方程（板书课题）。

(二)层层递进、探索新知(预计15分钟)

1. 一元二次方程的定义

形如 $ax^2+bx+c=0$（$a\neq 0$）的方程叫一元二次方程的一般形式，其中 ax^2 为二次项，bx 为一次项，c 为常数项，a，b 分别称为二次项系数、一次项系数。

提问：为什么 $a\neq 0$？对 b，c 的取值有限制吗？

2. 基本练习，加深对定义的理解（挂出小黑板A面）

（1）说出下列一元二次方程中二次系数、一次项系数和常数项。

① $3x^2=5x+2$；

② $(x-3)(x+2)=5$；

③ $4(x-3)^2=9(x+2)^2$。

（2）方程 $ax^2+b=bx^2-a$ 是不是关于 x 的一元二次方程？（强调定义中二次项系数不能为0）

3. 探索一元二次方程的解法，明确解题的依据、基本思想、方法步骤

例1 尝试解一元二次方程 $(x-2)(x-14)=0$。说明解的依据是什么。

解：原方程可化为 $x-2=0$ 或 $x-14=0$。即 $x=2$ 或 $x=14$。

依据 $ab=0\Leftrightarrow a=0$ 或 $b=0$。

教师点明：我们用了上面这条等式的性质，将一元二次方程化成了两个一次方程求解，这种解方程的基本思想称为"降次"转化。

提问：现在，你能解由实际问题得到的一元二次方程 $x^2-16x+28=0$ 吗？解这道题的关键是什么？

（将左边的整式分解因式既可转化为例1）

下面我们将用数学知识解决实际问题的过程表达完整（改写例1）。

例1 解：设需截去的小正方形的边长为 x cm，那么"车斗"底面的长和宽分别为：$(20-2x)$ cm 和 $(12-2x)$ cm。

得出　$(20-2x)(12-2x)=128$，

整理　$x^2-16x+28=0$，（引导与前面例1的方程做比较）

即 $x=2$ 或 $x=14$。（提问：小正方形的边长应为2，还是14？）

代入题目（实际问题）检验，$x=2$ 符合要求。（而 $x=14$ 使宽为负数，不合题意，舍去。）

答：将这块铁片的四角截去边长为2 cm的正方形，剩下的材料即可做成底面积为128 cm²的"车斗"。

归纳解一元二次方程的一般步骤：

(1)将方程化为一般形式 $ax^2+bx+c=0$（$a\neq 0$）；

(2)分解因式，将方程左边化为两个一次因式的乘积；

(3)利用"$ab=0 \Leftrightarrow a=0$ 或 $b=0$"将方程转化为两个一元一次方程进行求解；

(4)如果方程由实际问题而来，需要检验，舍去不合题意的根。

(三)变式练习、巩固新知（预计15分钟）

（挂出小黑板B面）

用因式分解法解下列一元二次方程：

① $x^2-9=0$；

② $2x^2-5x=0$；

③ $(3x+1)^2-4=0$；

④ $(x-3)^2-3(x-3)(2x+1)+2(2x+1)^2=0$。

待大部分同学做完后，提出：你还有别的方法解上面的某些一元二次方程吗？
（引导用直接开平方法、配方法、公式法等。）

评讲练习，突出解一元二次方程的基本思想是"降次"转化。

(四)小结（预计15分钟）

（引导学生按下面的思路进行小结）

①这堂课的主要内容是什么？

②解一元二次方程的基本思想是什么?

③你用什么方法达到"降次"转化的目的?

这节课我们学习了一元二次方程的概念及其解法,解法的基本思路是将一元二次方程化为一元一次方程,而要达到这一目的,我们主要利用了因式分解"降次"。在今天的学习中,我们还要逐步深入、领会、掌握"转化"这一数学思想方法。

(五)布置作业

第60页习题1,2,3

思考题:$ab = 1 \overset{?}{\Longleftrightarrow} a = 1$ 或 $b = 1$

版书设计

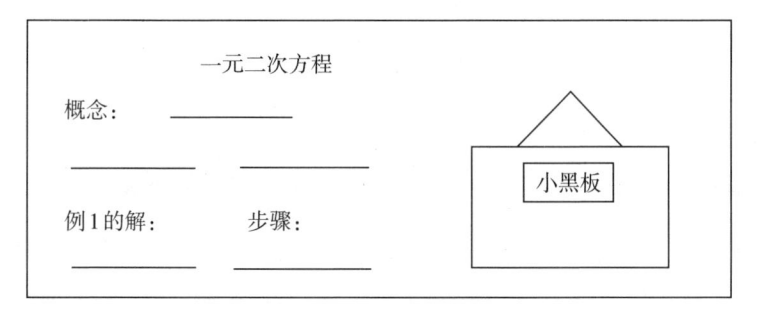

```
          一元二次方程
  概念: _____
                              ┌──────┐
                              │ 小黑板 │
  例1的解:    步骤:           └──────┘
  _____   _____
```

(六)反思

情境创设调动了学生学习的积极性,课堂比较活跃,也鼓舞了我的教学热情,树立了信心。但引入和讲授新课的时间都超时了,致使没有足够的时间进行课堂小结,仓促结束,有点虎头蛇尾。变式练习第④题,有一个同学想到了用"换元法",这是一个很好的主意,但时间太长仓促,没有来得及分析,晚自习再讨论一下。

此课例从教学模式的角度出发,可以归纳如图4-3所示。

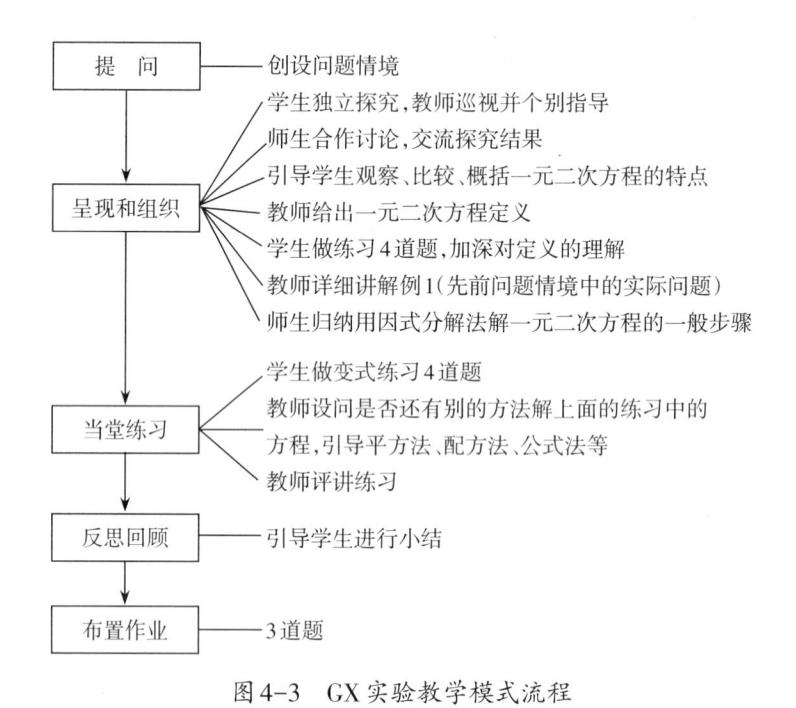

```
提问 ──── 创设问题情境
  │
  │       学生独立探究,教师巡视并个别指导
  │       师生合作讨论,交流探究结果
  │       引导学生观察、比较、概括一元二次方程的特点
呈现和组织 ── 教师给出一元二次方程定义
  │       学生做练习4道题,加深对定义的理解
  │       教师详细讲解例1(先前问题情境中的实际问题)
  │       师生归纳用因式分解法解一元二次方程的一般步骤
  │
  │       学生做变式练习4道题
当堂练习 ── 教师设问是否还有别的方法解上面的练习中的
  │       方程,引导平方法、配方法、公式法等
  │       教师评讲练习
  │
反思回顾 ──── 引导学生进行小结
  │
布置作业 ──── 3道题
```

图4-3 GX实验教学模式流程

二、课例2:一元二次方程——基于课堂观摩研讨的视角[1]

此课由重庆市第110中学李炜老师执教,然后由重庆市南岸区教师进修学校方晓霞教研员作点评,这也是GX实验一种常规教研活动中所保留的一份资料与见证。

(一)课例点评

1. 课时目标

(1)知识目标

①了解一元二次方程的有关概念;

②明确用因式分解法解一元二次方程的理论根据;

③明确认识"降次"转化的思想方法;

④会用因式分解法解一元二次方程,并达到一定的熟练程度。

[点评:知识目标提得恰当。学生对有关概念了解即可,重点是会用因式分解法解一元二次方程。]

---
[1] 李炜,方晓霞.一元二次方程[J].中学数学教学参考,1999(8):21-23.

(2)能力目标

①通过诱导、探索得出结论,培养学生抽象概括的逻辑思维能力;

②通过一题多解,培养学生发散思维和创造能力;

③通过选择最优方法,培养学生思维的灵活性。

(3)德育目标

①培养学生验根检查的学习习惯;

②帮助后进生树立学习信心。

[点评:能力目标、德育目标提得具体,针对性强,体现了教师重视学生的全面培养。]

2. 教学过程

(1)揭示理论根据

师:以前我们学过解一元二次方程,请同学们尝试解方程。

① $(x-5)(x+7)=0$。

(请一位同学到黑板前做。引导学生对所求解进行检查。让学生讨论回答"$x=5$ 或 $x=7$"是根据什么得出的。)

引入:$ab=0 \Leftrightarrow a=0$ 或 $b=0$。

(强调"或"字,要使 $ab=0$,只要 a,b 中任一因式为零,这个结论都成立)

[点评:用因式分解法解一元二次方程,是对第7章第11课用因式分解法解一元二次方程的循环复习和深化。等式性质"$ab=0 \Leftrightarrow a=0$ 或 $b=0$"是因式分解法解一元二次方程"降次"的理论根据,学生不明确,需要深化达到明确。教师开门见山地通过学生实践感知,直达核心,并让学生在后面的实践中去理解,这样的教学是可取的,符合学生的认知规律。]

(2)引出一元二次方程的有关概念

让学生解下列方程:

① $x^2 + 2x - 35 = 0$;

② $x^2 + 2x = 35$;

③ $x(x+2) = 35$。

讨论:这几个方程的特点。(引出一元二次方程的概念)

引导学生发现:以上三个方程是同一方程的不同形式。(引出一元二次方程的一般形式)

形如 $ax^2+bx+c=0$ ($a\neq 0$)的方程叫一元二次方程的一般形式,其中 ax^2 为二次项,bx 为一次项,c 为常数项,a,b 分别称为二次项系数、一次项系数。

(说明:为什么 $a\neq 0$)

[点评:理论根据得出后,立刻让学生探索讨论解三个一元二次方程,学生容易想到因式分解,想到把等号右边变0,达到初步掌握解一元二次方程的方法之目的。这样安排有利于点燃学生思维的火花,激发学生的思维。教师因势利导,引出概念,不在概念上耽误时间。围绕解法讲解其他内容,主次分明。符合GX实验"淡化形式,注重实质"的教学思想。]

(3)归纳解一元二次方程的方法、基本思路和步骤

引导学生分析解以上方程的共同点,概括出解一元二次方程的方法:因式分解。

让学生用因式分解法解下列一元二次方程:

① $x^2+5x=-6$;

② $x^2-9=0$;

③ $x^2-5x=0$;

④ $x^2-4x+4=0$ 。

说明:一元二次方程如果有根,那么必有两个根,特别强调方程④有两个相等的根。

提问:让学生说出用什么方法因式分解,为什么要因式分解(渗透"降次"转化的数学思想),根据什么得出两个一元二次方程。

引导学生归纳概括出用因式分解法解一元二次方程的基本思路和步骤。

基本思路:就是将一元二次方程转化为一元一次方程。

步骤:①变等式右边为0,②分解因式(这是关键),③根据" $ab=0\Leftrightarrow a=0$ 或 $b=0$ "得出两个一元一次方程,求解。

[点评:本课是循环复习、深化课。教师选取四个用不同因式分解法解方程的题,让学生先做,有目的地复习因式分解的四种基本解法,体现了以复习为主,

以练为辅。通过提问、引导归纳、强调说明,既对前面学习的思路、解法作了清理巩固,又对后面学习作了指导,使后面的练习"有章可循",实现了本课的主要目标。在循环中复习,在循环中推进,体现了GX实验"循环上升"的指导思想。]

(4)练习评讲,双向反馈

1)变式训练

解下列一元二次方程:

① $(x+3)(x-1)=5$;

② $(3x+1)^2-4=0$;

③ $3x(x+2)=5(x+2)$。

要求:用不同方法解。

评讲:比较不同解法,得出简便方法。特别对方程③进行评讲。

2)分层训练

解方程:

① $4(2x-3)^2-6x+9=0$;

② $4(x-3)^2=9(x+2)^2$;

③ $(x-3)^2-3(x-3)(2x+1)+2(2x+1)^2=0$。

要求:选择简便方法解。(引导学生观察其特征,并及时点拨)

评讲:罗列不同解法,让学生判断自己的解法是否最简便。

[点评:练习采取"适当集中,分层推进"值得肯定。练习要有层次,不能在同一水平上作长时间的停留,由易到难、逐步深入、积极前进,才能不断激发学生的求知欲,提高课堂效益。这体现了GX实验"适当集中,积极前进"的教学思想,对有新意的题,教师引导学生观察其特征,并及时点拨,这很有必要,这样才不至于使学生丧失信心。]

(5)小结

①这节课的主要内容是什么?

②解一元二次方程的基本思路是什么?

③你用什么方法达到转化的目的?

这节课我们学习了用因式分解法解一元二次方程,它的基本思路就是将一元二次方程转化为一元一次方程,而要达到这一目的我们利用了因式分解"降次"转化。

通过本课的学习,我们不仅要掌握解一元二次方程的一种方法(因式分解法),更重要的是要逐步领会"降次"转化这一数学思想。在以后的学习中,我们还要逐步深入地领会、掌握。

3. 作业

思考题:"$ab=1$"是否一定得出"$a=1$"或"$b=1$"(不一定)

[点评:思考题是"$ab=0$"一定有"$a=0$"或"$b=0$"的延伸,补充得好,有利于学生更好地用因式分解法解一元二次方程。]

(二)总评:按GX课堂教学的主要形式,优化课堂教学结构

实施素质教育,优化课堂教学结构,提高课堂45分钟效率,培养学生发散思维能力和创新能力,让学生个性得到发展,这是当前教育工作者深思和探索的问题。

"提高课堂效益的初中数学教改实验"简称"GX实验",是本着"质量与效益并重"的精神,从"发挥时间最大效益"这一崭新角度组织开展的关于教育思想、教材、教法的综合性改革实验。GX实验是以"GX32字诀"(积极前进,循环上升;淡化形式,注重实质;开门见山,适当集中;先做后说,师生共作)的教学原则为指导思想,是以素质教育为主,把"应试"纳入素质教育之中,认为学生素质提高了、智能发展了,也会很好地"应试"。它改变了传统教学针对考试,考什么讲什么,怎么考怎么讲,不考就不讲的教法。GX实验对"素质"与"应试"采取"缓则治本,急则治标"的方针,也就是平时把考试放置一边,一切教学活动围绕发展学生智能进行。考试前则针对考试组织复习,以考试为动力,充分调动学生循环复习的积极性。

GX实验是国内外教育改革实验的继承和发展。"GX32字诀"教学原则是我国数学学科教育理论的一个创新。GX实验的大量实践证明,教学中认真领会落实"GX32字诀"教学原则,按GX课堂的主要形式:"开门见山,积极前进,先做后说,师生共作"进行教学,就能"减负提质",让学生有更多的时间从事自己喜

爱的活动,促进素质教育的实施,达到高效。

李炜老师的这节研讨课,很好地展示了按GX课堂的主要形式优化课堂教学结构。

(1)开门见山,直达核心

等式性质"$ab=0 \Leftrightarrow a=0$ 或 $b=0$"是因式分解法解一元二次方程的核心问题。教师开门见山,通过学生实际领悟直达核心,突出主要矛盾,实现"积极前进",省时,效果好。

(2)积极前进,循环上升

第一,"逆水行舟,不进则退",学习需要前进。GX课堂强调积极前进,是说对基本事实,只要多数人对之有所领悟,基本会操作,就可前进。一些枝节、次要、熟悉的问题,在前进中结合解决,"上挂下连,滚动前进"。GX实验的"积极前进"是对"不煮夹生饭""层层夯实"的传统教学思想的改革。(每节课要注意与以前知识相联系,循环重点、难点,并解决学生存在的问题,这叫"上挂";同时注意为以后学习作孕伏,作准备,这叫"下连"。)

第二,积极前进,要立足于循环。用循环来完善和加深认识,操作解决存在的问题,这才符合学生认知规律。没有循环的前进,不是真正的前进。

第三,积极前进,能调动学生的学习兴趣。因为学生的好奇心强,注意力、稳定性差,积极前进能让学生产生新鲜感和兴趣。

第四,实现"积极前进",必须"淡化形式,注重实质;开门见山,适当集中"。

(3)先做后说,师生共作

"先做后说,师生共作"是一种创新的教学方法。"先做后说,师生共作"是指学生先做、教师提问,再共同归纳结论等。它符合实践性原则、感性认识到理性认识原则。它有利于把学生的学与教师的教有机结合起来,有利于发挥教师的主导作用,实现学生的主体地位。

本课例是一节循环复习、深化课。执教者在教学中始终贯彻"先做后说,师生共作"的原则,改变了教师讲学生听、学生在课堂上处于被动地位、很少参与"教"的传统教学过程,使学生能积极投入,课堂紧张而活泼。例题起到了习题的作用,课堂练习起到了例题作用,使课内起到了课外作用,不但效果好,而且可少布置作业,减轻师生负担。从本课例还看出,实现"积极前进,循环上升"不仅需要"淡化形式,注重实质;开门见山,适当集中",还需要"先作后说,师生共作"。

本课例容量大(学生共练14道题),效果好(80%的学生达到目标),受到有关专家和教师的好评。

三、课例3:三角形全等的证明[1]

此课由重庆市北碚区朝阳中学官宏教师执教,由重庆市北碚区教师进修学校李光忠老师作点评,也是GX实验常规教研活动中的课例。具体课堂教学实录与点评如下。

(一)教学目标

(1)使学生正确理解全等三角形的四个判定定理,并能初步应用。

(2)通过对三角形全等的探究,培养学生观察、分析和逻辑思维能力,以及不断进取的精神。

[点评:这是体现"GX"精神、积极前进的目标。此目标既有知识目标,又有能力目标,还有思想教育目标,体现了对学生全面发展的要求,符合素质教育要求。]

(二)教学重点

三角形全等的四个判定定理的应用。

(三)教学过程

1. 复习引入

师:三角形全等有哪几个判定定理?

[点评:开门见山,直接进入本课主题,体现了"GX"精神。]

(学生齐答,教师根据学生的回答,简略板书如下:SSS,SAS,ASA,AAS)

师:请同学们观察,这些判定定理有什么共同点?

生:都需要三个条件。

师:任意三个条件行吗?请看图1,$DE \parallel BC$,所以有∠1=∠B,∠2=∠C,∠A=

---

[1] 官宏.课例:三角形全等的证明[J].中学数学教学参考,1999(3):15-17.

∠A，这也是三个条件，能说△ADE与△ABC全等吗？

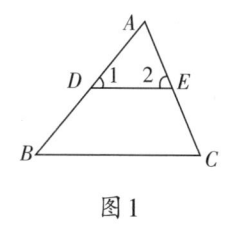

图1

生：不能！

师：刚才同学们答到判定三角形全等有"角、边、角""角、角、边"，还有"边、角、边"，能有"边、边、角"吗？

（这时学生活跃起来，有的说行，有的说不行。）

师：请看图2，AB=AD，AC=AC，∠C=∠C，能说△ABC与△ADC全等吗？

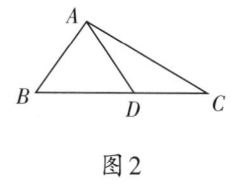

图2

生：不能！

师：由此可见，具备"角、角、角"或"边、边、角"条件的两个三角形不一定全等。判断三角形全等现在只有上面四个判定定理。

[点评：这既是对旧知识的复习，但又不是简单的重复，在复习中总结了全等条件的特征，深化了对判定三角形全等的认识，体现了滚动前进、循环上升的精神。]

2.进行新课

例1 如图3，已知AB=AC，BD=CD，E是AD延长线上一点，求证：BE=CE。（教师给出时间，让学生思考。）

图3

师：请同学们仔细观察图3中△ABD与△ACD需要哪些条件，并且只需要这些条件，这两个三角形就全等？大家动手做一做，可以相互讨论。

[点评：这个问题提得好。它不但紧扣本课内容，还具有较强的启发性，能抓住学生思维，使学生很容易进入积极思维的状态。]

（学生有的讨论，有的思考，有的动手做……）

师：做好了的同学请举手，回答时，说明根据。

（学生踊跃举手，先后抽四名学生口述，教师简写于黑板。）

生1：AB=AC，BD=CD，根据SSS。

生2：AB=AC，∠1=∠2，根据SAS。

生3：AD平分∠BAC，∠3=∠4，根据ASA。

生4：……

[点评：学生能紧紧抓住判定三角形全等所需要的三个条件，由图形形象直观地找条件，这样不仅有效地复习了三角形全等的四个判定定理，加深了对定理的理解。由于题目有一定开放性，还激发了学生的兴趣，培养了学生的发散思维能力。]

师：根据上面同学们给出三角形全等的条件，我们对图3可以编出很多证明题。如由第一个学生给的条件，可编出证明题："如图3，已知AB=AC，BD=CD，求证：△ABD≌△ACD。"我们也可以根据其他同学给出的条件，来编证明题。同学们，你们会编吗？

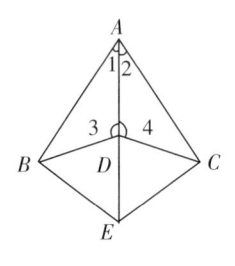

生（齐答）：会编。

[点评：沟通解题与编题的条件，可消除对编题的神秘感，也及时深化了问题。]

师:我们把刚才编好的问题稍改一下,大家考虑,如何证明?

[点评:教师因势利导,将问题进一步深化,不停留在直接用条件的层面上,体现了积极前进的精神。]

师:请做完的同学说出你是怎样做的。

(前后共有4~5人举手,多数学生仍在思考。)

生:先证明△ABD与△ACD全等,得到∠1=∠2,再证明△ABE与△ACE全等,就能得到BE=CE。

师:答得很好!你能说说你是怎样想的吗?

生:我想,如果有△ABE与△ACE全等,就可得到BE=CE。现在有条件AB=AC,AE=AE,如果∠1=∠2,那么△ABE与△ACE就能全等。我又看到∠1=∠2在△ABD和△ACD中,因而想到先证明这两个三角形全等。

师:答得很正确,我把你的思路写下来。

(教师板书)

师:同学们,你们能根据上面的分析写出证明吗?

生(齐答):能!

(师生一道,口述证明过程。)

[点评:看!师生配合多么默契。教师因势利导地提出问题,学生积极思考解答问题,师生共同探讨,不断深化问题,这样充分体现了先做后说,师生共作的精神。]

师:同学们,请考虑,上面问题证明的关键在哪里?(学生讨论后,一名学生说证明∠1=∠2。)

师:对的。∠1=∠2是此题证明的关键。有∠1=∠2,就可证明△ABE与△ACE全等;而要证∠1=∠2,又需要证明△ABD与△ACD全等,因而∠1=∠2成为本题证明的关键。此外,在证明∠1=∠2时,我们还看到,在证明三角形全等时,当条件(包括自然条件)不够时,我们就要想法创造条件,使之满足三角形全等所需要的条件。一般考虑能否有其他的全等三角形为我们提供此条件,像本例△ABD与△ACD全等。

[点评:这段小结很好!教师在学生认识的基础上,将本课要解决的主要问题——两次证明三角形全等很自然地进行了归纳小结,学生感到具体、易懂,体现了"先做后说"只有在"师生共作"下,才能实现。]

师:现在我们来看大家对刚才的解题方法是否掌握。大家一起来研究下面的问题。

例2 如图4,已知$AB=AC$,$AD=AE$,AB与CD交于M,AC与BE交于N,$\angle DAB=\angle EAC$,求证:$AM=AN$。

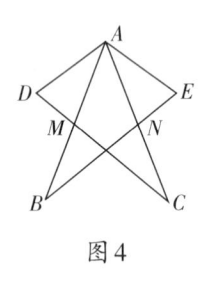

图4

(此例的教学过程与例1相同,因此介绍从略。)

[点评:通过例2的教学,加深学生两次证明三角形全等的认识,并且师生再次总结了两次证明全等的分析方法。这种循环很有必要。]

3. 课堂练习

师:现在做课堂练习。

如图5,已知$AB=AC$,D是BC的中点。根据所给出的条件,你能得到哪些结论? 并说明理由。

(学生专心思考,教师个别辅导。)

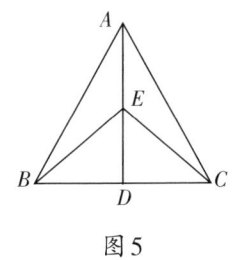

图5

[点评:练习题一改传统的练习方式,形式新颖,具有一定的开放性,有利于学生参与,不仅练活了知识,而且训练了思维。]

(有80%的学生举手,教师抽4人上黑板前板书。)

生1:$\angle AEB = \angle AEC$。(证明略)

生2:$\triangle ABD \cong \triangle ACD$。(证明略)

生3:$\triangle EBD \cong \triangle ECD$。(证明略)

生4:$\triangle AEB \cong \triangle AEC$。(证明略)

师:四位同学的结论都是对的,证明过程也很好,还有不同的结论吗?

(学生纷纷举手,口述自己的结论,有的说边相等,有的说角相等。详细情况略。)

师:大家得到了这样多的结论,并且都是正确的,说明大家对全等三角形判定定理掌握得较好,会正确运用。这些结论都可由三角形全等得到,那么图中有几对三角形全等?

生(齐答):三对。

师:答得非常正确。由于有三对三角形全等,每对三角形都有三组边和三组角对应相等,因而此题才会有这么多的结论。

[点评:教师适时将情况归纳、总结。让学生认识规律性的东西,这又体现了教学中积极前进的精神。另外,课堂练习一改过去单纯做题的情况,紧紧抓住三角形全等这个核心,给出条件,让学生自己命题,再证明自己的命题,然后师生一起研究讨论,这样大大加快了对四个三角形全等判定定理的掌握进程,增大了课堂知识容量。]

4. 小结

师:通过今天的学习,我们练习了用四个判定定理来证明三角形全等。现在大家会不会证明两个三角形全等?

生(齐答):会!

师:谁来总结如何证明两个三角形全等?

(教师抽一举手的学生回答。)

生:证明两个三角形全等,需要三个条件,其中一定要有一组对应边相等。

师:回答正确吗?有没有补充意见?

生(齐答):正确!

师:如果已知条件或自然条件不够三个怎么办?

生:找另外的全等三角形来创造条件。

师:答得非常好!这是我们这堂课要解决的主要问题。在证明三角形全等,条件不够时,我们要创造条件,凑足三个。一般是找另外的全等三角形来提供条件。

5. 布置作业

GX实验教材第81页习题2的第3题、第4题。

[点评:课堂教学小结,应是学生自己的总结,是对本课所学知识理解的总结,而不是教师强加给学生的总结,这样的小结才有价值。本课小结教师引导,学生总结,教师归纳,师生配合得好。这是学生对此课真实感受的总结,是"先做后说,师生共作"的成功课例。]

下面李光忠老师进一步对课例所作一个整体点评:一堂高效益的几何课。[1]

提高课堂效益,向45分钟要质量,这既是一个老问题,又是大家积极探索的新问题。本节课为我们探索此问题提供了一个范例。

本课是初中一年级的一节GX教改实验研究课。

GX实验,就是提高课堂效益的初中数学教改实验。该实验属国家教委基础教育的科研项目。其精神主要集中体现在"GX32字诀"上:积极前进,循环上升;淡化形式,注重实质;开门见山,适当集中;先做后说,师生共作。本课较好地体现了这些精神,收到了很好的教学效果。

(1)这是一节积极前进的课

教师的教学指导思想,应该是积极前进的,这样才能充分发挥时间效益,教学才有主动权,也才能不断地激发学生学习的热情。本课在多处体现了这一精神。比如,教学进度是积极的。三角形全等是初二的教学内容,现已提前到初一学习,学生已多学了近半学期的内容;其次,四个三角形全等判定定理的处理也不同于常规,第一课时,介绍三角形全等判定定理的内容,让学生初步认识这四个判定定理的特征,了解其内容,第二课时,是对这些公理的初步运用,即只需一次证明三角形全等,本节课是第三课时,从这节课中我们看到学生能连续

---

[1] 李光忠.点评:一堂高效益的几何课[J].中学数学教学参考,1999(3):17.

两次证明三角形全等(包括图形还有交叉、重叠的情况),这充分体现了积极前进的思想和由此产生的教学高效益;再次,在教学过程中,知识密度大,思维层次高,教师不断深化问题,让学生始终处于积极思维的状态。

(2)在教材处理上,注重实质,开门见山

提高课堂教学效益,就是要集中优势力量,突破主要矛盾,不把精力分散在次要方面,使力量真正用到刀刃上。本课始终围绕判定三角形全等所必须具备的三个条件(其中至少有一边)这一实质,采用多种形式进行训练,师生全力解决这一主要问题。从本课复习引入,到由结论找三角形全等的条件,或由条件找结论,或编题、解题等活动,都以有利于学生对四个判定定理的理解和应用为准,丝毫没有受某些形式主义的约束,或照本宣科或按某种固定的教学模式进行教学。

(3)集中讲,对比练

这也是"GX实验"教学的原则之一。本课将四个定理集中练习,改变了传统中学一个定理、练一个定理的教法。四个公理集中练习,容易区分它们的异同点,理解它们的特征和应用时各自所需的条件,有利于防止单个练习时常产生盲目生搬硬套公式、不肯动脑筋的现象。这样,不仅有助于加快学生对定理掌握的进程,还有助于学生思维的训练。

(4)先做后说,师生共作

本课很好地贯彻了GX实验"先做后说,师生共作"这一精神。纵观整个教学过程,学生始终处于积极状态。或是教师提出具有启发性的问题,引起学生积极思考、热烈讨论。或是师生一起分析问题、探索答案,学生敢想敢说,师生相互交流,相互补充、完善,整个课堂师生配合默契,气氛活跃。在这里教师真正起到了导演作用,组织学生、创设情境、帮助学生学习,不存在教师向学生灌输或代替学生学习的现象。学生成了学习的主人,他们在学习上的主动性、积极性、创造性得到了较充分的发挥。

第五章

GX实验教学改革的理论基础

"GX实验作为一项'自下而上'的数学教学改革实验,从其形成与发展来看,更似一项教学改革的行动研究"(GX实验的主要参与者张渝老师语)。当时主要针对初中数学教学实践中存在的问题,以减负提质为教学改革目标,隐性地综合运用了教育、教学的一些理论观点为支撑,没有明确设定教学改革的理论基础。直到实验的中后期,随着"GX32字诀"及其内涵的澄清与明确,GX实验的理论基础逐渐明晰,不断地被提炼与完善。

第一节
GX实验的数学观

数学观是人们对数学的根本认识与看法,对数学教师的教学有重要的影响,从而又进一步影响学生对数学的认识与学习。托姆(Thom,1971)曾指出:"事实上,无论人们的意愿如何,一切数学教学法根本上都出于某一数学哲学,即使是很不规范的教学法也是如此。"[①]赫什(Hersh,1979)也强调:"问题不在于教学的最好方式是什么,而在于数学到底是什么。"[②]我国数学哲学家林夏水先生曾明确指出:"从事数学工作的人,如果认为数学是一门演绎的科学,那么他就不会去关心实践提出的数学问题,而专注数学的逻辑问题;反之,如果认为数学是一门经验的科学,他就不会去关注数学的逻辑问题,而关心实践提出的数学问题;如果认为数学是一门演绎性与经验性辩证统一的科学,他就会既关心

[①][英]Paul Ernest.数学教育哲学[M].齐建华,等,译.上海:上海教育出版社,1998.
[②] Hersh, R. (1979). Some proposals for reviving the philosophy of mathematics[J]. Advances in Mathematics,31,31-50.

实践提出的数学问题又关心数学的逻辑问题。"探讨数学课程与教学改革的分析离不开其所持数学观的分析。

一、数学观的演变简析

虽然,"数学是什么"是一个较难回答的问题,也是一个很难说清的问题,但每一个接受过数学教育的人都会有自己的看法,会持有一定的数学观。如下面是一些比较常见的说法。

· 数学是研究现实世界中的数量关系和空间形式的科学;

· 数学是量的科学;

· 数学,作为人类思维的表达形式,反映了人们积极进取的意志、缜密周详的推理以及对完美境界的追求;

· 数学知识是可误的,是一门经验科学;

· 数学是"假设—演绎"的系统;

· 数学是一门演算的科学;

· 数学是研究结构的科学;

· 数学是研究纯粹的量的科学;

· 数学的研究对象是客观世界的和逻辑可能的数量关系和结构关系;

· 数学是一种普遍语言;

· 数学是一种普遍方法;

· 数学是一种普遍思想原则;

· 数学是一种理性思维框架;

· 数学是打开科学大门的钥匙;

· 数学是科学的语言;

· 数学是思维的工具;

· 数学是理性的艺术;

· 数学是一种理性精神;

· 数学是由理论体系、方法、问题和符号语言组成的一个多元的复合体;

· 数学是绝对自由发展的学科,它只服从明显的思维,就是说它的概念必须摆脱自相矛盾，并且必须通过定义而确定地、有秩序地与先前已经建立和存在的概念相联系；

·纯粹数学完全由这样一类论断组成，假定某个命题对某些事物成立，则可推出另外某个命题对同样这些事物也成立；

·数学可以定义为这样一门学科，我们永远不知道其中所说的是什么，也不知道所说的内容是否正确；

·数学是人类的一种活动；

·数学是人们对客观世界定性把握和定量刻画、逐渐抽象概括、形成方法和理论，并进行广泛应用的过程；

·数学作为一种普遍适用的技术；

·数学是研究空间形式和数量关系的科学，是刻画自然规律和社会规律的科学语言和有效工具；

·数学只不过是一堆建立在假设基础上推导出来的结果；

·数学是人类心智自由创造的产物；

·数学是一部关于自然和人类的小说；

·数学是模式的科学；

·数学是一种文化；

……

(一)西方数学哲学的早期研究

1. 古希腊的数学哲学思想

回顾数学史，毕达哥拉斯学派的"唯数论"是古希腊数学哲学的一个经典性、代表性观点，该学派提出"数是万物的本源"。后来，人们把那种认为数学规律是宇宙本质的观点称为毕达哥拉斯主义。这种观点后来在柏拉图那儿得到了继承和进一步的发展。柏拉图持数学实在论的观点，他认为有两种不同的存在：一是经验的存在，它是暂时的、变化的、复合的；二是理念的存在，它是永恒的、不变的、单纯的(共相)。柏拉图认为数学的对象是"理念世界"中的真实存在，它是一种独立的、不依赖于人类思维的客观存在。亚里士多德与柏拉图的实在论相反，他认为理念并不是一种独立的存在，不能在个别事物以外去找另外一类独立自存的"理念"，而只能在个别事物以内，去发现他们的本质。他认为不能把"数"（数学对象）看成是独立于感性事物的真实存在。他认为，数学对象事实上只是一种抽象的存在，即人类抽象思维的结果。

2. 十六至十八世纪的数学哲学研究

在西方十六至十八世纪的数学界与科学界，"上帝是一个至高无上的数学家，而世界及万物都是上帝严格地按照数学的方案创造出来的。"这是对数学的一个流行看法。莱布尼茨突出强调了理性真理的先天性，他认为理性真理存在于每个人的内部，数学真理就是逻辑真理，无须利用凭借经验或旁人的传统学到的真理。休谟认为人类理性（或研究）的一切现象可自然的分为两类：一类是观念的关系，如几何、代数、三角等诸科学；另一类是实际的事情。数学命题所表现的只是观念的关系，而与客观事实完全无关，如自然中纵然没有一个圆或三角形，而欧几里得所解证出的真理也会永久保持其确定性和明白性。事实上，休谟就是用否定数学命题客观性的方法来解释必然性和先验性的。康德认为数学命题是先天综合判断：几何是关于空间的知识，由于空间具有先验性和直观性，所以几何命题是先天的综合判断；算术是关于时间的知识，因此时间的先验性和直观性也规定了算术命题是先天的综合判断。

3. 非欧几何的建立与数学绝对真理性信念的崩溃

围绕《几何原本》第五公设的探讨，导致了非欧几何的建立，可看成由变量数学时期向现代数学时期发展的转折点之一，使数学哲学进入了一个新的时期，使先前观念的统一性丧失，数学的必然性也丧失了，因此要重新看待数学的真理性。直到20世纪，才引起人们对数学基础的研究，其间的代表主要有逻辑主义、形式主义和直觉主义三大学派。

逻辑主义是把纯数学作为逻辑基本构成成分的思想学派，主要倡导者有德国逻辑学家弗雷格，英国哲学家、逻辑学家罗素等。他们认为数学的可靠基础是逻辑，并从这种立场出发，提出了"将数学逻辑化"的基础研究规划：从少量的逻辑概念出发，去定义出全部的数学概念；从少量的逻辑法则出发，去演绎出全部数学理论。

通俗地讲,形式主义把数学看作是按规则在纸上用符号所做的一种无意义的形式游戏。其主要代表人物是希尔伯特,他的基础研究规划主要将数学理论组织成形式系统,并用有限的方法证明这一系统的无矛盾性,旨在把数学转化为不予解释的形式系统。他借助一种有限制而又有意义的元数学,通过导出所有数学真理的形式的对应产物来说明他的形式系统适合于数学,并通过相容性证明该形式系统对数学是可靠的。

构造主义的纲领是数学知识的一种重建(数学活动的改革),以防止数学意义的丧失或陷入矛盾,其主要代表人物是荷兰数学家布劳威尔。直觉主义者对已有的数学采取了一种极为强烈的批判态度,他们认为,已有的数学理论并不都是可靠的,因此,必须按照某种更为严格的要求对此进行全面的审查,应当毫不犹豫地舍弃那些"不可靠"的概念和方法,并代之以新的"可靠"的概念和方法。他们认为数学的可靠基础就在于思维本身,即所谓的"纯粹的直觉"应当把数学看成是一种纯粹的心智活动。数学概念在"主观直觉上的可构造性",就成为数学理论可靠性的唯一标准——正在这个意义上,直觉主义者提出了自己的著名口号:"存在必须等于被构造。"

三个学派都是对已有数学可靠性的忧虑和不满,致力于数学基础问题的研究,逻辑主义者认为数学的基础是逻辑,形式主义者认为数学的基础是无矛盾的理性思维,直觉主义者认为数学的基础是直觉。他们都认为只能靠理性,不能靠经验来解决,是反经验的立场。他们在思想方法上,都表现出一定的形而上学性,片面地强调数学认识活动中的某些侧面和特性。三个学派的失败使人们认识到数学基础研究的具体任务不应是通过"永恒"的基础以证实数学理论的绝对真理性,而是应对数学的真理性问题做出正确的解释,既要重视采用数学的技术方法,更应强调正确哲学思想的指导。

4. 数学哲学的现代发展

随着现代哲学思潮的变迁,人们对数学哲学也进行了重新审视与认识,下面是一些有代表性的看法:数学哲学不应仅考虑其"内在问题",而应把数学放在人类思想和人类历史的大背景中来考虑;数学哲学应该全面考虑人类创造知识的环境和数学的历史根源;如果认识论仅注重单一静态的知识形式,而忽略知识发展的动态,那么它就不能恰当地解释知识。对数学哲学进行多视角的考察是现代数学哲学研究的一种趋势。如从数学知识的角度,审视数学的本质、判定和生成;从数学对象的角度,审视数学的本质和根源;从数学应用的角度,审视数学在科学、技术和其他领域中的有效性;从数学实践的角度,审视历史上数学家的活动。多角度的研究丰富了人们对数学的认识与理解,并且对数学教育也产生了一定的影响。

(1)约定主义数学观

约定主义数学观认为,数学知识和真理基于语言约定,特别认为逻辑和数学的真理性,可根据所涉及的术语的意义加以分析。把语言约定作为基本数学定理的根基,数学大厦建构在这一根基上,它指明了数学的基本社会性质。

(2)拟经验主义数学观

拟经验主义数学观把数学实践放在首位,强调数学是数学家做的或曾经做过的事情,它具有任何人类活动或创造所固有的不完善性。

拟经验主义数学观的要点:数学是处理数学问题时人与人之间的对话。数学是可误的,决不可认为数学结果(包括概念和证明)是最终的或完善的,它们可以随着严密性的标准而变化,或随着新的挑战、新意义的产生,而需要重新商榷。由于数学是人类的活动,因此我们就不能把它与它的历史以及在其他领域中的应用割裂开来。拟经验主义代表着"近代数学哲学中经验主义的复兴"。

(3)社会建构主义数学观

英国数学哲学家欧内斯特提出了作为数学哲学的社会建构主义。他的主要思想来源和知识基础是:①社会建构主义将数学视作社会的建构,它吸取约定主义的思想,承认人类知识、规则和约定对数学真理的确定和判定起着关键作用;②拟经验主义的可误主义认识论,其中包括数学知识和概念是发展和变化的思想;③拉卡托斯的哲学论点,即按照一种数学发现的逻辑,数学知识在猜想和反驳中得到发展。

欧内斯特把客观知识理解为主体间性和为数学共同体所共享的。数学知识的基础是对话的,数学证明是一种特殊的叙事。的确,证明可以被看作是从一种至今仍然保持着同样功能的特殊类型的对话发展而来的。证明是用来说服数学共同体中其他成员接受一个陈述或一组陈述为数学知识的一个文本。社会建构主义相对于规定性哲学来说是一种描述性数学哲学,旨在合适的标准下解释普遍所理解的数学的本质。

欧内斯特社会建构说法的依据是:(1)数学知识的基础是语言知识、约定和规则,而语言是一种社会建构。(2)个人的主观数学知识公布后转化为使人接受的客观数学知识,这需要人际交往的社会过程。(3)客观性本身应理解为社会的。(4)启发式过程取决于客观标准(即审视、评判数学知识的标准)。(5)评判发表了的数学知识,其客观标准是建立在客观语言知识及数学知识的基础上。(6)数学主观知识根本上是内化了的、再建构了的客观知识。(7)在数学知识的增添、再建或再现方面,个人能够发挥作用。数学知识的具体形成与发展的过程如图5-1所示。

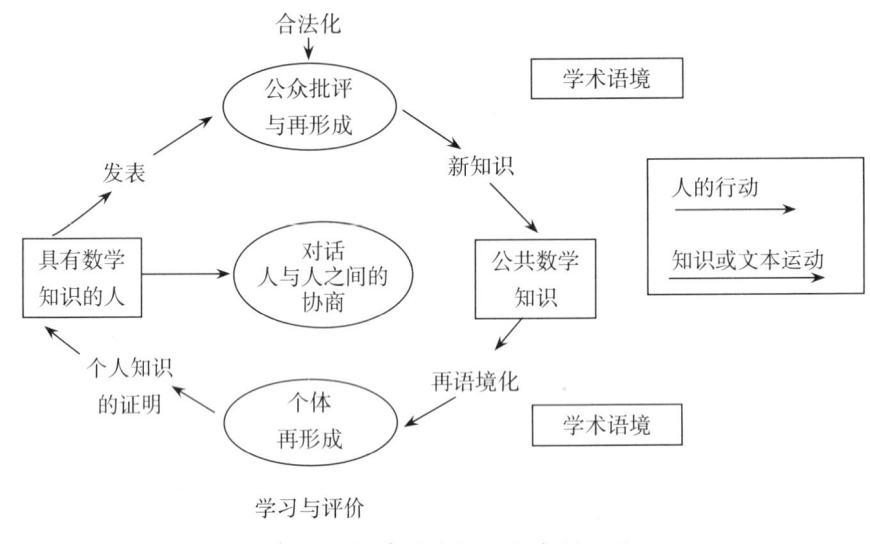

图5-1 数学创造与再生产循环图

二、数学观对教师教学的影响

除了先前人们思辨性的阐释数学观对数学教师教学行为的影响外,一些学者采用实证的研究方法做了一些较为科学的分析研究。1996年,黄毅英、林智中、黄家鸣、韩继伟、王倩婷等数学观研究小组采用半结构式访谈的方法,以香港的12位中学数学教师为对象,对他们的数学观进行研究,其分析研究的框架如图5-2所示。研究认为教师的数学观主要有五种:运算是数学中的重要元素;有特定数学内容才是做数学;数学训练思考,促进思维发展;数学离不开应用;数学是难的。

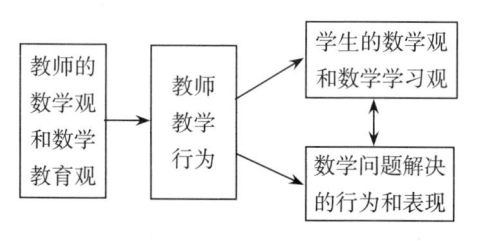

图 5-2 数学观研究框架

研究认为数学观会在很大程度上直接或间接地影响着从事数学学习的方向与效果。数学观对学生的数学学习而言,直接影响他们学习数学的兴趣和解数学题的方式;对数学教师而言,影响着数学的教学行为和数学课堂经验空间的塑造。数学观不只是"学习"与"数学表现"的中介因素,它本身亦可被视作一种学习成果。①

黄毅英、林智中、黄家鸣、马云鹏、韩继伟等采用同样的方法,以长春市4所中学的15位数学教师为研究对象,发现他们的数学观主要有七种:数学是关于数量和图形的学科;数学与运算有密切关系;数学是精确和严谨的;数学是美的;数学离不开应用;数学是数学家的产物;数学与思维有密切关系。②

教师的数学观是教师的数学信念的重要构成部分,它影响着教师的教学观与教学方式,进而影响学生的学习观与学习方式,影响学生的学习结果,这一结果反过来又影响着教师的数学信念。也就是说数学观对教师的教与学生的学都有重要的影响。其具体关系如图5-3所示。

---

① 黄毅英,林智中,黄家鸣,等.香港教师数学观的研究[J].数学教育学报,2003,12(2):2-9.
② 黄毅英,林智中,黄家鸣,等.中国内地中学教师的数学观[J].课程·教材·教法,2002(1):68-73.

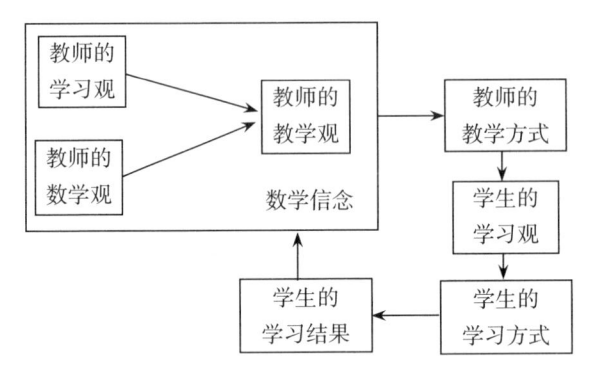

图5-3 教师数学信念的影响[1]

三、GX实验的数学观

GX实验并没有明确提出数学观的假设,主要以"GX32字诀"——"淡化形式,注重实质;积极前进,循环上升;开门见山,适当集中;先做后说,师生共作"引导实验的发展,但在数学教材的编写、教学方法的构建的过程中,处处体现了一定的数学观念,蕴含着对数学的看法,隐性地呈现了GX实验的数学观。

(一)数学是一个静态的形式化体系

从静态的角度来看,抽象性是数学的一个本质特征,抽象性推进了数学的发展与形式化,数学是一个形式化体系。形式化数学脱离了数学的现实性与具体化,其认知、理解与学习需要高水平的抽象思维水平,这与中小学生抽象思维水平低,形成一对数学教学矛盾。但在20世纪80年代的我国传统数学教材中,形式化数学虽从符号、结构、体系等方面进行简化处理,但其相对的要求还是较高,数学概念之间推理的逻辑链长,数学教学中数学概念的形式化引入与推导,常导致数学教学的效率低,学生学习负担重。

GX实验并没有否定数学的形式化与逻辑推理的重要性,而是创新性地提出GX实验要"淡化形式,注重实质",区分了学术形态的数学与教育形态的数学,强调以育人为目的的中小学数学应是教育形态的,不能把学术形态的要求强加于教育形态的数学,如在初中代数中不需要强调方程的概念,不需要严格的讲解与使用方程的同解原理等。在数学教学中强调以数学的核心概念或内

---

[1] 张侨平,黄毅英,林智中.中国内地数学信念研究的综述[J].数学教育学报,2009,18(6):16-22.

容为线索,缩短过长的逻辑推理链条,强调的是在教育形态的数学中淡化数学的形式化,然后通过后期的"循环上升"完善逻辑链上的相关概念,以形成较为系统的数学知识体系,显示对形式化数学的处理,体现了对数学形式体系的认同与形态转化。

(二)数学是一个动态的建构活动

从动态的角度来看,GX实验把数学视为一个动态的建构过程,持拟经验主义与可误主义数学观。首先是通过"淡化形式",如GX实验"淡化形式"的处理初中数学的内容主要包括两个方面:一是淡化概念。淡化一些不重要的概念,如方程的概念就要求不过于强调,而重在解方程,学生能理解,不影响学习的概念可不予定义。这反映了根据学生动态处理数学概念体系的方法理念。二是淡化数学的形式化逻辑体系。GX实验根据初中学生的学习情况,调整体系结构,先突出本源性数学知识与核心内容,如"有理数"一章的核心是有理数的运算,对学生的基本要求就是要能正确、迅速进行计算,GX实验教材及教学的第一课就在正、负数概念的基础上,引入正、负数加法运算,一开始就进入运算,以有理数运算为核心,不断引入与讲解有理数的概念、绝对值及有理数其他问题,如数轴、有理数大小、准确数和近似数等内容,[1]不断提升与完善有理数知识模块的体系结构。

其次是通过"适当集中","面"式的整体集中地呈现同一主题的内容,尽可能多地采用"整体出现、分层推进"和"集中讲、对比练"的方式,使局部与整体以"自相似"的形式展开,先使学生在一定程度上了解同一主题的全貌,然后以全貌的发展方式向前推进。如全等三角形的定义、三角形全等的四个判定定理(SAS、SSS、ASA、HL)及一个推论(AAS)集中用一课时呈现与讲解,通过类比容易区分它们的异同点,理解它们各自所需的条件与特征,然后四个定理与一个推论集中练习与巩固,有利于防止单个练习时常产生的生搬硬套与思维僵化现象,提高学生数学学习与认知的效益,[2]体现了快速接触核心的初中数学知

---

[1] 李光忠.对GX教材代数第一章有理数的认识[J].数学教学通讯,1995(4):3-4.
[2] 徐建星.初中几何课程减负提质的有效构建策略——"GX实验"面向教学的初中几何探究[J].数学教育学报,2016,25(4):98-102.

识结构的建构理路与过程。

如果按静态的数学观,即使是数学的一个模块,其知识体系的构建也需要一些次要概念或引理的逻辑做铺垫,最后推导出核心内容,形成严谨的数学知识体系。GX实验的数学知识处理显然打破了此束缚,强调可行的条件下直接呈现核心内容,严谨的逻辑体系再不断地完善与发展的策略。GX实验处理初中数学知识体系的方式,体现了把数学看成是一个动态的建构过程。

第二节
GX实验的教学观

数学教师持不同的数学教学观,决定了教师在课堂教学中采用不同的教学方法,反映了不同的数学教学思想,在具体教学中表现出不同的教学行为。

基于对数学的认识,数学教育家欧内斯特概括出如下三种不同的数学教学观:

(1)柏拉图观点。将数学看成是由逻辑与内在含义构成的一个统一的知识实体,它包含有相互联系的各种结构与真理,是一个静态的系统。数学只能被发现,不能被创造。因此,数学教学是数学知识的教学,必须以概念为主导,重视概念的内涵及其推理的逻辑,强调其严谨的形式体系。

(2)工具主义观点。将数学看成一个工具袋,它由各种事实、规则与技能构成。所以,数学教学是数学技能的教学,必须注重规则、步骤的推演,强调程序的操练,追求熟练的技能。

(3)问题解决观点。将数学看成是一个以问题为主导的不断探索、连续发展的过程,它所包含的知识结构总在不断地扩大,是一个动态的开放的系统。[1]

---

[1] 唐瑞芬.数学教学理论选讲[M].上海:华东师范大学出版社,2001:9.

因此,数学教学应成为数学活动的教学,必须注重获得知识的过程,强调让学生经历并进入数学的生成发展过程。

一般来说,一个数学教师不一定明确地显示出持哪种类型的数学教学观,而往往是以上三种教学观的混合,针对不同的学生、不同的教学内容,在进行具体的教学处理时会显现出某一种倾向。当然每一种数学教学观都有其合理之处,也有其局限性,我们的数学教学应该促使学生全面发展,要有利于学生学会数学地思考,要有利于学生从"学会数学"进而发展成为"会学数学"。

20世纪以来,许多国家都在进行数学课程改革,在数学课程改革过程中,许多数学教育家提出了一些新的观点,如"数学化""再创造""数学交流"等。我国数学教学在新的课程理念下,其含义也发生了很大的变化,如数学教学从传授知识的传统模型转变为以激励学习为特征、以学生为中心的实践模型;由学生被动地听变为学生积极主动参与;使学生体验数学、经历数学的过程。GX实验虽然没有明确提出什么教学方法,但基于不同的教育理论,在数学教学观上明显有所强调与突破。

一、GX实验数学教学的理论基础

(一) 数学教学的辩证平衡观

"GX32字诀"——"淡化形式,注重实质;积极前进,循环上升;开门见山,适当集中;先做后说,师生共作"作为GX实验的主线,不管是从字面上看,还是深入分析其内涵,都体现辩证统一,寻找教学处理方式的平衡点的方法、策略。如"淡化形式,注重实质"是数学的形式与内容的辩证统一,是构建学术形态的数学与教育形态的数学的平衡点。"积极前进,循环上升"是教育中直线前进与螺旋上升的辩证统一,寻找新知学习与旧知巩固的平衡点。"开门见山,适当集中"是情境创新、逻辑链与直接引入、突出核心的辩证统一。

GX实验在具体的教学实践中也强调辩证统一的观点。如GX实验以马克思主义认识论为基础,提出感性认识是数学认识的起点,理性认识是数学认识的高级阶段,从感性认识到理性认识的飞跃,是认识发展的必然趋势,但它并非自发地实现,而是要有一定的条件。其中,掌握丰富可靠的感性材料是感性认识上升到理性认识的途径,GX实验教学中"先做后说",从"做"的实践中产生的感性认识,通过"说"上升到理性认识,这里的"做"是教师提供的数学情境与问题等丰富可靠的"感性材料",是感性认识阶段,这里的"说"是学生的理性认识阶段,然后在"师生共作"中实现平衡与提升。

在GX实验中辩证与平衡不是中庸,而是把各种教学的理论与方法作为一个系统,充分发挥各种教学方法与理论的优势,克服其弊端,数学教学中不可能找到最好的、静态的教学方法,不存在没有缺陷的教学方法,因此辩证与平衡成为教学方法构建与采用的立足点,寻找平衡点与中间地带是一种基本的选择。

(二)最近发展区理论

最近发展区理论是苏联著名心理学家维果茨基依据儿童的智力发展提出的,该理论认为最近发展区是指儿童正在形成、正在成熟和正在发展的过程,其实质表现为,儿童在自己的这一发展阶段还不能独立地解决某些智力任务,但在成人的帮助下,在集体活动中,通过模仿、反思能够解决某些智力任务。维果茨基强调,应该在学生的最近发展区内设计教学,所选择的学习任务及其呈现方式应能适应学生的发展水平,教学与其说是依靠已经成熟的机能,不如说是依靠那些正在成熟中的机能。教学不应当在现有发展水平上发挥作用,而应当以此为基础,激起和推动儿童向未成熟的、但已处在最近发展区的那些心理力量,使儿童的认知需要与其发展水平形成矛盾,激发其认知活动领域内的内部诱因,从而产生发展的内在动力。

GX实验教学中的"积极前进"强调"前进","前进"是提高课堂效益的一个基点,只要理解基本事实,会基本操作就可以前进。"积极前进"不仅仅指在教学速度(进度)上积极前进,更是指教学应使儿童的认知活动积极前进,争取走在儿童认知发展的前面,牵引认知发展,教学应尽可能保持在儿童的最近发展区内进行。传统教学中"层层夯实"在每个知识点上反复讲、重复练的"毕其功于一役"的观念与行为,没有把学生的认知置于最近发展区之内,压抑了学生的学习积极性,削弱甚至摧毁了学生从认知活动中获得积极的、愉悦的情绪感受。

(三)情境认知理论

情境认知理论是继行为主义"刺激—反应"学习理论与认知心理学的"信息加工"学习理论后,与建构主义大约同时出现的又一个重要的研究取向,它试图纠正刺激反应和符号学说的失误,特别是完全依靠于规则与信息描述的认知,仅仅关注有意识的推理和思考的认知,忽视了文化和物理背景的认知。

情境认知心理学的研究表明,在人类认知的整个过程中,认知都有赖于情境,我们所知觉到的意义不可能独立于对情境的解释和适应。人类的所有认知活动都包含着两种加工的相互作用:一是依赖于环境刺激的自下而上的加工,即一个适应的过程;二是依赖于人的已有主体性的自上而下的加工,即有一个解释和构造的过程。认知学习者的生活经验以及在新知识的获得与运用中利用这一生活经验对于情境认知与情境学习是十分重要的。学习的本质是个体参与实践,与他人、环境等相互作用的过程,是与群体之间的合作与互动的过程,是形成参与实践活动的能力、提高社会化水平的过程。知识与活动是不可分离的,活动不是学习与认知的辅助手段,它是学习整体中的一个有机组成部分。

GX实验教学强调创设与课题密切相关的中心问题情境,通过"做"的活动,使学生在特定的情境脉络中建立意义与学生经验的耦合,并促进知识、技能与体验的连接,通过"做"这种实践性情境为学生下定义、归纳结论与方法的学习提供有力的情境支撑,使学生的学习成为有意义的学习,为学生获得知识提供着力点,使学生获得的知识成为具有可广泛迁移的知识。

(四)发展性教育理论

发展性教育理论是苏联教育家赞可夫建立的,以最好的教学效果促进儿童一般发展的教学理论。一般发展是指心理学意义上完整的人的全面发展,是既包括智力因素,也包括非智力因素的整个身心的全面和谐发展。为促进学生的一般发展,赞可夫提出了以高难度、高速度进行教学的原则。教学不应停留在现有的发展水平上,而应使教学任务走在学生发展的前头,促进儿童的发展,这就要求教学目标应具有一定的难度。然而,高难度并非无限的难,应把握好难度的分寸,即与儿童的潜在精神力量可能达到的最高极限相当的那种难度。而以高速度进行教学的含义是指,教师讲的内容,只要学生懂了,就可以往下讲,不要原地踏步。这一原则就是要求教学要不断地向前运动,高速度并非赶进度,而是以适当的速度上课,即教学应遵循儿童认识活动的规律,按照与儿童认识活动相适应的速度进行教学。

GX实验教学的"积极前进"所遵循的基本标准是教学难度和教学速度应以最大限度地促进学生的认识活动。由此可知,GX实验教学中的"积极前进"是赞可夫高难度、高速度教学原则的继承,即将教学中应有的困难、障碍、进度及其应把握的程度统一起来,能最大限度地激发学生的求知欲望,最大限度地促进学生的认知发展。

二、GX实验教学实施数学素质教育的基本特征

通过提高课堂教学效益实现减负提质是GX实验的主要途径,对于GX实验实施的素质教育的教学特征,庞坤、李明振、宋乃庆教授进行了专门的论述,具体的特征与实施的有效途径论述如下。[①]

一般认为,数学素质教育就是培养学生数学素质的教育。然而,这种理解与素质教育对数学素质教育的要求有一定差距。素质教育的根本宗旨是面向全体学生,全面提高学生的基本素质,各学科教育应共同担负起全面提高学生基本素质的任务,不能仅强调该学科素质的培养。就数学而论,提高学生的数学素质固然重要,但决不能忽视其他方面素质的培养。因此,数学素质教育可界定为:通过数学教育进行素质教育,全面提高学生素质。数学素质教育具备五个基本特征:全体性、全面性、主体性、基础性和发展性。GX实验体现了数学素质教育的基本特征。

(一)GX实验教学符合数学素质教育的全体性特征

数学素质教育的全体性是指面向全体学生,使每一个学生都能得到发展,旨在使每一个学生都具有作为公民所应具备的数学素质与基本素质。GX实验教学强调"淡化形式,注重实质",淡化对概念、法则的纯文字叙述,注重掌握数

---

①庞坤,李明振,宋乃庆.GX实验是实施数学素质教育的成功范例[J].西南大学学报(自然科学版),2008,30(2):161-164.

学概念、法则的实质,强调从实际出发掌握概念与法则,注重学生的实际领悟,降低数学的"形式化"要求,以使所有学生富有兴趣地学习数学,能较容易地从数学学习中获得发展,从而大面积提高数学教学质量,这符合数学素质教育的全体性特征。

(二)GX实验教学符合数学素质教育的全面性特征

数学素质教育的全面性是指使学生的数学素质、自然素质、心理素质和社会素质得到全面和谐的发展。GX实验教学强调"先做后说,师生共作",学生在"做""说"和"共作"过程中获得认知过程、情感过程、意志过程的全面陶冶,其数学素质、心理素质和社会文化素质等基本素质获得全面发展。通过"淡化形式,注重实质""积极前进,循环上升""开门见山,适当集中",使课堂效益得到显著提高,为学生全面发展提供了时间保证。

(三)GX实验教学符合数学素质教育的主体性特征

数学素质教育的主体性是指主张激发学生的主体意识,发展学生的主动意识、公民意识与现代意识。GX实验教学强调:"先做后说,师生共作",通过学生的"做"与"说",实现学生在课堂上的"民主参与",培养学生的"主体意识"。通过"共作",师生一起共同探讨问题,共同归纳结论,随课堂进展的情况,学生多做或教师多引导,使学生获得一定的自主权,在学生探索的自主性和教师指导的约束性之间取得适当的平衡,从而有效地促进学生对自己的方法做出积极的反思与改进,实现学生的主体地位。

(四)GX实验教学符合数学素质教育的基础性特征

数学素质教育的基础性是指注重数学基础知识、基本技能的获得,为学生身心健康发展、后继学习、生活与就业奠定基础。GX实验教学通过"开门见山,适当集中",直达数学学科的基本概念与基本原理,迅速建立数学知识网络结构中的"节点"。依据数学基本概念和基本原理之间的内在逻辑,将有联系的知识"集中讲,以点带面;对比练,综合应用",建立与加强数学知识网络结构中"节点"之间的连接;从联系的角度对数学知识进行整体性构建,使学生从整体上把握所学内容；在联系和对比中深化理解，从而使学生形成动态的、经纬交织的、融会贯通的数学知识网络结构，这符合数学素质教育的基础性特征。

(五)GX实验教学符合数学素质教育的发展性特征

数学素质教育的发展性是指重视发展学生的创造力、潜能与个性，使学生学会学习，获得终身学习的能力。GX实验教学强调"先做后说，师生共作"，使学生从自己的数学现实出发，经过数学尝试与思考归纳出有关数学概念与结论，从而使学生个人的创造力、潜能与个性得到发挥，获得对其未来具有发展价值与迁移价值的注意、归纳、类比、抽象、猜想等一般能力。

三、GX实验教学是实施数学素质教育的有效途径

一般认为数学素质的构成要素主要包括四个层面：一是数学认知与方式层面，包括数学知识与技能、数学思维品质与方式；二是数学能力层面，包括数学语言能力、数学运算能力、数学推理能力、空间想象能力、数学应用能力、数学学习能力、数学创新能力；三是意识与观念层面，包括数学意识、数学应用意识、数学创新意识、数学观、数学学习观；四是情感、态度与个性品质层面，包括数学学习情感、数学学习态度、数学学习自信心。[1]

(一)GX实验教学能有效促进学生的数学思维

GX实验教学注重数学知识的教学，但并不直接给出概念、法则、公式、定理，而是通过先由学生尝试做一些与其有关的问题，并在此基础上尝试下定义、归纳结论，然后在教师指导下进行练习，这样学生了解了知识的由来与用途，能有效地形成数学认知结构。有了这个基础，文字式概括性的定义对他才有意义。譬如，讲负数时教师要结合具体的相反意义的实例，使学生对它有实感，一说到负数，脑中就能联系上一些典型事例。讲正、负数的加法法则时，教师重点不要放在法则本身的叙述上，要先结合实例，使学生对它有实际领悟（正、负相消），从中归纳出加法法则。[2]至于法则的叙述，经过学生多次实际操作后可在教师帮助下自行做出。这种教学不追求数学知识的"精确"与"严谨"的表述形

---

[1]张奠宙,李士锜,李俊.数学教育学导论[M].北京:高等教育出版社,2003:49—63.
[2]中学数学教改实验组.GX理论与实践[M].重庆:西南师范大学出版社,1998:6.

式,而注重实质性思维过程的理解与体验,最大限度地调动了学生的思维活动。

(二)GX实验教学能有效培养学生多种数学能力

GX实验教学通过"先做后说,师生共作"中的"做"与"作",使学生探索与体验数学知识的学习与应用过程,从而使其数学运算、逻辑推理、直观想象、数学应用等能力获得发展。通过"先做后说"中的"说",促使学生在感性体验基础上进行归纳、概括等"数学化"的思考,从而获得数学语言表达能力与逻辑思维训练。GX实验教学强调"适当集中",能使学生从全局上掌握数学内容并学会综合比较分析;GX实验教学通过"积极前进,循环上升",在"积极前进"中出现的问题通过"循环上升"来解决。譬如,"式"概念的建立是一个长期反复的过程,要通过表达算式、解方程及式的运算并随时回归到"字母表示数",[①]学生在这种"循环上升"中学会整理与深化知识的方法,提高了数学学习能力。

(三)GX实验教学能有效培养学生的数学情感

GX实验通过"积极前进"使学生在课堂学习中保持新鲜感,通过"先做后说,师生共作",注重让学生在尝试中经历"再发现"过程,有助于培养学生的数学意识、数学应用意识与数学创新意识,使学生积极参与教学活动,并在活动与过程中获得更多的成功体验。教师通过创设问题情境,将其引入与问题有关的情境之中,通过提出问题引起学生的认知冲突,激发求知欲,使学生进入积极主动的"思维场"。这些过程与举措都能有效地培养与激发学生的数学学习动机与兴趣,形成积极的数学学习态度和数学学习自信心。譬如,"圆"概念的教学过程是:①提出问题并调动学生对圆的感性认识的再现;②提出交通规则中"圆"的概念作理性思考的要求;③通过《墨经》上的一句话"圆,一中同长也"的理解让学生实际领悟圆的特性;④从动态的角度思考圆的特性;⑤提出问题,让学生观察思考,初步了解对称性是圆的一个基本性质。像这样通过问题,步步深入启发,诱导学生从不同的角度去思考、领悟概念及其本质属性比直接给出一个严格的定义,更能激发学生的兴趣和求知欲。[②]

[①]张奠宙,宋乃庆.数学教育概论[M].北京:高等教育出版社,2004:序一.
[②]宋乃庆,陈重穆.再谈"淡化形式,注重实质"[J].数学教育学报,1996,5(2):15—18.

又如"淡化形式,注重实质"能使学生认识到同一数学知识点在不同条件下可以有多种表达方式,其结果是不唯一的,从而使学生树立正确的数学观与数学学习观。譬如,因式分解可以在有理数、实数等范围内进行,条件不同,结果也就不一样。

(四)GX实验教学能有效培养学生的学习品质

GX实验教学强调"开门见山",直达核心主题,克服了传统数学教学起始阶段分散学生注意力的弊端,能有效地吸引学生的有意注意。GX实验教学强调的"循环上升"中所采用的多角度变换方式,能有效保持学生的注意力。心理学研究表明:无意注意在初二年级达到最高峰。无意注意的集中程度依赖于学生的兴趣,没有兴趣的活动不但不能引起学生的注意,反而会招致学生的强烈抵触。[1]譬如,教学以有理数运算为核心来讲有理数的概念、有理数的运算法则和运算定律及其他问题,一堂课前二十分钟解决本课所要学的新知识,这样,突出了运算这一重点,培养了学生注意力。[2]

第三节
GX实验的学习观

一、数学学习观简介

数学学习是通过获得数学知识经验而引起的持久行为、能力和倾向变化的过程。一方面,数学学习是学习的一个下位概念,因此一个人所持有的学习观的不同,会用相应的学习规律来解释数学的学习,会产生不同的数学学习观,这是一个从一般到特殊的认识过程,是一个演绎的过程。另一方面,数学学习作

---

[1] 罗万春.GX实验教材的编写策略[D].重庆:西南师范大学,1999:26.
[2] 中学数学教改实验组.GX理论与实践[M].重庆:西南师范大学出版社,1998:6.

为一门学科的学习,其独特的课程内容、学习规律、学习经验、学习情感等,也会影响学生对一般学习的认识,这是一个从特殊到一般的归纳过程,同样也影响着学生对学习的认识。如此就数学学习观而言,形成了一个双向建构的过程。GX实验的学习观也是在此双向建构过程中形成的。

(一)行为主义数学学习观

1. 行为主义数学学习的基本观点

行为主义心理学认为,学习是刺激和反应之间的联结,学习是反应的强化。因此,不管是通过死记硬背或者机械操练,只要使学生建立联结,产生新的行为变化,就产生了学习。在这种观点下,行为主义数学学习的基本观点主要有以下几点。

第一,行为主义数学学习观把数学学习看作是刺激与反应的联结。桑代克把他的联结理论首先应用到语言和数学两门学科的学习中。1922年,他发表的《算术心理学》是联结主义理论在数学学习中的直接应用。在该书中,桑代克认为所有的复杂知识都是由简单的联结构成,因而学习就是建立并加强所需要的联结。第二,行为主义数学学习观把数学学习视为试误的过程。从数学概念的形成、数学命题的获取,到数学问题的解决,都是试误的过程,这种试误受练习律等学习律的支配。第三,行为主义数学学习观认为数学学习是在机械练习中形成习惯。所谓习惯,就是把许多散乱的、无序的反应,通过条件反射的过程使其变成有组织的、确定的反应。数学学习,只有通过大量的、重复的练习才能形成习惯。第四,数学学习的动因是外部强化的结果。

行为主义数学观曾是数学学习的主导理论。对此,华东师范大学的李士锜教授作了分析:"从课程内容上看,20世纪50年代以前,世界各国的中小数学教材中主要是算术计算,只是到了中学快要结束时才出现少量的代数和几何内容。当时大量的学习内容是计算练习,好几页的习题,类型差不多,方法也是类似的,只是数字或符号有一些改变,有时候还要使用小卡片作反复的练习。要求练习到最后能一看到题目就立即做出正确反应,不能有错,这种学习称为'操作性学习'。操作性学习在数学教学中,尤其在小学算术里长期有着重要地位,并且是教学的主要途径。"[1]显然,数学教学内容的粗浅性为行为主义学习理论提供了客观的实施环境。事实上,行为主义的学习联结说以及相应的学习律对解释低层次学习有合理的一面。在数学学习中,计算技能、作图技能的形成和发展,需要以一定数量的反复训练为基础,并且在练习中伴随强化要素,这样容易使刺激与反应之间建立稳固的联结。

2. 对行为主义数学学习观的反思

行为主义数学学习观不仅在历史上产生过重要的影响,而且有旺盛的生命力。当前,许多教师仍持行为主义学习与教学观,或者受这一观念潜在地支配。行为主义数学学习观对数学学习的阐释有合理的、积极的一面,在特定的历史条件下,对数学教育理论的建构以及数学教学实践都发挥了重要的作用。但是,随着时代的发展,特别是计算机技术的产生,人们对心理学的研究视野逐步从个体的外部行为转向个体的内部认知,行为主义数学学习观的缺陷也就凸现出来,如数学学习不是"刺激—反应"的简单的联结。因为数学学习主要是一种高级思维活动,这就决定了数学学习的本质不只是一种"刺激—反应"的简单的联结。对数学学习而言,简单的技能训练可以视为刺激与反应的联结,即依据某种法则,有一套操作程序的技能训练,其学习的达成依赖于一定的练习量。譬如,数的四则运算、分数的运算、解一元一次方程等,均属于这种情形。数学知识的学习也不能理解为建立在大量的机械练习之上。因为通过大量重复训练在学习者头脑中形成刺激与反应的联结,虽然有的联结稳固下来,但对于稍微复杂的数学知识学习,联结并不意味着学习的达成。又如数学学习不是一种被动地接受过程。一般来说数学学习就是学习者主动探索、积极建构而不是慑于教师权威的行为。

(二)认知主义数学学习观

1. 认知主义数学学习的基本观点

早期认知派主张学习是知识的获得。学习的重心在于知识的增加。现代认知学派认为,学习是学习者头脑中发生的一个认知过程。学习者在学习过程

---

[1] 李士锜.PME:数学教育心理[M].上海:华东师范大学出版社,2001:13.

中,通过认知获得意义,实现认知结构的重新组合。不管是使用接受学习还是发现学习的方式,学习都应该是积极主动地获得意义的过程。学习活动本身具有强化作用。认知主义的数学学习观点主要有以下几点。

(1)数学学习是个体的数学认知结构不断得到发生、变化和发展的过程

对认知结构的概念有不同的界定。布鲁纳认为认知结构是知识的类目化系统;皮亚杰用图式描述认知结构,图式即是被内化的运用;奥苏贝尔认为,认知结构就是学生头脑中的知识结构;信息加工心理学家认为,所谓认知结构就是贮存于个人长时记忆系统内的陈述性知识和程序性知识的实质性内容以及它们彼此之间的联系。对于数学认知结构,曹才翰等认为,"数学认知结构就是学生头脑中的数学知识被学生按照他自己理解的深度、广度,结合自己的感觉、知觉、记忆、思维、联想等认知特点,组合成的一个具有内部规律的整体结构。"[1]

与行为主义不同,认知理论对人的心理和环境的认识是相对的。一方面,外界的环境对于人的知觉来说是一种客观的存在;另一方面,人的心理同样在影响着这个人对环境的知觉。人的知觉是一种认知的经验过程,在这个过程中,人的认知有能动性,是在不断地改变心理结构以使它同客观情境保持平衡。对于学习而言,这种心理结构就是认知结构,因而,学习的实质就是人们借助于原有认知结构,对新知识进行吸收、同化、改组,从而形成新的认知结构的过程。

(2)数学学习是对数学的理解过程

对于"数学理解",希伯特(Hibert)和卡彭特(Carpenter)给出了一个比较准确的界定:"一个数学概念或方法或事实是理解了,如果它成了(大脑)内部的一个部分。更确切地说,数学被理解了,如果它的智力表示成了(大脑)内部网络的部分。理解的程度由联系的数目和强度来确定的。说一个数学概念、方法或事实被彻底地理解了,是它和现有的网络由更强或更多地联系联结着。"[2]

---

[1] 曹才翰,蔡金法.数学教育学概论[M].南京:江苏教育出版社,1989:96.
[2] [美]D. A. 格劳斯.数学教与学研究手册[M].陈昌平,等,译.上海:上海教育出版社,1999:136.

显然,对数学的理解就直接影响认知结构的完善和发展。理解的前提是学习者已具备同化新知识的认知结构,它是支撑新知识形成的依托。当学习者面临新的学习时,他必须调动与此相关的知识结构,新知识或者被认知结构同化,或者对原有认知结构进行改组,这就是一个理解的过程,其结果是新知识与旧知识建立了稳固的联系,同时产生新的认知结构。

2. 对认知主义数学学习观的反思

认知主义心理学家关注的是人的内部心理过程,这种内部心理过程不能单纯地通过人的外部行为去反映。对学习而言,行为主义心理学家关心的是人们学习的结果,认知主义心理学家则力求解释产生某种学习结果的原因。从研究层次上看,认知主义心理学家对人的心理的研究比行为主义心理学家更加深入、更加贴近心理本质的内涵,因而,其理论和方法对人类学习的解释就更具有说服力。

另一方面,在充分认识和汲取认知心理学学习理论的同时,还应对其理论的狭隘和片面之处有清楚的认识。如数学学习过程不仅仅是一个客观的过程。认知主义学习理论不关注人的非认知因素在数学学习中的作用。认知主义心理学家研究的焦点是人类的认知因素,对诸如人的情感、动机、兴趣、意志、品格、情绪等非认知因素是不关心的。大量研究表明,非认知因素对学生的数学学习起着至关重要的作用。不研究人的非认知因素的学习观是残缺的。

(三) 人本主义数学学习观

1. 人本主义数学学习的基本观点

人本主义理论强调学习是学习者实现自身价值的过程。学习过程中,人的因素是重要的,学习者是学习活动的主体。因此,教育者必须关注学习者的情感、需要和价值观,努力建立良好的师生关系,构建情感融洽的学习情境。人本主义教育的本质,是人性的养成和人格的培养。这种教育本质观,渗透到数学教育中,对数学教育理论产生了较大的影响。人本主义数学学习的基本观点有以下几点。

(1) 数学学习是一种意义学习

人本主义心理学家认为,每一个个体的行为变化均受其心理场的支配。心理场,即个人的经验世界,是特定时间内个人所意识和知觉到的所有东西。数学学习是通过心理场的不断分化来改变个体行为的过程,这一过程已不再是简单的知识积累,而是通过一种渗入各部分的渗透性知识,在他的态度和个性之中引起变化。因此,这种意义学习并非只涉及记忆和思维的纯粹认知的学习,而是一种与人的生活及实践活动息息相关的人格化的、内在的学习。在意义学习中,人的认知与情感、行为和个性等多方面均融于其中,产生整合效应,从而导致人的整体的改变。

(2)数学学习过程是一个情知结合的过程

行为主义把学习的机制解释为由外部刺激引起个体的行为变化,忽视人的主观能动性;认知主义把学习机制解释为信息加工过程,即对信息的吸收、重组、贮存和提取等认知过程,强调个体认知结构的建立、丰富与发展,忽视非认知因素在学习中的作用。人本主义倡导的意义学习,一方面,强调人的心理过程是统一、有机的整体,即躯体、心智、感情、精神和心理力量融贯一体,学习就是情知的结合,是以情感因素为基本动力,以情知协调活动为轴心的认知过程。另一方面,重视个体的经验。经验是人类认识与变化的基础,一旦学习活动与人的生活经验相联系,就会有成效。

2. 对人本主义数学学习观的反思

行为主义心理学和认知心理学强调系统的理论与严密的方法,以学习问题作为研究的特定主题,而人本主义心理学只是形成了一种对学习过程的本质和特点的独特解释,从严格意义上说,人本主义心理学并没有建构一套完整的学习理论。但是,从行为控制到认知加工,再到人本主义走向人格构建,这无疑丰富了学习理论的内涵,使人们对学习的本质有了多层次的理解和多视角的认识。

在数学教育中,既要肯定人本主义学习观积极的一面,又要对它的缺陷和不足有清醒的认识。如数学学习不能脱离数学学科自身的逻辑体系;数学学习不能只依赖于学生的"内发",教师的"外铄"也是必要的。

(四)建构主义数学学习观

1.建构主义数学学习的基本观点

20世纪90年代以来,西方学术界对学习理论研究给予了高度重视,建构主义学习理论的盛行就是其表现之一。特别是在认知心理学理论的基础上,建构主义学习理论突破了"学习是反应的强化"的观点,超越了"学习是知识的获得"的观点,强调了学习是一种知识建构的过程,而不是纯粹地记载和吸收知识;学习是知识的社会协商及社会实践参与的过程。具体而言,建构主义学习理论强调如下一些看法。

第一,理解是通过与环境的互动而发生的。学什么与怎样学是不可能相脱离的,因此,认知不仅仅在个人内部,而且是整个情境的一部分。

第二,认知冲突或困惑是相对于学习而言的一种刺激,并决定着学习内容的实质和组织形式。

第三,知识是通过社会磋商和对理解发生的评估而展开的。个人是测试理解的一个基本机制;协作小组对特定问题的理解进行测试;其他人则是刺激新的学习的重要源泉。[1]

鉴于数学的对象主要是抽象的形式化的思想材料,数学的活动也主要是思辨的思想活动,因此,数学新知识的学习就是典型的建构学习的过程。

(1)数学学习是通过社会协商共享数学知识意义的过程

社会协商是建构主义解释学习的一个重要概念,个体通过与社会之间的互动、中介、转化以建构、发展知识来学习。在学习条件方面,首先,建构主义强调学生的主观能动性,突出学生先前经验的意义。其次,关注数学知识所赖以产生的社会情境,数学的意义总是情境性的,数学源于现实、寓于现实、用于现实,知识的理解需要相关的感性经验(主要通过社会协商获得),知识的建构不仅靠新信息与学习者头脑中的已有信息的相互作用,而且需要学习者与相应社会情境的相互作用。第三,强调"学习共同体""学习者共同体"的作用,提倡师徒式的传授以及学生之间的相互交流、讨论与学习。

在学习过程方面,建构主义认为学习是学习者根据自己的知识背景,在他

---

[1] 徐斌艳.数学课程与教学论[M].杭州:浙江教育出版社,2003:4.

人协助下,在社会情境中主动建构自己的意义学习过程。在学习过程特别强调个体的社会协商和在协商中的发展,也把个体的持续发展作为学习的一个重要结果。根据维果茨基的观点,个人的认知结构是在社会交互作用中形成的,发展正是将外部的、存在于主体间的东西转变为或内化为内在的、为个人所持有的东西的过程。欧内斯特指出,社会建构主义的中心论点是:只有当个体建构的、独有主观意义和理论跟社会和物理世界"相适应"时,才有可能得到发展。在谈到数学学习的协商性和修辞性时,欧内斯特进一步提出这样的观点:"人类的基本现实就是协商……协商被看作是哲学的中心,持这种观点的人来自不同的传统,其中包括莱德、彼德斯罗蒂和伽达默尔。"

(2)数学学习是认知主体根据自己经验主动建构个人知识的过程

数学学习不是简单地记忆公式、法则或外显行为的改变,而是学生根据自己经验主动建构个人知识的过程。在建构主义者看来,对数学学习的这种理解与传统的心理表征是完全不同的,传统的心理表征包括两点:一是学生个体意识中的数学被看作是客观数学的表征,因此学习便意味着要建立存在于自我的内部表征。二是将教科书、教具等教学材料看作是数学的外部表征,按照传统的表征观,数学学习要解决的问题是使外在结构进入到学习者内部。传统数学学习观与教学目的、意向性是相联系的。建构主义学习观与此不同,用马图拉纳(Humbeto R. Maturana)的话说就是"学习不追求目的,学习是生物在维持其组织和结构的自下而上条件下的结构改变的一个结果。学习不是媒介物的表征,不是在媒介上建立的行为……",冯·格的斯费尔德认为"如果我们称作'知识'的东西已经是一个相对不变的行为结构和概念结构,并且一个有机体具有这种知识,如果一个观察者得出这个结论,即有机体事实上需要这个结构才能够使之成为现实,那么,一个有机体能够获得知识的唯一方式就是,自己去建构或为了自己去建构"。

(3)数学学习要求学习者对知识形成深刻的理解

要让学生对数学知识形成深刻的理解,结合自己原有的经验体系学习探索新知识,将所学知识的不同部分联系起来,将新知识与原有的知识经验联系起来,将正式的知识与自己日常的直觉经验联系起来,看它们是否一致,并解决它们之间的冲突。

首先,这意味着学习者所获得的知识是结构化的、整合的,而不是零碎的、只言片语的。来自美国加州大学戴维斯分校数学教授斯坦(Stein)描述的"瞎子摸象"的感受,他形象地阐述道,"如果你把数学当作计算的工具,用来计算长度与面积,或算出成本与利润,那它就类似铁锤和螺丝起子。如果你用它来描述重力或染色体的结构,你可能认为数学是物理和生理宇宙中的创世语言。或者在几何、微积分的课堂里,你认为数学是很好的分析方法,是贸易、法律或医学的职业训练基础。"有些学生抱怨数学多于喜欢数学,因为他接触的数学可能只是一长串枯燥的计算,只是每天分配到的几页一定要完成的练习,或是一堆没有好好解释的难懂规则。其实学生只触摸到"数学大象"的一小块皮肤。

其次,这意味着学习者所建构的是灵活的知识,而不是惰性的、死的知识。学习者不应满足于对数学概念、原理等的教条式的掌握,而应使这种理解进一步深化。教学应该把要学习的数学知识置于多种、具有一定复杂性的问题情境中,分别着眼于不同的侧面,使学习者对知识形成多角度的、丰富的理解,从而使他们在面对各种问题时,能更容易地激活这种知识,灵活地利用它们解释新现象,形成解决问题的程序。

2. 对建构主义数学学习观的反思

建构主义思潮影响巨大,极大地推动了教育观念的更新和发展,但是由于过分夸大了它的适用范围,也产生了许多负面的影响。从学习理论发展看,建构主义是一种新思想,但从教学层面看,强调学生的主体性并不是建构主义的新发明。[1]因此在运用建构主义思想进行数学的教与学时,要特别处理好继承和发展的关系。

鉴于数学是有意义的学习,因而建构主义的思维理论对数学知识的学习和教学确有指导意义。但不同数学知识的建构除了具有一些共同的特性外,必然有其特殊性。那么,数学知识建构的特殊性有何体现?数学中不同抽象层次的概念建构有什么心理差异?如果说数学知识的获取是个体建构的结果,那么数

---

[1] [德]埃瓦尔德·特尔哈特.建构主义与教学(三)——在普通教学论中会发现一种新思想吗?[J].张桂春,译.外国教育资料,2000(5):65-70.

学思想方法的学习是否也是一个建构过程？

不同的学习观实际上是从不同的角度看待学习问题。应该看到，不同的学习观并不是完全对立的，正确和辩证地认识各种学习观，在教学中可以起到互相补充的作用，对于学生的全面发展是有益的。

二、GX实验的数学学习观

GX实验依据"GX32字诀"指导学生的数学学习，并没有明确地提出GX实验的数学学习观，对于不同的数学学习内容除了采用以上不同心理学流派的数学学习观之外，"GX32字诀"所体现的数学学习观点主要有以下几点。

(一)GX实验强调"做中学"

GX实验提出"先做后说，师生共作"，强调"不要从概念出发，要从实践出发，先要去'做'，做了再来归纳。概念的提出可以在'做'之中，也可以在'做'之后"，关键是让学生先"做"，形成一定感性认识后，再"说"，然后下定义，最后归纳结论、方法(理性认识)等。其中"先做"与"共作"体现了学生学习的自我建构与师生协作，隐含了建构主义学习观，隐含了教师是导演，学生是主演，体现了学生的主体地位。这也是杜威的"做中学"在数学学习中的拓展与应用，体现了陶行知的"教学做合一"的思想。

(二)GX实验强调新知激趣

GX实验强调数学教与学的"积极前进"，通过"积极前进"使学生在数学学习过程中接触数学新知识的时间缩短，不断地获得新知，不断地体验数学知识学习过程中的认知冲突，抱有新鲜感、好奇心，保持学习的积极性。通过"积极前进"促使学生上进，保持积极向上的进取精神，这对学生的思想品质和情感态度的培养是非常有利的。通过认知突生疑、激趣，驱动学生的数学学习，培养学生的数学情感，体现了认知主义与人本主义的学习观。

学习关键是要有所收获，从学习中能获得新知，能领悟道理，能感觉到自己认知的提升。对初中生来说，学习获得感是学生感觉学有所得，值得继续投入学习的重要感觉，对学生的学习有重要的影响。从数学认知出发，利用数学知识的特性激发学生的学习动机,在GX实验中得到了充分的体现。

(三)GX实验强调以赛促学

不同形式的竞赛也是GX实验促进学生学习数学的一个重要方法。在竞赛中学生的好胜心和求知欲更加强烈,学习兴趣和克服困难的毅力会大大增加。GX实验常用的竞赛方法有:(1)恰当应用测验(包括常规考试),这是无声的有形竞赛;(2)教师有意在讲课中提出一些问题征求解答,但不要求全体学生都做;(3)教师还可以组织班级、小组进行模拟竞赛等,运用小组竞争的方法可以提高学习质量。学生在学习小组中变得更加积极,较少像过去那样消极被动,学生之间互相提供了关于自己学习的深度及如何学习的及时反馈信息,有利于学习能力的提高和学习方法的改进。GX实验以赛促学强化了学生的数学学习,激发了学生的学习兴趣,主要体现了行为主义和人本主义的学习观。此外,GX实验还强调学生自己跟自己比较,反思自己随时间的前进是否有所进步。

第六章

GX实验改革方法的考量

对教学实验进行方法论的思考与分析,是认识与理解教学改革实验的一个重要维度。GX实验在得到较大推广与取得一定的改革成效以后,虽然实验在自然的学校教学环境下,具有较为严格的实施程序,进行了大量的调查与实证研究,但较为缺少对GX实验的方法与有效性的整体分析,因而也导致了一些学者对GX实验的质疑。如有学者在对我国的数学教育研究进行探析时提出,虽然GX实验的资料众多,但没有发现GX实验的实验假设、实验变量,也没有发现GX实验的条件控制等明确提法……并希望GX实验教改组能更深入地做一番研究。[1]因此,从教育研究方法的角度进一步审视GX实验的形成与发展,不仅能对GX实验的形成与发展有一个整体认识,同时也能消除人们对GX实验在改革方法上的模糊认识。

张奠宙先生曾指出"GX实验"和"青浦经验"是20世纪80年代以来两个具有本土特色的教改实验,是非常值得向国际数学教育界推荐的。而阻碍与国外数学教育界进行交流与沟通的一个重要原因是缺少实验方法论的支撑,GX实验在这方面的研究还存在不足。虽然后继的研究者对GX实验的方法问题已作了一些探讨,如张渝老师认为"GX实验"的方法,属于融教育理论与实践于一体的"行动研究"。[2]程良建老师从初中数学教学系统结构分析了GX实验的实验假设、实验因子、控制条件等,[3]在文中已有所阐述,在此不再赘述。

---

[1] 张国杰,王光明.数学教育研究与写作析评[M].上海:华东师范大学出版社,2003:21-22.
[2] 张渝.提高初中数学课堂效益(GX)实验的回顾与展望Ⅰ[M].重庆:西南师范大学出版社,2010:8.
[3] 程良建.GX实验的再认识与发展研究[D].重庆:西南大学,2008:21.

以上二者的回答主要从自我体验与回顾的角度对GX实验的方法进行分析,从方法论的角度来讲,不能全面有效地回答人们对GX实验方法论的追问。下面从数学教育的研究范式与教学实验的内涵两个角度来分析GX实验的形成与发展,同时从实验方法的角度透视GX实验的实验方法特征。

第一节
基于数学教育研究范式的审视

研究方法的科学性不仅影响着研究成果的传播与推广,而且影响着研究结果的有效性、合理性,还影响着对问题解决的程度与深度等。美国著名数学教育家伦伯格(Romberg,1992)在讨论数学教育研究方法时指出:"方法的不同不仅仅包括对同一问题的不同研究方法,一个方法与另一方法的差异不仅在于信息是如何收集、分析和指导的,而且也关系到所提出的典型问题以及作为对这些问题进行研究的方法、基础、原则或范式。"[①]因此,随着数学教育的发展,数学教育研究的内涵、范式、方法等在国内外曾引起学者们的广泛关注。

一、数学教育研究概述

1987年,张永春对国内外近代数学教育研究进行了一个系统的分析,他把近代数学教育研究分为三个时期[②]。第一个时期,是从学校教育的产生开始到19世纪末。这一漫长阶段的数学教育研究,主要是研究具体数学问题的教学方法,所以后来有人称之为"处方""验方"式的教学法,并把这个时代称为"传统的

[①] Romberg, T.(1992). Perspectives on scholarship and research methods[A]. In Grouws, D. A.(Ed.), Handbook of research on mathematics teaching and learning[C]. London:Macmillan,50.
[②] 张永春.近代数学教育研究史的简要评述——为黑龙江省数学学会八六年年会准备的报告[J].齐齐哈尔师范学院学报(哲学社会科学版),1987(S1):1-19.

数学教学方法的研究时代"。这一时期人们主要是从教者的角度,静态地研究数学教学问题。第二个时期,是从19世纪后期到20世纪中期。这一阶段数学教育研究的特点是,从研究教学方法到对教学目的和内容做较全面地探讨的转变。从教育理论的观点来看,可称之为"数学教学理论的研究时代"。这期间国际数学教育委员会(ICMI)成立,并开始了大量的活动,是这个阶段数学教育研究的象征。第三个时期,是从第二次世界大战结束到20世纪80年代。这个阶段的研究颇为丰富,有50年代的分析批判,60年代的新数浪潮,70年代的回归调整,到80年代的深入探索,有人称之为"数学教育理论的研究时代"或"数学教育学的时代"。这一综述实际上反映了数学教育研究内容的发展与变化,没有对数学教育研究的方法论问题进行探讨。

随着数学教育发展及其研究的需要,国际数学教育委员会于1992年启动了"什么是数学教育研究?什么又是数学教育研究的成果?"的专题研究,引起了国际数学教育界的关注,在1998年出版了一部论文集《数学教育研究的界定》(*Mathematics Education as a Research Domain: A Search for Identity*),提出了数学教育研究的五个问题:[①]

(1)什么是数学教育研究的特殊对象?

(2)数学教育研究的目的是什么?

(3)什么是数学教育研究的特殊研究问题?

(4)什么是数学教育研究的成果?

(5)应当采用什么样的标准对数学教育研究的成果进行评价?

数学教育研究的规范问题在国内也引起了研究者的广泛关注,并在数学研究领域引起了研究范式的转变。我国于1982年成立"中国教育学会数学教学研究会",于1985年成立"全国高师数学教育研究会",有效地推动人们对数学教育研究的认识与发展。1994年,张奠宙先生出版了《数学教育研究导引》对数学教育研究进行了综述性、引导性阐释。1997年,张国杰、王光明、苏帆合作出版了《数学教育研究与写作导论》评述了我国数学教育研究的规范与论文写作。《数学教育学报》在1997年第4期推出了"微型调查与微型实验"专栏,刊发

[①] 郑毓信.数学教育研究的界定与深化——从ICMI的相关研究谈起[J].数学教学通讯,2001(8):1-4.

了7篇论文,在1998年又刊发了"微型调查与微型实验"论文16篇。1997年,陆书环等出版了《比较数学教育研究》对数学教育的比较研究作了阐述。1999年,张洪林等出版了《数学教育的跨文化研究》从文化的视角讨论了数学教育的研究。2003年,张国杰、王光明又合作出版了《数学教育研究与写作析评》对我国的数学教育研究的现状、存在的问题、发展趋势、学术规范等问题进行评述。2008年,王林全出版了《现代数学教育研究概论》对数学教育研究的基本方法、选题、课程研究、论文写作等进行阐述。这些研究从不同侧面都讨论了数学教育研究的方法论问题。

二、数学教育研究的范式

2000年及2001年郑毓信教授在《数学教学通讯》连续撰文《数学教育研究的不同范式》《数学教育研究的不同范式(续)》《数学教育研究的界定与深化——从ICMI的相关研究谈起》对数学教育研究的内涵、范式及其发展趋势进行评述与研究。2003年,在陕西师范大学召开数学教育高级研讨会上,数学教育研究工作的规范化问题引起了与会者的普遍关注。此后,郑毓信教授在《数学教育研究之规范化与中国数学教育的发展》中指出,数学教育研究的"规范化"不仅是为了使中国数学教育走向世界,而且更应被看作提高学术研究水准的必然要求。[①]涂荣豹教授在《论数学教育研究的规范性》一文中指出数学教育研究是由一般教育理论演绎数学教育规律和由数学教育自身特殊问题提取数学教育规律的双向建构;提出数学教育作为学科教育不仅要遵循"教与学对应"原则,还应该遵循"教与数学对应"的原则。数学教育研究的文风要防止"新八股",创新要注意"新"未必就好,数学教育的研究课题、研究方式应倡导百花齐放。[②]数学教育研究的"双向建构"实际上指出了数学教育研究的两种范式:一种是教育学——演绎的范式,即由教育学的一般理论推演数学教育规律的研究方法,常常表现为理论的思辨;另一种是数学——归纳的范式,即由数学的特质出发,推演出数学教育规律的研究方法,常常表现为实验的探索。

美国著名数学教育家伦伯格认为数学教育研究中有三种不同范式:"经

[①]郑毓信.数学教育研究之规范化与中国数学教育的发展[J].中学数学月刊,2004(1):1-3.
[②]涂荣豹.论数学教育研究的规范性[J].数学教育学报,2003,12(4):2-5.

验——分析的范式""符号的范式"与"批判的范式"。[①]澳大利亚著名数学教育家毕晓普（Bishop,1992）在其为《数学教与学研究手册》所撰写的综述性论文《从国际的观点看数学教育研究》中曾对数学教育研究中的不同范式进行了分析，他认为在数学教育的研究中可以区分出三种不同的研究传统，即"教学法的传统""经验——科学家的传统"和"学院——哲学家的传统"，二者的观点有很大的相似性。

郑毓信教授从科学发展的角度对二者的观点进行评述，[②]认为"教学法的范式"是数学教育研究的各种范式中历史最长的一种；当时的数学教育研究还处于"前科学"阶段，其主要特征就在于它直接源于教师的教学实践活动，这时的研究者主要是教师，研究的目标就是为了改进相应的教学工作。并且在研究中以自己的教学实例作为论据，没有认识到研究方法的重要性，主要是一种经验研究与经验总结，缺少理论的高度。"学院——思辨的范式"主要是理论性的思考，其研究者主要是数学家，他们主要从纯数学的角度来思考问题，往往从高等数学的角度来审视初等数学的教学问题，把初等数学看成是高等数学的预科，强调高等数学对初等数学的指导作用。

在"科学化"运动中，则对"实验——分析方法"（亦可称为"实证的方法"）高度推崇，认为可以被看作各门学科是否真正实现了所说的"科学化"的主要标准。其要求采取完全客观的立场去获得可靠的知识，获得对客观规律的认识，并最终实现对相应过程的准确预测或完全控制。教育研究也走向了"科学化"，强调"经验——科学家的范式"。

在"后科学"时代，数学教育的现代研究立场向方法论的多元论转变，不再局限于实验——分析的方法，而是从社会学、人类学等多门学科中广泛地吸取新的研究思想和方法。基于政治的、社会的思考则构成了伦伯格所说的"批判的范式"，其目标就是要把知识的模式和那些限制我们实践活动的社会条件弄清楚。持有这种观点的人的基本假设是人们可以通过思想和行动来改造自己生活于其中的社会环境。研究范式的多样性与方法论上的兼容性是教育现代

[①]Romberg, T.(1992). Perspectives on scholarship and research methods[A]. In Grouws, D. A.(Ed.), Handbook of research on mathematics teaching and learning[C]. New York：Macmillan, 50.
[②]郑毓信.数学教育研究的不同范式[J].数学教学通讯,2000(4):1-3.

研究的重要特点,在此人们更表现了较强的自觉性,突出地强调反思和批判精神的重要性,要求人们擅于通过反思与批判,更好地实现科学研究由自发状态向自觉状态的重要转变。

三、GX实验的研究范式

由第二、三、四、五章的研究表明,GX实验的发展路径为:发现数学教学实践中存在的问题→重建初中数学知识结构→教材编写→教法实验→整体融合实验→提升与推广。

先前有实践调查,在启动与实施中有教材与教法的控制:师生都使用GX实验教材;教师按GX实验"积极前进"的方式进行教学,有实验的规划,有统一的考试测验(见附录六),有教材的调查分析[1][2],有实验效果的调查分析[3],各个学校有学生成绩的统计与分析,也有教研员对实验学校的成绩统计(见附录六)。这说明GX实验的研究范式是"经验——科学家的传统",具有明显的实证研究特性。但在GX实验的过程中,教改组并没有对实验班进行控制性干涉,在使用GX实验教材的基础上,主要让其在自然状态下进行教学实验,这一点在对参与教师与教改组成员的访谈中也得到证实,这也是后来人们认为GX实验不算是严格的教学实验的一个原因。但实践证明,这一措施是符合中学数学教学现实的,过度的量化分析对实验教师来说可能产生负面的影响,反而不利于实验的进行,所以最后一般对成绩的统计主要是平均分、及格率、优生率、差生率,以及基于此的实验班与非实验班的简单比较等,主要是一个基于教师或教育管理部门需要的描述性统计,实际上距离严格的实验量化只差一步,并且是可为的。

另外,按涂荣豹教授的数学教育研究范式的分类,GX实验研究属于"数学—归纳"的范式,因为GX实验主要是基于对数学的学科体系重构进行实验研究,得到"GX32字诀",形成GX实验教学原则的内核,并且"GX32字诀"的形成过程也是一个不断归纳的过程。基于数学的视角进行改革实验是GX实验具有生命力的一个重要原因,也是许多数学教育家对GX实验给予较高评价的

---

[1] 杜文久,魏林,朱乃明.GX实验教材抽样调查简报[J].数学教育学报,1997,6(4):108-110.
[2] 杜文久.GX实验教材实验情况调查与分析[J].数学教育学报,1998,7(1):4-7,23.
[3] 李忠如,魏林.GX实验的回顾与思考[J].数学教育学报,1998,7(1):1-4.

一个主要原因。在对教师的调查中,有62.8%的教师认为"淡化形式,注重实质"是"GX32字诀"中最为核心的一句,这也证实了GX实验的数学教育研究范式的归属。

第二节
基于教学实验方法的审视

一、教学实验的内涵与特征

(一)教学实验的概念

由于对实验、教育内涵的理解不同,从不同的角度出发,研究者们对教育实验有不同的看法。在《教育大辞书》中把教育实验定义为:"教育实验是教育上一种科学的研究方法,实验者对实验情境加以严密控制,维持几个因子不变,而变化其中一个因子,然后用测验测量结果,并用统计方法计算成绩,以求得一个正确的结论。"[1]这一定义强调教育实验是一种单变量的科学实验。在《中国大百科全书·教育卷》中对教育实验的界定主要强调控制性、目的性、计划性,并且根据实验的控制条件把实验法分为实验室实验法和自然实验法两类。教育实验法属于后者,主要指在日常教育工作的正常条件下进行的,当然也不能绝对,对某些问题的研究要采用实验室实验法。但不管用什么方法,都要保证受试者处于自然状态。[2]这一定义点明了教育实验的特性,强调教育实验的控制性与自然情境。李秉德在《教育科学研究方法》中认为教育实验法是根据一定的教育理论或设想,为了解决某一教育问题,组织有计划的教育实践,然后就实践效果进行比较分析,进而得出科学结论。实验法的最主要特点在于对实验情境加

---
[1] 朱经农,唐钺,高觉敷.教育大辞书[M].台北:台湾商务印书馆,1974:1057.
[2] 中国大百科全书总编辑.中国大百科全书·教育[M].北京:中国大百科全书出版社,1985:168-169.

以控制,排除一些无关因子的干扰,突出所要研究的实验因子,以比较准确地探索出事物间的因果关系来。"[1]这一定义指出了教育实验的"控制性""因果性",同时也指出教育实验是一种"有组织有计划的教育实践"。朱作仁在《教育辞典》中把教育实验定义为:"教育实验指教育领域里进行的一种特殊形式的探索教育规律的科学研究活动。这是教育科学研究的基本方式之一,是根据研究课题的设想,在周密计划和专门设置的特定条件下所进行的一种特别组织起来的教育实践。"[2]这一定义强调教育实验既是一种"探索教育规律的科学研究活动",又是一种"特别组织起来的教育实践"。美国研究实验的专家威廉·维尔斯马(Wiersma,2010)认为实验就是试探着做一件事,给实验下了一个宽泛的定义,同时也强调要对一个或一个以上的自变量进行控制,并指出在教育实验的设计中可有不同的范式。这一说法指出了实验的广泛性、普遍性,实验是人们的一种尝试活动,教育实验基本特征是控制自变量,观察因变量的试探性活动。[3]日本教育学者大河内一男等在《教育学的理论问题》中指出教育行为的实践结构与实验具有相似性,对研究者来说最为重要的是探索事物间的规律性,而无须关心其价值如何。[4]在这里作者强调了教育实验作为一种实验应是价值无涉。王策三在《教学实验论》中认为教学实验是依据一定的理论假说,在教学实践中进行的、运用必要而又合乎教学情理的控制方法,变革研究对象,探索教学的因果规律的一种科学研究活动,[5]并进一步强调:教学实验是一种科学研究活动,是在教学实践中进行的,要采用必要的、合理的控制,要变革研究对象,要以科学的理论假说为依据,要探索、发现教学的因果规律。[6]这一概念强调了教学实验的探究性、情境性、特殊性。靳玉乐、和学新在《教育实验论》中认为"教育实验(的质)是一种研究性与教育性统一的实践活动。亦即,教育实验既是一种教育科学研究活动,又是一种更高形式的教育实践活动。教育实验的本

---

[1] 李秉德.教育科学研究方法[M].北京:人民教育出版社,1986:62.
[2] 朱作仁.教育辞典[M].南昌:江西教育出版社,1988:650.
[3] [美]威廉·维尔斯马,斯蒂芬·G.于尔斯.教育研究方法导论[M].袁振国,等,译.北京:教育科学出版社,2010:138.
[4] [日]大河内一男,等.教育学的理论问题[M].曲程,等,译.北京:教育科学出版社,1984:267-269.
[5] 王策三.教学实验论[M].北京:人民教育出版社,2000:194.
[6] 王策三.教学实验论[M].北京:人民教育出版社,2000:194-196.

质是通过主动变革对象来探索教育规律并促进学生身心全面发展的有效手段。"[1]这一定义关注教学实验的研究性与教育性,强调教育实验的实践性,较为系统地说明了教学实验的内涵与特征,符合教学研究的特殊需求与实际状况。黄书光在《中国基础教育改革的历史反思与前瞻》中提出:"教育实验是一种为探索教育改革之路而进行的探索性、研究性的教育实践活动。"他认为教育实验的核心是其所蕴含的价值取向、目标系统、具体的改革领域、改革过程及其评价,其主要的意义指向在于推进教育实践改革的深化,自然科学方法的借鉴是次要的。[2]这一定义强调教育实验的改革与实践价值,强调教育改革是教育实验的重心,强调教育实验的特殊性。

(二)教学实验的特征

朱智贤在《教育研究法》一书中指出,教育实验主要具有以下六个特点:周详的观察、情境的控制、无关变量的排除、精确的记录数据、反复验证、使用随机化方法等。[3]田羽认为教育实验有三大本质特征:理论假设、条件控制和可重复性。[4]柳夕浪把教育实验与其他学科的实验进行对比,提出"实验过程——教育价值的导向""实验方法——教育情境的模拟"两大特点。[5]美国的克里斯汀森(Christensen)认为,教育实验具有控制、使用操作定义和重复验证三大特点。[6]英国的费舍尔(Fisher)提出教学实验的五大主要特征:有效的客观测量、随机化、控制、精确的统计分析、同一时间实验诸多因素等。王策三认为教学实验的特征主要有以下三点:①事实与价值的统一性;②科学与人文的统一性;③技术与艺术的统一性。杨银付、瞿葆奎认为教学实验的本质特征是控制性、与教育实践的不可分离性的联合。[7]靳玉乐、和学新在分析和借鉴的基础上,提出从属加种差的角度来认识特征问题,认为教育实验真正的本质属性或本质特征在

---

[1]靳玉乐,和学新.教育实验论[M].重庆:西南师范大学出版社,1994:142-143.
[2]黄书光.中国基础教育改革的历史反思与前瞻[M].天津:天津教育出版社,2006:198.
[3]朱智贤.教育研究法[M].台北:台湾正中书局,1958:89-91.
[4]田羽.关于我国中小学教改实验的几点思考[J].教育研究与实验,1989(4):11-15.
[5]柳夕浪.教育节奏的调整及其实验[J].教育研究,1991(2):52-54.
[6]王策三.教学实验论[M].北京:人民教育出版社,2000:197.
[7]杨银付,瞿葆奎.教育准实验的科学规范探讨[J].教育研究,1992(10):41-51.

于"控制性""因果性"和"实验教育性"。①

对于教育实验的特征究竟是什么,众说纷纭。综合以上的分析,可看出教学实验是在一定的教育情境中,通过主动变革对象来探索教学规律,促进教学发展的一种科学研究活动。作为教育教学研究的一种方法,目的是促进师生的发展,具有主体的教育性;作为学校教育教学的研究,具有自然的情境性;作为一种科学的研究方法,具有适度的控制性等特征。

(三)教学实验的类型

按不同的标准,教学实验可分为不同的类型。(1)按实验因素的个数来分,教学实验可分单项实验、综合实验与整体实验。单项实验指对单个因素进行操作变革,以观测其效果的实验。综合实验指对有内在联系的多项因素进行综合性操作变革,以观测其综合效果的实验。整体实验是对教育教学中某一独立的整体结构进行全面的系统的操作变革,以观测其结构功能效果的实验。(2)按实验的情境来分,教学实验可分为实验室实验与现场实验,前者主要指在实验室进行的实验,后者主要指在现实教学情境中进行的实验。②(3)按教育实验的随机化和控制程度的标准来分,教学实验可分为前实验、准实验与真实验。前实验指可以进行观察和比较,但缺乏控制无关干扰因素的措施,从而无法验证实验使用的因素同实验结果之间的因果关系,也很难将实验结果推论到实验以外的其他群体或情境,是内外效度都很差的实验。准实验指不能随机分派被试,无法像真实验那样完全控制误差来源,只尽可能予以控制的实验。真实验则指能随机分派被试,完全控制无关干扰因素,能系统地操作实验因素,从而使内在、外在效度都很高的实验。从上述分类方式可以看出,根据不同的分类标准可以将教学实验划分为不同的类型,每一种分类方式均有其存在的合理性,从不同的标准或角度来认识教学实验,有助于深化对教学实验本质和特点的认识。

二、GX实验的实验设计

一般来说,教学实验设计有广义、狭义之分。广义的教学实验设计是指对

---

① 靳玉乐,和学新.教育实验论[M].重庆:西南师范大学出版社,1994:144.
② 王策三.教学实验论[M].北京:人民教育出版社,2000:203-206.

教学实验的整个过程的规划,包括提出问题,提炼假说,确定实验的各种变量,选择主试,制订实施程序和方法,选择或研制评价技术方法等,这是一整套的计划草案。狭义的教学实验设计是指根据某一实验的具体目的和要求,对各种变量进行精心安排,以获取预期结果的一种模式。这就是说,狭义的设计主要涉及对实验变量的安排问题,其他事情则另外考虑。[①]作为对GX实验的总体性回顾,下面采用广义的教学实验设计的概念探析GX实验的实验概况。

(一)GX实验的问题提出

夏建刚在梳理我国数学教学改革及其研究状况时,将我国1977—2006年期间的数学教育研究的历程划分为:"恢复——提高教学质量(1977—1984年)""发展——减负提质增效(1985—1993年)""深化——追寻主体精神(1994—2006年)"三个阶段。[②]按这一划分,GX实验主要处在我国数学教育的发展阶段,宏观上教学改革与研究的主题是减轻师生负担,提高课堂教学效率。

20世纪80年代中期,一方面受片面追求升学率的影响,另一方面数学教学内容过度地强调科学性原则,存在大面积后进生,师生负担过重的问题非常突出,严重影响了义务教育的实施,影响了民族文化素质的提高。面对这些问题,陈重穆先生明确指出,数学教学不能成为素质教育的阻碍,作为基础教育的一门重要学科,要能够促进素质教育的发展。为此,陈重穆先生与宋乃庆教授在数学教学中提出"减负提质"的口号,进一步指出人和生态一样,发展要平衡,如果不能有效地减轻学生的学习负担,就不可能促进学生的全面发展,也就是说要实现学生的全面发展,就必须减轻学生的学习负担。而减负提质的主要途径是提高课堂教学效益。正是为了这一目标,在质量与效益并重的精神指导下,从"发挥课堂45分钟最大效益"出发,陈重穆先生和宋乃庆教授开展了"提高课堂效益的初中数学教改实验"——GX实验。[③]

张渝老师在回顾与反思GX实验时,指出"GX实验正是根据当时初中学生数学学习负担过重,课堂教学效益普遍低下,质量不高的实际情况,把解决这一

[①]潘洪建.教育实验研究述评[J].克山师专学报,2001,20(4),20:62-69.
[②]夏建刚.数学教学改革的研究方法及方法论意识——近三十年我国数学教学改革案例分析[D].上海:华东师范大学,2007:5.
[③]中学数学教改实验组.GX理论与实践[M].重庆:西南师范大学出版社,1998:3.

实际问题作为自己教改实验的目标。然后通过构建教科书新体系,在实践中来探索解决问题的教学理论。"[1] 不仅是局限于1985—1993年这一时间段,在此之前、之后都存在类似的问题,如1993年成立的"云南省中学数学高效益(GX)教改实验组"课题组在1993—1999年期间听取了玉溪市和昆明市的上百节数学课,发现"课堂教学效益低,多余的、不必要的教学行为随处可见"。[2]特别是在中青年教师中这一现象更为严重。

从以上不同层面的研究可以看出,GX实验所针对的问题主要是初中数学教学质量不高,师生负担过重的问题。如何在提高教学质量的同时减轻学生负担,是GX实验的研究目的。

(二)GX实验的实验假说

数学教学实验作为一种科学研究活动,其一般进程如下:人们在数学教学实践活动中发现存在的问题,而目前所用的理论及其方法都失效了,无法解决所发现的问题,这就产生了有待于用新的理论或方法才能解决的问题;然后,人们根据一定的理论演绎或实践归纳,提出解决问题的设想,通过猜想提出新的理论解释,以新的方式、方法来解释所发现的问题,并以新的理论或方法去预测问题的解决可能,这就形成了实验的假说。因此,研究的假说就是关于事物现象的因果性或规律性的假定性解释,它是用来回答由事实提出的问题,并且是可以经由事实进一步检验的。科学发展的过程就是假说的形成,假说的检验以及假说的更替。任何假说的提出都以一定的相关事实作为支持它的经验证据,也以一定的相关原理作为论证它的理论前提。假说的提出不是无缘无故的,它是用来回答特定的问题、解释一定的事实的。所以,一个假说必须论述存在着什么样的问题有待于人们解答。假说的内容构成通常是较为复杂的,它既有真实性尚未判定的内容,又有比较确实的内容。

从GX实验的实施过程来看,GX实验针对初中数学教学质量不高,师生负担过重的问题,并且主要针对数学过度形式化所产生的师生负担重,形成"集

---

[1]张渝.提高初中数学课堂效益(GX)实验的回顾与展望Ⅰ[M].重庆:西南师范大学出版社,2010:6.
[2]朱维宗,彭毅力.云南中学数学高效益教改实验及研究[A]//马有良.当代云南教育论文大系[C].昆明:云南民族出版社,2000:168-171.

教育思想、教材、教法为一体的综合改革实验方案""从义务教育出发,提出并实施'淡化形式,注重实质',降低数学的'形式化'要求,在'积极前进,循环上升'中注重学生的实际领悟,从而发展学生的智能。""对实验方案进行完善,强化'提高课堂效益'的'GX32字诀'教学原则。"[①]从以上的过程可以发现,GX实验所采纳的教育思想作为实验的基础或引导,在发挥作用上主要体现在物化理念于教材与渗透于教法两个方面。

从GX实验的基本内容来看,GX实验的基本内容主要体现在以下几点。[②]

①课堂教学是学校工作的基本形式,……,初中生学习任务的完成也主要在于课堂教学。本项目研究就是要彻底改变当前课后"题海战术""大运动量作战"的不良状况,真正达到减轻师生负担,提高教学质量的目的。

②改革以应试为终极目标的传统教育思想,建立以减轻负担、提高素质为目标的新的教育思想、教学方法、教育手段。探索出有中国特色、操作性强的"GX32字诀"的教学原则。

③改革传统教材的编写方式,以"GX32字诀"教学原则指导教材编写,特别以"适当集中""循环上升"组织、编排教学内容,使"教学内容和重点有了新意",编出了一套"减负提质"、特点鲜明的初中数学教材。

④通过GX实验使实验教师的教育思想发生根本转变,教学能力、科研水平能在较短时间内得以提高,使实验教师成长为教学骨干、教学明星。

⑤把学生从繁重的数学学习中解放出来,使学生能自觉、愉快、积极地学习。

从GX实验教改组解决问题的基本内容分析,所采取的方法措施主要体现在三个方面:一是通过课堂教学提高教学效益,要使45分钟的时间发挥尽可能大的效益,这主要体现在上面基本内容的①中;二是探索与构建了"GX32字诀"的教学原则,以有效地提高课堂教学的效益,这主要体现在上面基本内容的②中;三是以"GX32字诀"为指导编写"减负提质"的初中数学教材,这主要体现在上面基本内容的③中。④⑤实际上是在师生两个方面要实现的部分目标。

从以前的研究来看,朱福胜博士认为尽管GX实验并没有明确地提出实验

[①]中学数学教改实验组.GX理论与实践[M].重庆:西南师范大学出版社,1998:4.
[②]中学数学教改实验组.GX理论与实践[M].重庆:西南师范大学出版社,1998:5-6.

假设,但从其教学原则中,我们还是可以发现有一些"潜在"的理论假设。在访谈的过程中,访谈者也表示:"GX实验在学生观和教师观上的显著特点在于'相信学生''相信老师'。"同时他们也认为:"在实验因子方面,很难用还原的方式、方法来探究GX实验的主因子,由于GX实验是一个整体实验,在教学改革中所涉及的实验因子很多,基本涉及初中数学课堂教学的大多数因素,所以要把GX实验进行肢解,有隔靴搔痒之感。"[1]这样反而更不利于对GX实验的继承与发展。

程良建老师认为GX实验的研究假设为:[2]一是初中数学教育系统的层次结构不合理,导致系统功能结构不佳,进而导致数学教育质量普遍不高;二是传统教育理论导致初中数学教育系统的层次结构不合理,传统教育理论需要变革;三是以GX实验理论研究成果为基础,改革初中数学课程材料的组织形式、教学结构的组织形式以及课堂教学结构的组织形式,能改善初中数学教学系统的层次结构功能,即实现在不超过大纲规定的课时内,使学生能积极地学习,达到数学教育的知识与能力目标。

程良建老师所构建的实验假说实际上主要体现在第三条上,而这一条主要反映在课程教材的组织和呈现与课堂教学组织方法上。

基于以上的分析,GX实验的假说可确定为:课堂教学是提高教学效益、减轻师生负担的主要途径,以"GX32字诀"为原则指导数学课堂教学能充分发挥课堂45分钟的教学效益,有效减轻学生的数学学习负担,提高课堂教学效益,促进学生的智能发展。

(三)GX实验的实验变量及其控制

1. GX实验的自变量

在"GX32字诀"的指导下,GX实验教改组主要从两个方面入手实施教学改革。第一,教材是GX实验的一个自变量。从1986年GX实验的酝酿期开始,在陈重穆先生的带领下,就不断提出与渗透相关的观点进行教材的编写,如1986年着手编写《新编初中代数》教材时,陈先生就按"以方程为纲,以元为序"的编排方式进行编写,从陈先生的手稿(如图6-1、图6-2)可见一斑。

---

[1]朱福胜.数学教育哲学视野下的GX实验研究[D].重庆:西南大学,2009:125-126.
[2]程良建.GX实验的再认识与发展研究[D].重庆:西南大学,2008:21.

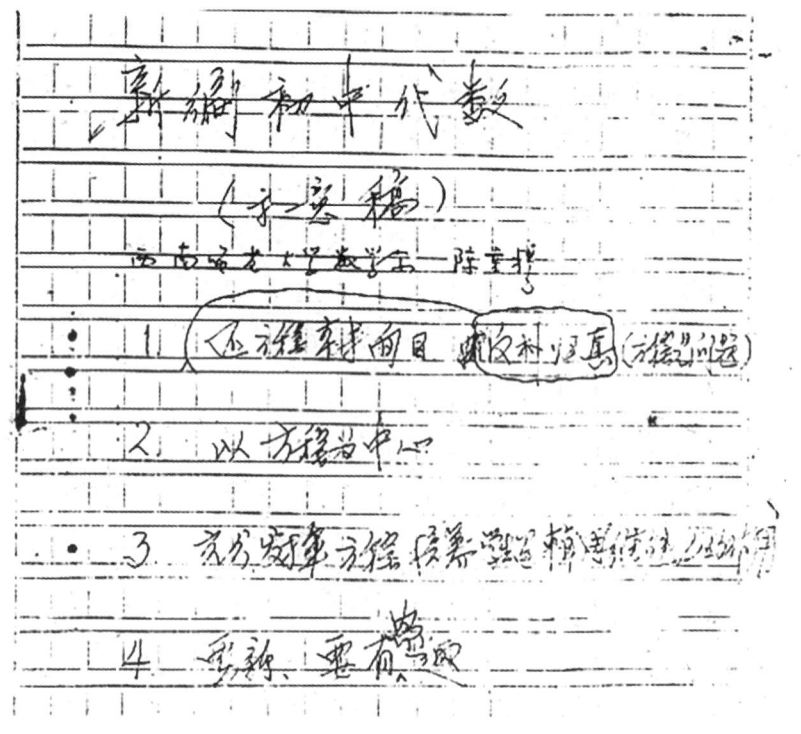

图6-1　陈重穆先生《新编初中代数》示意稿体现"以方程为中心"的手稿剪图

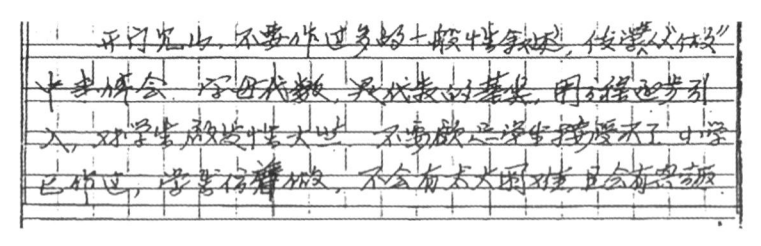

图6-2　陈重穆先生《新编初中代数》示意稿中体现"开门见山"的手稿剪图

在编写《九年制义务教育三年制初级中学数学实验课本(内地版)》时,在代数部分也体现以方程为纲,淡化方程定义,"方程是问题","方程 $f(x)=g(x)$,就是求 x 使 $f(x)=g(x)$",用分析法解方程等观点。[①]

在GX实验教材编写之初,陈重穆先生在《关于提高课堂教学效益》的报告稿中,归纳教材编写的原则:

[①]四川省九年义务教育初中数学教材编写组.四川省九年义务教育初中数学教材编写组工作计划(草案)(保留文稿)[Z].1988(9).

开门见山,直捣黄龙;

淡化概念,归真返朴;

精讲多练,师生共作;

滚动前进,循环往复。

从中可看出包含了GX实验的主要教学原则,这是GX实验32字诀的前期形式与内涵。但有的在教材中较难体现与实施,如"精讲多练""师生共作""滚动前进"等,再具体分析后来所形成的"GX32字诀"。"淡化形式,注重实质"——关照的是如何把学术形态的数学转化为教育形态的数学,以提高教师教与学生学的效益,是数学认知化的一个思想观点,主要物化于数学的课程与教材。"积极前进,循环上升"——是基于学生认知规律对课堂教学进度的如何处理的一条原则,也是课堂教学的一条原则,主要体现在教师的课堂教学中。"开门见山,适当集中"——"开门见山"主要指教学要尽快抓住与进入作为学科的数学知识的核心,次要概念、问题在处理的时机与时间上要灵活、适度,不占用课堂教学的过多时间和学生的学习精力;"适当集中"主要指对涉及同一主题的数学教学内容作一个整体的处理,通过比较提高与发挥知识的系统功能,从而提高教学的效益,这实际上是对教学内容处理方面考量的一条提高课堂教学效益的策略。"先做后说,师生共作"——"先做后说"主要指教学中要突出学生的主体地位,学习的过程是学生"做"的过程,学生有了实践与体验,教师再引导性地讲解,共同合作解决问题,教师在课堂教学中主要是导学、助学。这实际上是从师生关系方面考量的一条提高课堂教学效益的策略。

实际上它们对教材和教学是有不同的侧重,有的主要涉及教材,有的主要靠教学来实现,而在教材中很难体现或实现。后来在同张渝老师的访谈与交流中,他认为这四句口诀分别体现了教学的原则与策略等,是不同层面上的。如"开门见山,适当集中"更应看成是一条课堂教学的策略。

1991年10月陈重穆先生首先草拟了GX实验教材代数第一册各章节的内容,然后陆续写出各册单元内容的编排框架。同时,在宋乃庆教授的组织与安排下,由几位中学数学教研员和教师,为陈先生的教科书初稿增配例题和习题、综合练习题等。[①]在1992年初新学期开学前，印出油印本GX实验教材，并通过重庆市北碚区、南岸区、沙坪坝区的数学教研员选了7所学校进行实验，后来随着实验班的增多，由西南师范大学出版社正式出版GX实验教材。

以上分析表明GX实验教材是以"GX32字诀"的"淡化形式，注重实质""开门见山，适当集中""循环上升"为原则或策略编写的，是实验的一个自变量或实验因子。

第二，"积极前进"的教学方法是GX实验的另一个自变量。如何使物化于教材的教学原则在课堂教学中实践，采取一定的教学措施是必要的，GX实验在教师培训及实验过程中的教学研讨中，要求教师的课堂教学方法以"GX32字诀"的"积极前进"为原则指导课堂教学，以充分发挥课堂教学效益，有效地减负提质。如对教学进度的要求主要是基于苏联教育家赞可夫的"高难度、高速度进行教学的原则"，在GX实验中要求教师的课堂教学中要"积极前进"，克服传统教学常采取制造机械的"装配式"教学的弊端——把知识点划分得较细，步子跨得较小，在每个点上停留较久，在同一处、同一水平反复练，不但拖慢了教学进度，而且学生学习较零碎，缺乏整体了解，难以主动进行学习思考。久而久之学生的主动性受抑，对学生的智能发展及素质的培养负面影响大。GX实验的课堂教学要求常用小苗到大树的"发展式"，采取适当集中和突出重点以点带面的处理方式，保持有较快进度，实现"积极前进"。只要多数学生理解基本事实，对之有所领悟，基本会操作，就可前进，枝节的问题、次要的问题、熟练的问题、体会的问题，通过"上挂下连""循环上升"在"前进"中结合解决。"积极前进"使学生常有新鲜感，保持其学习积极性。用"循环"来加深认识，熟练操作，针对存在问题分层次处理，在前进中解决问题。如有理数直接由实例引入正、负数，并由收入、支出使学生领悟加法就是"正、负相消"。一节课就从正、负数和绝对值的定义讲到加法，又如正、负数乘除法，多项式乘法公式，三角形全等判定定理等都是一节课讲完，讲时重点讲清一个，其余留给学生自学消化。练习时几个公式都用，避免学生学某一点知识，习题一定用这一点知识，不观察、不动脑筋，按例题依样画葫芦去做，任务完成了而收获不大。

[①]张渝.提高初中数学课堂效益（GX）实验的回顾与展望Ⅰ[M].重庆:西南师范大学出版社,2010:38.

对师生教学关系处理上，提出在掌握知识同时要发展学生智力，归根到底要通过学生自身实践。"教师的主导作用就在于发挥学生的主体作用""在教师启发下学生来下定义，做结论，找解法，表述一个事实。"这实际上是从师生关系上保证课堂教学的"积极前进"。

从以上分析可确定，GX实验的"积极前进"教学方法，是GX实验的第二个自变量。通过这两个实验因子的控制，在"GX32字诀"的主旨下，GX实验力图有效提高教学效益，减轻学生学习负担。

2.GX实验的因变量

在GX实验的因变量上，GX实验教改组考虑到当时的教育背景，主要以学生的数学学业成绩与数学学习时间为因变量。在学生的数学学业成绩方面主要考虑两个方面，一是当时学校、区、县、市等的统一考试成绩。这是最基本的，也是最重要的，在考试分数是对师生最重要的评价标准下，如果经过GX实验学生的数学成绩没有提高，实验便很难进行下去，这一点也是在实验之初教师、校长们最担心的，也是实验实施与推广的难点之一。通过GX实验学生考试成绩提高了，教师、校长、教研员等才能形成实验的动力，推动实验的进展，虽然这样做可能有些功利化，但在我国基础教育现实下，这是必要的选择。二是一些延伸性的内容，如数学竞赛与活动，一般的学习能力与兴趣等。这也是体现GX实验成绩与教学水平的一个重要标志。

在学生的数学学习时间方面，课堂时间是不变的，GX实验主要在课堂上提高教学的效率、效果、效益，积极前进，缩短新课教学时数，通过复习进行循环提升，减轻学生的课后负担，从而减少学生学习数学的时间。GX实验一般用两年到两年半的时间就完成了一般三年的教学任务，特别有效地减少了学生课后学习数学的时间，学生可自行安排节省的课后时间，利用这些时间学生可以提高其他方面的素质。这样学生的数学学业成绩越高，学习数学所用的时间越少，表明GX实验的效果就越好。实验变量之间的关系用一个关系式可简单表示为：

$$f(教材，教法) = 数学学业成绩 + 数学学习时间$$

三、GX实验的实施程序

从GX实验的实施阶段来分析，GX实验的实施程序大致如下：

(1)酝酿阶段：①在新的社会背景下，发现现实与传统数学教学中存在的低效及负担过重问题；②在继承先前教学改革经验与成功的基础，尝试将新的教学原则、方法进行教材改革试验；③逐步形成GX实验思想和实验方案，并在多项实践中进行局部性探索实验；④为GX实验培训师资队伍。

(2)启动阶段：①拟定GX实验教材，正式启动以"减轻师生负担，提高课堂效益"为主旨的，集教育思想、教材和教法为一体的综合改革实验，并在重庆市七所学校进行初始GX实验；②针对实验中存在的问题，修订与完善进一步实施的方案。

(3)实施阶段：①大力加强师资培训，建立师资培训"三级制"〔西南师范大学课题组，各省市、区(县)教研室，实验学校〕，不断总结GX实验并逐步扩大实验范围；②澄清改革的理念，强化"提高课堂效益"的"GX32字诀"教学原则，并使实验学校教师能正确实施实验方案和32字诀的教学原则；③编写与正式出版GX实验教材，大面积实施教学改革实验。

(4)提升阶段：①逐步将实验扩大与推广，进一步研究GX实验在不同地区、不同类型学校对大面积提高教学质量的作用；②加强师资培训、重点培养教师的"提高课堂效益"的教学能力和科研能力，促进GX实验的可持续发展；③进一步扩大实验规模，增大社会效益，进一步研究"GX精神"向高中及其他学科的迁移；④总结GX实验的理论。

对以上的分析做一个简单梳理，从宏观上来看，GX实验的实施程序主要如下：

发现问题→提出想法→教材编写→培训教师→点式实验→全面实验→总结评价→提升推广。

从微观上来看，GX实验的实验程序主要为：

提出实验假说：课堂教学是提高教学效益，减轻师生负担的主要途径，以"GX32字诀"为原则指导数学课堂教学能充分发挥课堂45分钟的教学效益，有效减轻学生的数学学习负担,提质课堂教学效益,促进学生的智能发展。

确定实验变量:自变量——GX实验教材;GX实验的"积极前进"教学方法。

因变量:数学学业成绩,数学学习时间。

GX实验的实验与控制:采用由点到面,逐步推广的策略。实验先在重庆市选取2所学校7个班作为实验点,然后再逐步展开,由重庆地区逐步推广到西南地区,以至于全国十余个省、市、区(县)。GX实验是在自然的学校教学状态下进行的,主要通过GX实验教材的编写、介绍、使用控制教材变量,通过教师培训、教学研讨、讲座等形式控制教学方法变量。从上面的分析可看出,GX实验的实验自变量涉及教材、教法两个方面,是一项综合性学科教学实验,是在学校自然教学情境中进行的,是一项准实验。

四、GX实验的实验评价

从不同的角度和标准来看,教学实验评价有不同的分类。如有的研究者从实验进行的工作逻辑,区分出论证性评价——通过理论的研讨、辨析对实验的理论假设的科学性水平、实验课题的理论根据和实验设计的科学性水平作出鉴定;形成性评价——在实验过程中完善实验系统自身的规范化,从而保证实验理论假设、实验课题和实验设计如期实施,是实验科学性水平的监理机制;终结性评价——对教育实验的总体成果的水平,理论与实践的价值的鉴定。[1]有的研究者从评价活动的主体来分类,把教育教学实验评价区分为教育行政部门——行政验收性评价;有关专家——专家评价;实验者——自我评价。[2]有的学者从教学实验全面的实际情况出发,把教学实验的评价区分背景评价——对教学实验的各项背景内容进行的综合性评价;过程评价——在教学实验实施的各个环节、阶段上进行的评价,当然也是在教学实验结束后,回过头来对整个实验过程进行的评价;结果评价——对教学实验最终结束时所取得的成果的评价;综合评价——对教学实验的背景、过程和结果进行的全面的、综合的评价。[3]

---

[1] 戴汝潜,宛士奇.实用教育实验法[M].北京:教育科学出版社,1992:78.
[2] 靳玉乐,和学新.教育实验论[M].重庆:西南师范大学出版社,1993:472-473.
[3] 王策三.教学实验论[M].北京:人民教育出版社,2000:284-285.

按评价主体的分类方式来审视GX实验的评价。首先是来自教育行政部门的评价,主要体现在以下两个方面,一是GX实验既获得了国家教委基础教育研究中心基础教育科研立项,又获得了四川省教委基础教育科研立项。二是GX实验有关成果在不同层面上获奖,如论文《淡化形式,注重实质——兼论〈九年义务教育全日制初级中学数学教学大纲〉》于1998年获得教育部普通高等学校第二届人文社会科学研究成果三等奖,《提高初中数学课堂教学效益研究——GX理论与实践》于2001年获得重庆市科技进步二等奖。其次是来自有关专家的评价,如中科院院士、四川大学教授刘应明对GX实验的科技成果鉴定函审意见中认为:GX实验教学效果好、实验面涉及广,在强调素质教育、减轻中学生过重负担的今天,在培养学生创新精神与对数学精神上都很有意义;GX实验提出了实施素质必须解决的问题———如何高效发挥课堂45分钟的作用;GX实验富有中国特色,有很强的创新意识。[①]第三是来自实验者的评价。GX实验由重庆市7所学校经过6年发展到10多个省、市、区(县)上百所学校(由重庆发展到四川、云南、贵州、黑龙江、江苏、湖南、福建、河北、海南等10个省),由于实验效果出乎意料的好,深受各地师生欢迎,在数学教育界已产生较大反响。

[①]刘应明.GX实验的科技成果鉴定函审意见(保留文稿)[Z].2000.

第三节
数学教学实验方法的现实反思

本章以上内容主要基于GX实验的史实,从教育实验方法的角度对GX实验进行了梳理,一方面回答了研究者对GX实验方法论的质疑,另一方面通过这一视角窥视GX实验教学改革的发展。反思这一透视历程,也提示人们在进行教学实验时,科学方法的采用与教学的现实要取得平衡。"工欲善其事,必先利其器",一个数学教学实验如果没有方法的思考与基础,就缺少信度与效度,是教育研究的一种贫乏。然而,教学实验本身不是目的,而是一种推动教学理论构建和教学实践改革的手段,如果过于注重实验方法的科学性原则,方法、工具的过度形式化,超过了一线教师可以学习、接受与把握的能力,远离现实教学情境中对教师及学生的考核与评价,反而会成为改革的一个阻碍,"器"利了,反而不能"善"事了。正如有的学者指出"科学研究是一种寻求性的活动,它发生在技能、实践和工具的实践性背景下,而不是发生在系统的理论背景下"。[1]无论是一般原理的探讨,还是直接以改进实践为目的的研究,最终的指向都是面向实践的。[2]

回顾历史可以发现,我国现代科学意义上的教学实验,主要借鉴西方的教

---
[1] [美]约瑟夫·劳斯.知识与权力——走向科学的政治哲学[M].盛晓明,等,译.北京:北京大学出版社,2004:116.
[2] 柳海民,李伟言.教育理论原创:缺失归因与解决策略[J].教育研究,2003,24(9):13-17.

育研究方法,起步晚,道路曲折。我国主要有两个教育实验的高潮,一是在20世纪30年代左右,出现了一大批的现代教学实验开拓者,如俞子夷、陶行知、晏阳初等,开展了多种多样的教学实验。但由于战争、社会变革等原因,随即教育实验出现了长期的沉寂。二是在20世纪80年代,由于教育实验的许多理论和实际问题亟待探讨和解决。为此,由中央教育科学研究所教学法研究室和华中师范大学《教育研究与实验》杂志社联合发起,于1988年10月25日至28日在武汉召开了教育实验的理论与实践学术讨论会,同时成立了"教育实验研究协作组",这才形成了对教育实验进行专题研究的学术交流平台与组织,再度掀起教学实验及其研究的热潮。这说明由于历史的割裂,当时我国教育实验的水平是较低的,要求一线数学教师严格遵循实验的科学性原则来进行教学实验是不现实的。基于现实考量,GX实验教改组主要以实验为手段推动教学改革的发展,主要在科学原则的指导下关注改革的实践操作及其常规的学生学业成绩评价,如科学规范的教材编写,常规化的现场教学研讨,三级互动的实验教师培训,以学生统考成绩为考核与评价实验效果的主要指标之一等,使GX实验很快得到了一线数学教师的认同,取得了显著的效果,实验得以广泛的推广。

第七章

GX实验对我国数学课程与教学改革的镜鉴

GX实验虽然仅是数学教学改革成功的个案,但在其形成与发展过程中,除了具有一般数学教学实验的基本特征外,更重要的是具有自己的改革思路与特色。挖掘其特有的内涵不仅是其自身发展的需要,也是为数学教学改革史增加一份素材,更重要的是用其思想与方法启示现在与未来。"观今宜鉴古,无古不成今",审视当下的数学课程改革,要以分析与反思以前的改革为基础,教学是课程实施的核心,教学改革的成功是课程改革深入发展的关键。基于以上对GX实验形成与发展的讨论,下面的分析以期能为当下的数学课程改革提供一些启示,为数学课程改革的发展提供一点借鉴。

第一节
学校数学形式化体系的教育形态构建

数学教学内容的形式化至今仍是数学教育的一个重要问题,"非形式化数学"(Informal Mathematics)是20世纪80年代以来的一个国际通用的口号。教育理念的变化,新的数学教学内容的增加,原有内容教学要求的改变,一般都会涉及内容或体系结构的形式化处理。"强调本质,注意适度形式化"已成为现代数学课程的基本理念之一,随着数学教育培养目标的改变,这也成为目前数学课程改革中颇有难度的一个问题。如课程改革中出现的"过度生活化""过度情境化""过度活动化"等问题在某一层面上就是这一问题的反映。GX实验教学原则中"淡化形式,注重实质"的理念及其对数学教学内容的处理无疑提供了一个典型范例。通过淡化冗余的理论体系,淡化看似易于理解的纯文字叙述,淡化过度的逻辑性、严谨性等,构建易于学生认知,易于掌握数学实质的知识体系,有效地提高了数学课堂教学的效益。因此,认识与理解数学的形式化内涵、特征等对数学教育研究者、实践者都是重要的、必要的,是数学教师的一项基本素养。

一、认识数学的形式化谱系

数学的形式化是数学发展的结果,是一个从低到高的过程。由于形式化导致数学知识的客观性、普遍性与一义性等,因此它也是推动数学传播与发展的一种动力。用符号表示一些数学概念或规则早就产生,但数学的形式语言直到19世纪末才被皮亚诺(Peano)和弗雷格(Frege)引入。皮亚诺认为,数学基础的研究,困难在于语言含糊,为此他创立了一种表意的形式语言,所用符号简明易认,当用来分析各个数学分支中的命题时,这种语言足以表达各种数学思想。数学形式主义的奠基人希尔伯特为了寻找数学的基础,计划将各部分数学形式化,构成形式系统,然后用一种初等方法证明各个形式系统的相容性,即无矛盾性,从而导出全部数学的无矛盾性。为此他区分了三种数学理论:一是直观的非形式化的数学理论;二是将第一种数学理论形式化,构成一个形式系统,把直观数学理论中的基本概念转换为形式系统中的初始符号,命题转换为符号公式,推演规则转换为符号公式之间的变形关系,证明转换为符号公式的有穷序列;三是描述和研究第二种数学理论的,称为元数学、证明论或元理论。元数学是以形式系统为研究对象的一门新数学,它包括对形式系统的描述、定义,也包括对形式系统性质的研究。由此可见,从非形式化的数学到形式化的数学是数学发展的一个谱系,是数学发展的一个变化过程,非形式化数学与形式化数学分别处在数学形式体系的两端。

目前学者们对数学形式化的理解一般有两种:一种是动态的理解,把数学形式化看作是一种数学化过程,即数学形式化是一种用符号或符号的方法或技术来改进数学表达,对数学语言、理论进行整理、修正、转化和组织的过程。这种整理、修正、转化和组织的成果只是表达数学内容本质的一种形式,我们可以把它称之为形式化。[①]从这一角度来看,形式化是数学的最高形式,是在数学化与公理化基础上的发展。另一种是静态的理解,把形式化看成是数学的一种特性,即数学知识在系统化中,在各种初始符号与初始公式的基础上,按形成规则与变形规则形成知识体系的特性。[②]这正如辩证唯物主义所认为的,任何事物都有形式和内容两个侧面,都是形式和内容的统一体,数学也不例外。

二、认识学校数学形式化的复杂性

学校数学是以教育为目的的数学,这说明它既不同于日常生活中的非形式化数学,又不同于数学研究所要求的学术中的数学,而是同时具有二者的共同属性,也就是说学校中的数学既有非形式化的数学内容,又具有形式化的数学内容,并且随着学段的不同,其形式化要求会有所改变,随着数学教学育人目的的改变而变化,其关系如图7-1所示。

图7-1 数学(学校数学)的形式化谱系图

同时由上面的分析说明,数学的形式化也是一个发展的过程,是对前面数学知识的再抽象,形成更高层次的形式化数学,如此不断,形成一个数学形式化的谱系。众多研究表明非形式化数学对形式化数学的学习具有重要的作用与价值,现实生活中的非形式化数学能有效地帮助学生学习形式化的学校数学。[③]非形式化的数学结果有可能整合一些元认知技能,如自我监控、检验和意识到答案的合理性。非形式化的数学是学生知识增长的跳板。[④]对同一数学教学内容,其形式化水平也存在不同的层次,这也说明了学校数学的形式化要根

[①] 王跃红.数学形式化及其存在问题[J].数学通报,2006,45(3):16-19.
[②] 殷启正,刘培文,戴美凤.试论数学的形式化与非形式化[J].洛阳大学学报,1995,10(4):19-27.
[③] Bonotto, C. (2005). How informal out-of-school mathematics can help students make sense of formal in-school mathematics: The case of multiplying by decimal numbers[J]. Mathematical Thinking and Learning, 7(4),313-344.
[④] Karsenty, R., Arcavi, A., & Hadas, N. (2007). Exploring informal mathematical products of low achievers at the secondary school level[J]. Journal of Mathematical Behavior, 26, 156-177.

据育人的需要、教学目标、学生的认知水平等的不同进行不同层面的形式化处理,根据需要的不同采用不同的呈现形式,选择不同的切入点,这给看似简单的中小学数学内容的设置带来困难,尤其形式化的适度把握就更为复杂。德国数学家、数学教育家克莱因(Klein)把数学比作一棵树,公理比作树的根,当树逐渐长大时,躯干和枝叶向上长,同时根也向下长。因此既没有最后的终点,也没有最初的始点,即没有进行教学的绝对基础。①

三、基于改革主题重构学校数学的知识体系

由于数学的形式体系具有从非形式到形式化的谱系性,同时学校数学兼具两者的属性,因此中小学数学知识适度形式化体系的构建是一个较复杂的问题,不存在统一的标准与模式,需要基于不同的问题有针对性地进行处理。GX实验针对当时数学教材过度注重数学的学术特性,过分强调科学性原则造成的数学教与学效率的低下,主要在"淡化形式,注重实质""循环上升""开门见山,适当集中"等原则或策略的指导下,对数学教材进行重构,如方程概念的重新界定,以方程为纲、以元为序的体系安排,同类问题的集中呈现的结构调整等,从而形成易教、易学、效果好,具有特色的初中数学教科书,使改革理念有了切实的物化,教师参与改革有切实可操作的素材,切实把一些学术结构的数学转化成认知结构的数学,构建了以学生的认知学习为中心的学校数学,充分体现了数学教育是以数学进行育人的本质特性,从根本上提升了数学的育人功能与价值。

纵观国内外著名的数学教学改革,大多数都针对当时数学教育存在的问题,对教材所呈现的数学体系结构、内容等进行改造。如20世纪初的"培利——克莱因运动"。1901年英国皇家理科大学教授、近代数学教育改革的先驱者培利(John Perry,1850—1920)在格拉斯哥召开英国科学促进会的甲组(数学与物理)与乙组(教育)联盟会议上,在《论数学教育》(*Teaching of Mathematics*)的演讲中,主张数学的实践是从自然现象、社会现象和实践中发现数学的法则,明确提出数学教育的目的要强调应用。1902年在《关于数学教育的讨论》(*Discussion

---

① 吴大任.博洽内容 独特风格——《高观点下的初等数学》导读[A]//[德]菲利克斯·克莱因.高观点下的初等数学(二)[M].舒湘芹,等,译.上海:复旦大学出版社,2008:ⅰ-ⅷ.

on the Teaching of Mathematics)进一步强调数学的实用价值问题,明确指出数学要从欧几里得《几何原本》的束缚下解放出来,数学教育要注意数值计算、数的使用、代数公式的应用、坐标纸的应用,重视实验实测等技术教育。1904年德国数学家、数学教育家克莱因在哥根廷大学发表演说,强调数学应用的重要性,建议在中学开设微积分课程,提出中学数学内容应以函数概念为中心,继而于1905年起草了著名的《米兰大纲》。"培利——克莱因运动"的改革主张都涉及数学学科体系的变革,要求改革当时的数学教学内容体系,以适应科学、社会及学生发展的需要,这些主张对以后一百多年的数学教育改革产生了持久不衰的影响。20世纪60年代美国的"新数运动",为追求现代化在中学数学教材中放入了大量现代数学内容,如集合、逻辑、群、环、域、矩阵、向量、概率、统计、计算机科学等,还使用了大量的现代符号,如 $\in$、$\cup$、$\cap$、$\subset$、$\Rightarrow$、$\forall$、$\exists$ 等,对数学课程的内容进行现代化的重构。20世纪80年代"大众的数学"的口号,促进了学校数学由强调学术性到学科性的转化。以上这些国际著名的数学教学改革都涉及学校数学知识体系的改造,体现了数学教育中数学的特质,在世界范围内产生了深远的影响。

国内的数学教学改革,如"MM教育方式",即运用数学方法论的观点指导数学教学,也就是应用数学的发展规律、数学的思想方法、数学中的发现、发明和创新机制设计和改革数学教学的一种数学教学方式。[1]利用数学方法论对数学教学的内容进行改造,实验取得了成功,在国内数学教育界产生了一定的影响。"情境—问题"教学实验,从数学问题的角度改造数学课程内容,强调"数学问题是数学的灵魂",通过创设数学情境给学生提供一个刺激性的数据信息和背景信息,以激发其好奇心和发现欲,引发其认知冲突,诱发其质疑、猜想和探究的思维意识,进而发现数学问题、提出数学问题、分析数学问题和解决数学问题。[2]如变式教学,通过概念性变式,让学生多角度地理解概念,通过过程性变式,让学生体验新知识的演变或发展,理解知识的来龙去脉,形成一个知识网络。从数学概念的微观角度,设计数学的教学,形成具有中国本土特色数学教

[1] 徐利治,徐沥泉.MM教育方式简介[J].自然杂志,2008,30(3):138-142.
[2] 夏小刚,吕传汉,汪秉彝,等.基于"提出问题"的数学教学实验研究[J].贵州师范大学学报(自然科学版),2007,30(2):155-160.

学模式。①可见抓住数学某些特质进行数学教学改革,也就是说通过对数学的学科改造是一些数学教学改革成功的根本特征。

美国教育家布鲁纳认为,"不论我们选教什么学科,务必使学生理解该学科的基本结构。"学科基本结构就是一门学科的基本概念、基本原理和规律的体系。"简单地说,学习结构就是学习事物是怎样相互联系""他学到的观念越是基本,几乎归结为定义,则这些观念对新问题的适用性就越宽广"。德国范例教学理论的代表人物瓦·根舍因和克拉夫基等人提出改革教材要使学生掌握学科的知识结构。赞可夫提出理论知识起主导作用的原则,强调要让学生掌握"关于各种现象的本质的相互联系的知识""规律性知识"。学生只有掌握了这些规律性的知识才能举一反三、触类旁通,促进学生的学习与发展。在教学中数学知识结构的重要性是不言而喻的,但到底需要什么样的结构,形式化的还是非形式化的,基于学术的还是基于认知的,是一个没有定论的问题,在不同的时代随着育人目标的改变而变化,随着学生认知水平的不同而改变,是数学教学中要不断探讨的问题。

四、基于学生理解转换学校数学的知识形态

数学形式化水平的把握主要是从整体、结构上淡化形式要求,但可能还是学术形式的,如希尔伯特的几何公理系统与欧氏几何的公理系统,有形式水平的差别,但对学生来说都是抽象的、学术性的。因此,要想构建易于学生理解的数学知识,基于学生活动经验的数学,还要转换数学的知识形态。华东师范大学顾泠沅教授提出提高教学效率的"四大策略",其中之一就是学习内容的理想呈现。为塑造学生良好的认知结构,必须有步骤地提高所呈现的知识和经验的结构化程度。结构化一定要适合学生的年龄特征,新内容与学生原有知识点有潜在的距离。适度把握这种"潜在距离"既不太近,又不太远,追求最便于理解的呈现。②GX实验在"淡化形式,注重实质"的理念指导下,除了在宏观上对数学知识形式化体系的重建外,还通过多个角度实现数学知识形态的转换,以突出数学的本质,构建易于学生理解的数学知识。如淡化概念的文字叙述,淡化

---

① 鲍建生,黄荣金,易凌峰,等.变式教学研究(再续)[J].数学教学,2003(3):6-12.
② 廖大海.走向现代教育[M].北京:北京大学出版社,2000:35-37.

次要的概念与一些过于形式化的原理,抽象的数学知识运用现实情境引入等,突出数学的学科本质。在"循环上升"的要求下,同一概念在不同的章节,用不同的形式呈现,体现学生的认知规律。又如,为了克服"综合式"几何证明格式由于不明确标出定义、定理、结论等,虽然证明的逻辑性强,但存在不利于初学者掌握的弊端,陈重穆先生采取了"分点式"证明格式,在学生初学几何证明时,给学生一个规范的模式,让学生便于有一定规范程序的操作,在证明书写上,从上到下依次顺序记号,叙述条理清楚,层次分明,理由随后对称分布,学生容易接受。通过多个角度构建易于学生理解与学习的数学呈现方式,构建教育形态的数学知识,既充分发挥了数学的教育价值,又提高了数学教学的效益,为GX实验的成功奠定了基础。

数学知识有学术形态与教育形态两种形式,所谓数学知识的学术形态,是按照逻辑演绎方式进行形式化的表述,显示出一种"冰冷的美丽"。数学知识的教育形态,则是依据人的认知规律使人容易接受的陈述,呈现为火热的思考过程。[1]荷兰数学教育家弗赖登塔尔曾经这样描述数学的表达形式:"没有一种数学的思想,以它被发现时的那个样子公开发表出来。一个问题被解决后,相应地发展为一种形式化技巧,结果把求解过程丢在一边,使得火热的发明变成冰冷的美丽。"[2]由此在数学教学中常常产生知识形态的不分或颠倒,导致数学教学的低效。数学知识的学术形态强调数学的体系特征与科学性原则,关注的是作为科学知识体系的数学,而其教育形态强调数学的认知特征,注重的是数学作为一门学科的育人功能与价值。张奠宙先生曾指出,数学教学的目标之一,是要把数学知识的学术形态转化为教育形态。[3]张景中先生的教育数学的研究,实际上是数学的学术形态与教育态度转换的研究,有效地降低了学生学习数学的难度。将数学的学术形态转化为教育形态是数学教师的职责。[4]教师把数学知识的学术形态转化为符合学生认知规律的教育形态,这实际上是一种数

---

[1]张奠宙,李旭辉.关于数学知识的学术形态和教育形态[J].数学教学,2007(8):4,27.

[2]Freudenthal, H. (1983). Didactical phenomenology of mathematical structures[M]. Dordrecht, The Netherlands: Reidel, 9.

[3]张奠宙.关于数学知识的教育形态[J].数学通报,2001,40(5):2.

[4]张奠宙,王振辉.关于数学的学术形态和教育形态——谈"火热的思考"与"冰冷的美丽"[J].数学教育学报,2002,11(2):1-4.

学知识认知化的过程,融合了专家、学者们的智力,给学生的数学学习提供一种潜在的智力支持,是一种主体客观化的过程。

第二节 数学教育减负提质的高效益课堂教学

数学课堂教学是学生在校期间学习数学的主阵地,是学生获得数学知识与能力的主要途径。因此,减负提质主要取决于课堂教学效率的高低与教学质量的好坏。教师教与学生学的负担过重,除了社会现实、传统文化等原因外,教师课堂教学效率的低下也是一个重要原因。

一、数学教学减负的困境

由于数学学习的累积性特征,及数学在基础教育中的重要位置,对一般的学生来说,数学是学生学习负担较重的一门学科。几十年来,数学教学大纲的制定、数学课程内容的删减、知识难度的降低、限制学生书包的质量、限制学生在校的时间、限制学生课后作业的数量、不允许按学生的考试成绩排名、不允许学校补课等,在不同层面都采取过相应的措施,教育管理者、教育专家、数学家、数学教师都呼吁过,甚至参与其中,但收效甚微,减轻学生的学习负担是数学教学中的一个跨时代难题,在屡次数学课程改革中仍未能被有效地解决,仍没能走出这一困境。

学生在数学学习过程中要动手、动眼、动脑,还要有意识地控制自己的行为,因此产生一定的生理上和心理上的疲劳或负担是正常的,经过正常的休息可得到恢复,不影响身体或心理健康,这就是合理的学习负担。如果学生学习任务太重,学习时间过长,造成某种身体疾病或心理偏差,这就属于学习负担过重,不仅影响学生的身体与心理的健康,还会影响师生关系,加重家长的负担,造成家庭教育、社会教育的缺失,影响学生的课外阅读与活动,严重阻碍了素质教育的实施。大部分教师、家长、学生等认为应该减轻过重的学习负担,但却不敢减,陷入减负的两难困境。

二、高效课堂释放课外是减负提质的一条基本途径

从上面对GX实验发展的分析及教学实践可看出,GX实验是通过数学课堂教学减负提质的一个范例,对GX实验教师的调查也表明了这一看法,有18.6%的教师认为GX实验减负提质的效果很显著,有72.1%的教师认为效果显著,在不降低教学内容数量与质量的基础上,有效地减轻了学生的学习负担。GX实验通过提高课堂教学的效益,在"GX32字诀"的整体指导下,充分发挥课堂45分钟的时间,不仅使大部分学生在课堂上完成数学学习的任务,还能节省一定的时间来循环复习,不布置过多的课后作业,使学生的课后时间解放出来,有时间在其他方面发展,从而提高学生的整体素质。学生不仅提高了数学成绩,而且还更加喜欢学习数学。通过课内释放课外,GX实验摆脱数学教学减负的两难困境,通过构建高效益课堂,实现了数学教学提质的突破。

对于学生的发展与成长,学校处于一个重要的、核心的地位,但不是全面的,而是有限的。因此,学校的学习不能过度地延伸到课外,还要留给学生在校外发展的时间与空间,否则学生的成长与发展是不完善的。目前社区服务与教育的提出与发展就是一个重要的表现。不论是数学还是其他学科,只有提高课堂教学的效益,才有可能实现这一目标。当然,并不是说不布置课后的学习任务与作业,而是根据学生的学习情况,适当地布置课后作业或学习任务。如20世纪末英国政府在经过多年来"家庭作业有无必要"的讨论之后,还是要求从1999年9月起,全国的每个中小学生每天花一定时间做家庭作业。英国教育就业大臣戴维·布伦特在推出政府有关中小学家庭作业指导计划及时间要求时,首次明确提出,家庭作业是学校教育的重要组成部分,有助于提高本国的教育标准。按照英国政府的要求,学校必须给5~11岁的学生每天留足10~30分钟的家庭作业，而对于11~16岁的学生每天必须留足90~150分钟的家庭作业。[①]而美国也在提高学生学习负担方面的要求。

三、高效数学课堂教学是学生全面发展的基础

从数学课程三维目标的实现来看，知识与技能、过程与方法、情感态度与价值观都应以知识和技能为主线，过程与方法、情感态度与价值观也都是以知识为载体来实现的。[②]让学生学会运用数学思维，能用数学的观点看问题，也是培养学生数学素养的一个重要目标，而数学思维和数学的观点必然要通过学习并理解数学知识与技能来获得，由于课堂上的时间是有限的，只有让学生高效地习得相应数学知识与技能，才能进行更高层次的理解与思考，也就是说高效数学课堂教学是培养学生数学素养、实现三维目标的基础，否则只能是空中楼阁，课堂教学不仅很难实现高层次的目标，还会导致大量数学学困生的产生，会导致大部分学生占用课外时间进行"恶补"，增加学生的学习负担。当然，并不是说高效的数学课堂教学仅仅关注知识与技能，还关注学生内在的、隐性的发展。

20世纪70年代李松林、金志远根据马克思的"社会三形态"理论[③]，指出我国社会目前尚处于第二大社会形态，即处于以物的依赖性为基础的人的独立性发展的历史阶段，并以此为基点审视我国目前的课堂教学改革时提出：一方面必须努力提高课堂教学效率，改变过去费时低效的状况，为人的主体性发挥和独立性发展创造物质前提和现实基础；另一方面，还必须最大限度地增加人的独立性发展的自由度，尽可能地扩展人的自主活动空间。提高课堂教学效率和培养学生的自主能动性乃是当前课堂教学改革必须同时完成的两大历史任务。并且前者是实现后者的基础，当前课堂教学中学生主体性的缺失和自主发

---

①英国中小学生家庭作业免不了[N].新闻汇报，1998-11-30.转引自：王彦芳.减轻学生过重负担的理性思考与实践研究[J].课程·教材·教法，2001，21(8)：24-27.
②余文森.课堂教学有效性的探索[J].教育评论，2006(6)：46-48.
③马克思以社会生产力和人的独立性发展程度为依据和指标，将人类社会区分为3种历史形态："人的依赖关系(起初完全是自然发生的)，是最初的社会形态，在这种形态下，人的生产能力只是在狭窄的范围内和孤立的地点上发展着。以物的依赖性为基础的人的独立性，是第二大形态，在这种形态下，才形成普遍的社会物质交换，全面的生产关系，多方面的需求，以及全面的能力体系。建立在个人全面发展和他们共同的社会生产能力成为他们的社会财富这一基础上的自由个性，是第三个阶段。第二个阶段为第三个阶段创造条件。"见：马克思恩格斯全集(第46卷).北京：人民出版社，1979：104.

展空间的紧缩,其关键原因恰恰在于课堂教学效率的低下。[1]也就是说学生的全面发展要依赖于高效率的课堂教学。

第三节
易于师生使用一体化的数学教材

改革理念的有效实施不能靠理论的阐释与活动的宣传,改革者不能止于理念提出与阐释,将具体的事情让别人去做,而要把改革理念切实物化于教学的素材与方法中,让教师与学生在不知不觉中实践,是保证课程改革真正发生的关键途径。在具体应用中让人感觉改革理念呼之欲出,而又不显踪影,是课程与教学改革的一种高深境界。

一、切实把改革理念物化于教科书,保障教与学的可操作性

在数学课程改革中,面对新教材,教师表现的差异非常大:有的感到无所适从,茫然不知所措;有的恪守教材而教教材,不敢越雷池半步,从而照本宣科;有的脱离教材而随意另选材料,费力又收效不佳;有的在教学中再生教材,把教材当作活的资源来使用。[2]一方面说明了教师在某层面上并没有理解改革的理念;另一方面说明了教材的设计并没有完全体现出改革的理念,理念的物化没有准确表达课程改革的要求。孔凡哲教授与史宁中教授指出,中小学领域的课程质量问题在许多层面上都可以具体物化为教科书质量问题。[3]

教科书是教育思想的载体,涉及学科教学改革的目的与路向。它是改革者根据课程标准与改革理念编写的具体教学素材,试图体现和物化理念的课程,

---

[1] 李松林,金志远.深化课堂教学改革的几个问题[J].中国教育学刊,2008(12):46-59.
[2] 郝淑芳,蒋夏林.处理教材要把握好三个关系[J].湖南教育,2007(2):16.
[3] 孔凡哲,史宁中.教科书质量及其影响因素[J].教育发展研究,2007,29(12):13-17.

也是改革者所理解的课程。特别是教科书对课程改革的实施具有重要的影响。教科书文本对于实际教学起正面引领作用,教科书不仅提供一定的公共文化科学知识,而且为教师的课堂教学组织、教学的方式方法提供一定的指导和参考。同时,教科书是辅助学生学习的最经济实效的材料,具有携带方便等特点。教科书的文本所阐述的课程目标不够明确或表述不清,教科书的内容呈现不够理想,素材的选取和情境的创设不够贴切,都会直接影响课程的实际实施效果。[①]

陈重穆先生充分认识到了这一点,多次强调指出"教材是中心,教材的改革乃是中心环节,影响持久而深远,教学改革的主要落脚点必将落在教材上"。[②]对于一般数学教师而言,他们既没有时间,也没有充分的条件去自编教材。如果没有有效的、可操作的实验教材,教师将会找不到改革的着力点,感到无所适从,对教育实验的理解就无法找到合适的契合点,对教学改革理念的把握也就失去了依据。因此,从1986年编写《新编初中代数》时陈重穆先生就特别关注改革理念的物化,为了编写一套易教、易学、高效的初中数学教材,把"以方程为纲,以元为序"的数学体系结构、"以方程带动数、式"的学习理念都以教材为载体进行物化。在启动GX实验时,先编写油印本GX实验教材,接着是铅印本GX实验教材(非正式出版),后来是正式出版的GX实验教材、教学参考书、教辅资料等。再到具体层面上,GX实验教改组在物化"淡化形式,注重实质""循环上升""适当集中"等观点时,强调数学的本质,分层次的切实物化到具体的数学概念、规则、定理等。再具体到某些内容的处理,如"有些概念只是为了称呼方便,如方程、反证法等,学生了解其大意即可,不宜去研究其精确定义;有些概念虽然重要,但在初中不进入论证,又不作一般讨论,如函数、凸多边形等就不对学生要求过多,只有进入论证经常处理的概念才是基本概念"。通过不断具体化,把改革理念物化于具体的数学概念、规则、方法之中,实现了理念的上通下达,师生在教材的使用与操作中将有意或无意体验到改革的理念,方便了教师以GX实验教学原则为指导进行教学,给学生也配备相关的学习资料,保证师生在

[①] 孔凡哲,史宁中.教科书质量及其影响因素[J].教育发展研究,2007,29(12):13-17.
[②] 陈重穆.参加新编初中代数教材研讨会的发言提纲(保留文稿)[Z].1994.

教学实验中有可操作的素材。

对于教师而言,课程改革不能单独依靠教师自身的主动提高去推动教学改革,要保证教师具备与之配套的改革素材与环境。对于学生而言,教材是学习的素材与媒介,教材质量的高低直接影响了学生学习的效果。通过物化改革的理念于教材内容体系与形式结构的重建,让师生都能使用具有实用性、思想性的教材,这在GX实验的整个改革过程中始终处于重要的地位。迈克尔·富兰指出教育变革的潜在杀手——政策制定者,不能够对教师的工作环境条件问题进行妥善处理。永远不要把一个已经改变了的人送到一个尚未改变的环境中去! 个人发展本身永远都不能带来我们所说的整个系统的转变。换句话说就是,还需要与之相辅相成、直接针对改变系统的政策。①

二、教学方法融入教科书设计,保障教与学的可行性

数学课程改革在引入新的教与学的理念时,要求在充分理解相关理念的基础上,采取与之相应的教学方法,但形式主义倾向在教学方法改革上的表现可以说最为典型,如"为讨论而讨论""为合作而合作""为活动而活动""小组合作学习流于形式""过于追求教学的情境化""只求表面热闹的教学""片面理解教学手段的现代化"等。更为一般地说,在当前的教学实践中我们则又可以普遍地看到这样的现象,即以"新旧"代替"好坏",并因此导致了对于某些新的教学方法的绝对肯定,以及对于传统教学方法的绝对否定。②"把'对话'变成'问答';为夸奖而夸奖;把'自主'变成'自流';有活动没有体验;合作有形式而无实质;探究的'泛化'与'神话';贴标签式的情感态度和价值观教育等。"③不仅在数学课程改革中,在整个基础教育课程中"形式化"已成为一种不良现象,它偏离了课程改革的方向,影响了课程改革的成效,带来了负面影响,使人们对课程改革产生了误解。④以上问题产生的一个重要原因是教师对"合作""对话""探究"

---

① [加]迈克尔·富兰.变革的力量:深度变革[M].中央教育科学研究所,加拿大多伦多国际学院,译.北京:教育科学出版社,2004:101.
② 郑毓信.数学教学方法改革之实践与理论思考[J].数学月刊,2005(1):4-10.
③ 刘兼.课程发展的中国案例——进程中的我国基础教育课程变革:回顾与反思[A]//教育部北京师范大学基础教育课程研究中心数学课程工作室汇编.全国中小学数学教育论坛·会议资料[C].2005:1-12.
④ 余文森.新课程教学改革的成绩与问题反思[J].课程·教材·教法,2005(5):3-9.

等理念的不理解,甚至是误解,只按固定的教学程序来操作,没有体现其教学的内涵。

　　GX实验教改组在编写与设计教材时融合了相关的教学方法,使教材与教法一体化,便于教师理解教材后,很快进入教学状态。如"积极前进"作为一条教学原则,在"有理数"第一节课就引入有理数的加法,而不是围绕次要概念强调层层夯实式的教学,教师在以教材为范例进行教学时,无意中实现了教学的积极前进。先设计实例,让学生做,然后教师再讲解,自然地实现了"先做后说"。"开门见山""师生共作"等教学策略在教材的设计中也都有体现。教师教学时的简单易行,在改革中保证了教师教学的可行性。因此,数学课程改革中要根据改革的理念,在教科书设计中把有关的方法有效地融入教科书,适于合作学习的给予合作的引导,适于探究式学习的给予探究的引领,甚至结合教科书配备相应的物质条件。笔者在参与小学数学教学实践中了解到,有的教师为了准备一节探究课,要准备近两个星期,上课前提着一大袋学生探究需要用的工具素材。可想而知这样的课程教学如何平常化?谁能把这样的课平常化?数学课程改革中大量的调查研究结果与教学实践表明,课程改革的理念是好的,大家也是认同的,但是在一线教师的教学实践中陷入"行"而不可"行"的尴尬状态,数学课程改革的推行与效果打了很大的折扣。因此,数学课程改革要使改革理念、教学方法都物化、融入教材,以便于教师理解与操作,保证教师用新的理念、方式、方法教学的可行性与便利性,而不是采取什么教学方法时,完全要教师再去大幅度、高投入地设计。

第四节
数学教师培训的"数学化"

教师是课程实施的关键,教师在课程改革中的重要地位得到人们的认同与重视,在数学课程改革中教师的培训工作得到了高度重视。从层次上讲,在国家级、省市级、区县级、校级等不同层面都开展了教师的培训工作。从形式上讲,有"专家报告""教学观摩""实例分析""现场点评""学员研讨"等多种形式的教师培训工作,对课程改革的认识、推动与实践都起到了一定的作用。但仍存在很多问题,如郑毓信教授指出在教师培训中,"专家引领"最终又演变成了"先进"教育理论或理念的简单"灌输",与一线教师的教学实践与思想实际有着较大的距离,所谓的"观摩教学"则又"蜕变"成了简单的示范与模仿。[1]马云鹏、唐丽芳等调查表明有70%的教师认为参加过的业务培训中理论学习多、实践指导意义少;认为培训内容与教学实践脱节现象明显的教师占近80%。虽然多种形式的教师培训对于课程实验的启动和前期实验工作的顺利开展发挥了重要作用,但随着课程实验的推进,教师们更需要具体的、实用性强的培训。[2]这主要表现为教师培训的形式化,理论与实践的脱节,但一个更深层次的问题是数学教师的培训缺失了"数学味"。

一、缺失数学的数学教师培训

肖红教授、宋乃庆教授对中小学数学骨干教师国家级培训班学员进行调

---

[1]郑毓信.关于课程改革的若干深层次思考——从我国新一轮数学课改说开去[J].开放教育研究,2006,12(4):19-26.
[2]孔凡哲.中小学教师素质结构与进修课程的反思[J].中小学教师培训,2004(10):24-27.

查,发现数学教师一般对数学知识本身有一定认识与掌握,可是对不同数学知识点之间的整体认识,以及对数学知识与现实世界、与其他学科的联系认识都存在不足,也就是说目前许多数学教师的知识视域较为狭窄,不能整体地把握数学,缺乏对数学关系、数学文化等的认识与理解,高等数学知识与初等数学知识缺乏联系。[①]孔凡哲教授指出许多数学教师因为还没有真正理解现代数学发生发展的全过程,因而不能形成正确的数学观、数学教学观,导致数学教学呈现数学思维的结果多、呈现数学思维的过程少,对数学概念、定理、公式、法则内容本身的分析关注多、对数学事实的发现过程关注少,这实际上反映了"数学教学是呈现数学事实、接受数学知识的教学"等传统观念,而现代数学教学更多地强调"教师引导学生开展积极的数学思维活动,数学教学是师生交往互动、共同发展的教学"。[②]这说明一些数学教师对数学知识的理解缺乏深度,使目前数学课程改革中的一些过程性、人文性等理念得不到有效的实施,对数学课程内容准确驾驭能力的缺失,正是当前不少著名学者所担心的"去数学化"倾向。[③]如果教师的数学素养得不到及时更新,对相应数学内容的学习和掌握欠缺,对为数不少的数学概念、思想方法的理解出现偏差甚至错误,那么,数学教学的效果将大打折扣。这正是当前数学课程改革遭遇的最大障碍之一。[④]由此可见,数学教师培训中"去数学化"现象普遍存在,在很大程度上影响了教师培训的效果,成为提高数学教师素养,推动数学课程改革的一个瓶颈。

GX实验在对参与实验的教师进行培训时注意到了这一点,陈重穆先生在报告、教材推介会、教师培训班、与参与者的通信等不同场合,主要以数学为抓手,进行改革理念的阐释,处处体现改革在数学上的创新,体现数学的特质,而其教育、教学理念则无声地润入其中,使新、老教师接触后都感到耳目一新。这一做法在课程改革中非常值得借鉴,在数学课程改革中的一些争论,特别是数

[①]肖红,宋乃庆.实施课程标准对数学教师专业发展的要求[J].西南师范大学学报(自然科学版),2003,31(2):337-340.
[②]孔凡哲.数学教师专业能力发展的困惑及若干对策[J].湖南教育,2006(5):7-10.
[③]王柏玲,黄梦佳.数学课当心"去数学化"[N].文汇报,2005-07-04(11).
[④]孔凡哲.数学教师专业能力发展的困惑及若干对策[J].湖南教育,2006(5):7-10.

学家与数学教育专家的争论很多体现在对数学的理解上。如2005年《光明日报》发表《姜伯驹:新课标让数学课失去了什么?》、《四川日报》发表《"思维体操"在走样》等文章。目前这种去"数学化"的教师培训现象已引起了人们的关注,如史宁中教授提出培训要逐步落实到基础教育的各学科之内,通过学科具体的知识来体现素质教育,来体现与贯彻课标精神,以推动教师培训进一步深入发展。不仅仅在理念上做文章,也不仅仅在教学方法上做文章,而要深入进去,通过对学科内容的理解来更好地理解教育理念,通过数学的视角来理解教学方法,学会站在学生的立场思考问题,所以在培训路径上逐渐从理念到操作,从形式走向实质。[1]

二、数学知识是数学教师知识的基本要素

从教师的知识结构来看,国外教育专家舒尔曼(Shulman,1987)、艾尔贝兹(Elbaz,1991)、格罗斯曼(Grossman,1995)、伯利纳(Berliner,1995)、普特南和博克(Puinam,Broker,1996),国内教育专家李秉德、李定仁、林崇德、叶澜、傅道春、白益民等对教师知识结构的界定中都包括学科知识这一组成部分。

再进一步从数学教育专家对数学教师的知识结构的研究来看,莱因哈特和史密斯(Leinhardt,Smith,1955)认为数学教师知识包括两个核心领域:课堂结构知识和学科知识。[2]芬尼玛和弗兰克(Fennema,Franke,1992)提出数学教师知识共有四个成分:数学知识;教学知识;关于学习者在数学上认知的知识;情景特定的知识。其中,教师的数学信念以及数学教育的信念直接作用于教师的知识结构。[3]拉潘和西勒—卢宾斯基(Lappan,Theule-Lubienski,1994)认为数学教师是在

---

[1] 史宁中.关于未来教师培训的一些想法[J].中小学教师培训,2010(1):3-4.
[2] Leinhardt, G., & Smith, D. A. (1955). Expertise in mathematics instruction: Subject matter knowledge[J]. Journal of Educational Psychology, 77, 247-271.
[3] Fennema, E., & Franke, M. L. (1992). Teachers' knowledge and its impact[A]. In Grouws, D. A. (Ed.), Handbook of research on mathematics teaching and learning[C]. New York: Macmillan, 147-164.

数学、数学教学、学生三种知识的交集上进行工作的。[1]布罗梅(Bromme,1994)指出教师在教学中所需的五种专业知识分别为:数学作为一门科学的知识;学校数学的知识;学校数学的哲学;一般性教学(和心理学)知识;特定学科内容的教学知识。[2]美国密歇根州立大学的鲍尔(Ball)及其研究团队提出了MKT(Mathematical Knowledge for Teaching,简称MKT)理论,该理论认为教师面向教学的数学知识由数学学科内容知识和教学内容知识两类知识构成,其中数学学科内容知识由一般内容知识、专门内容知识和水平内容知识三个部分构成。教学内容知识由内容与学生知识、内容与教学知识和内容与课程知识三个部分构成。[3]喻平教授认为数学教师的知识由五个成分构成:数学知识、教育学知识、心理学知识、其他学科知识、环境的特别知识。肖红教授与宋乃庆教授认为数学教师的专业知识分为数学知识、数学教学法知识、一般教学法知识和个人实践知识四类。[4]以上众多数学专家对数学教师知识结构的观点虽各有不同,但都包括数学知识这一要素,这表明数学知识是数学教师知识的一个重要的、不可缺少的要素。

三、双向拓展数学知识,提升教师的数学素养

毫无疑问,良好的数学专业素养是教师从事中小学数学教育的基本前提。早在1908年克莱因(Klein,1908)就出版了《高观点下的初等数学》一书,并把它看作是给中学数学教师的"中学数学教学讲义",并在序言中指出数学教师中存在"双重脱节"的现象:新的大学生一入学就发现,他们面对的问题好像同中学

---

[1]Lappan, G., & Theule-Lubienski. (1994). Training teachers or educating professionals? What are the issues and how are they being resolved?[A]. In Robitaille, D. F., Wheeler, D. H., & Kieran, C. (Eds.), Selected lectures from the 7th international congress on mathematical education[C]. Sainte-Foy, Quebec: Les Presses de L'Universite Laval, 249-261.
[2]Bromme, R. (1994). Beyond subject matter: A psychological topology of teachers' professional knowledge[A]. In Biehler,R., Scholz,R.W., Sträßer,R., & Winkelmann,B.(Eds.), Didactics of mathematics as a scientific discipline[C]. Dordrecht, The Netherlands: Kluwer Academic, 73-88.
[3]Ball,D. L., Thames,M. H.,& Phelps,G. (2008). Content knowledge for teaching: What makes it special? [J]. Journal of Teacher Education, 59 (5), 389-407.
[4]肖红,宋乃庆.实施课程标准对数学教师专业发展的要求[J].西南师范大学学报(自然科学版),2003,31(2):337-340.

里学过的东西没有一点儿联系似的,当然很快就会淡忘中学学的东西。但是毕业以后当了教师,他们又突然发现,要他们按老师的教法来教传统的初等数学。由于缺乏指导,他们很难辨明当前教学内容和所受大学数学的训练之间的联系,于是很快就坠入相沿成习的教学方法,而他们所受的大学训练至多成为一种愉快的回忆,对他们的教学毫无影响。现在的改革运动就是要克服这种中学教学和大学教学都没有帮助的双重不连贯性。[①]我国数学家吴大任先生指出教师要有从高观点审视初等数学的能力,"理由是,观点越高,事物越显得简单。例如在实数域里不好理解的某些东西,从复数域的观点来看,就清楚了;在欧氏空间里某些不好解释的现象,从射影空间的观点来看,就有满意的说明。"吴先生接着强调,《初等数学》特别着重"融合",即"初等数学同高等数学的融合、数学各部分的融合、几何观念同算术观念的融合、感性与理性的融合等"。齐民友先生又补充到,数学还要与物理学以及各种自然科学融合,数学的逻辑结构与历史发展融合。[②]教师要具备一定的高等数学知识,能从更高、更广的视角来审视与设计中小学的数学教学。

另外,对中小学的数学教学内容进行研究是必要的,中小学的数学知识并不是高等数学知识的简化,经选择与设置为数学课程时,一般要经过数学的、心理学的、教育学的一些处理,有时形成了新的特征与难点,除了关注如何教、如何学之外,更要从数学的角度去理解、设计,有必要引导数学教师进行这方面的学习与研究。如方程的概念目前还是数学教育界不断探讨的一个问题,陈重穆先生采纳了苏联伯拉斯基的"方程是问题"的观点,在GX实验中对方程的概念进行淡化,删除了同解原理,编写了"以方程为纲,以元为序"的初中数学教材,取得很好的教学效果。张奠宙先生提出"方程是一座桥梁,一座连接已知和未知的桥梁"。史宁中教授与孔凡哲教授认为,"方程概括的是一类事物普遍适用的模型。""方程建模的思想对人的教育价值体现在两个方面:一是建模,这是一

[①][德]菲利克斯·克莱因.高观点下的初等数学(二)[M].舒湘芹,等,译.上海:复旦大学出版社,2008:前言.
[②]齐民友.纪念克莱因——介绍《高观点下的初等数学》[A]//[德]菲利克斯·克莱因.高观点下的初等数学(二)[M].舒湘芹,等,译.上海:复旦大学出版社,2008: i - ix.

个抽象过程;二是化归。"[1]数学课程标准中提出:①方程是刻画现实世界的有效模型;②方程没有一般解法;③特殊方程用特殊解法。虽然方程的概念经过众多数学家、数学教育家、数学教师的讨论,但现在仍有不少中小学数学教师认识不清,导致数学课堂教学效益低下。因此,对一些典型的、核心的数学知识,有必要在中小学数学教师的培训中给予关注。

由此看来,数学教师培训如果缺失了数学的本体性知识,不能有效提升教师的数学素养,缺少了一个基本的、重要的维度,在数学教师培训及数学教师教育中要给予高度的重视。

第五节
职责与利益维持改革动力的双重效能

在我国目前相对集中、自上而下的教育管理体制下,如果不能形成一个有效的改革共同体,如果数学课程改革仅局限于某一层面上,改革就会出现形式化,改革就不能有效地实施与贯彻。在课程改革中研究者、决策者、实践者等对改革具有不同的认识与态度,他们的角色立场、价值取向、问题选择、工作风格等都存在着不同。理论研究者、改革决策者、基层实践者分别追求"理(Truth)""力(Power)""利(Profit)"。这意味着,理论研究者、改革决策者和基层实践者等多方改革利益主体在基础教育改革过程中都已建构起各自的语言环境,遵循着各自的约定,实现着各自的目标。具体如表7-1所示。[2]

---

[1] 史宁中,孔凡哲.方程思想及其课程教学设计——数学教育热点问题系列访谈录之一[J].课程·教材·教法,2004,24(9):27-31.
[2] 林丹.基础教育改革30年:策略转向与路线生成[J].东北师大学报(哲学社会科学版),2008(5):20-25.

表7-1　研究者、决策者和实践者的三种改革姿态

	研究者	决策者	实践者
角色立场	高贵的,代表着知识	独断的,代表着权力	实用的,代表着需求
价值取向	求真的,对现实的政策和做法常常保持批判态度	求实的,把教育研究视为实现某种政策、规划或目标的工具	求效的,常指责教育理论高高在上,教育政策不了解下情
问题选择	自由度较大,多以基础理论研究为主,并以学术同行的认可为荣	自由度较小,只关注列入议事日程的问题,并以政策的出台为目的	多局限于现实中遇到的问题,缺少整体观和全局观,仅仅关注眼前利益
工作风格	突出自主性,缺少严格的时间约束,有自己的专门学术语言,甚至以别人看不懂为乐趣	突出选择性,多赞赏和支持符合自己"预定主张"的研究,时间性较强,到一定时间必须做出决定,对不同意见者多借手中权力加以压制	突出程序性,时间性最强,不能等待,由于自身不懂教育研究的高雅语言,多按令行事,只管低头拉车,很少抬头看路

GX实验在改革中形成了一个和谐的改革共同体,使改革启动后得到了快速的传播与实施,扩大了改革的效果与收益,具体可以提供以下两个方面的启示。

一、关怀各方利益,促进教改团队共同发展

所谓利益,概而言之,是人们的生存、享受和发展需要的满足,[①]它是人们生存和发展的条件,是人的活动和社会发展的驱动力。黑格尔认为,作为历史发展动力的表现形式的"恶"被规定为个体性、自然性、财富,而恶的这种历史推动作用则是通过劳动这一环节实现的。包含在黑格尔这一思想中富有革命意义的内容是:人们追求自身利益的创造性劳动,是社会历史发展的最根本动力。[②]利益是一切社会活动的核心,人类的全部社会活动无不与利益和对利益的追逐有关。马克思也曾一针见血地指出:"人们奋斗所争取的一切,都与他们的利益有关。"[③]

[①]肖秀清.利益的本质和作用[J].江汉论坛,1997(2):57-58.
[②]高兆明.社会失范论[M].南京:江苏人民出版社,2000:21.
[③][德]马克思,恩格斯.马克思恩格斯全集(第一卷)[M].中共中央马克思恩格斯列宁斯大林著作编译局,译.北京:人民出版社,1956:82.

改革对人的利益影响决定了人对利益的态度,而改革如果使大部分人的利益受损而失去了他们的支持,那么,这样的改革既不符合价值标准,也由于得不到人们的支持而无益于社会发展,从而偏离科学标准。[1]因此,课程改革共同体各成员的利益是否得到保障,是能否维持与推动改革发展的根本保证。虽然,有时个人的道德良知、责任心起到很大的作用,但个人利益是绝对不能忽视的。佩洛夫(Perloff,1987)指出个人利益和个人责任共同对个人发展和社会进步发挥着有效的作用。[2]韦斯纳(Woessner,2001)的利益层次理论认为:(1)利益是分等级排列的,个人利益是占支配地位的;(2)在直接的个人利益缺失的情况下,人们依赖其他的理性备选方式(如集体利益和社会观点倾向)。人们在形成对复杂问题的观点时,会经历一系列的推理。当个人利益出现时,人们按个人利益做出选择;而当清晰的个人利益不存在时,人们依赖于其他理性选择。[3]春(Chong,2001)等人的观点也认为,当人们的利益关系在事件中是明确的或他们已想到他们在事件中的个人得失时,他们更可能意识到他们的个人利益,并按此行动;当人们的个人利益在事件中涉及不多时,人们较少可能按利益做出选择,而更可能被他们的价值取向或象征性倾向所影响。[4]

GX实验在明确实验组成员职责的同时,充分考虑到改革共同体各成员的利益,以形成与维持改革的持续动力。GX实验教学改革涉及学生、教师、教研员、校长(或学校教学管理人员)、高校课题组。首先,学生是教学改革要考虑的最根本的利益群体,其利益在于能够享受优质教育,身心获得健康发展。GX实验的目的就是提高课堂教学效益,减轻师生负担,学生利益在GX实验中处于最高位置与目标性地位。其次是教师群体,教师群体的利益直接影响改革的动

---

[1]徐斌.当代中国改革的人学分析[D].北京:中共中央党校,2003:61-62.
[2]Perloff, R.(1987). Self-interest and personal responsibility redux[J]. American Psychologist, 42(1), 3-11.
[3]Woessner, K. (2001). Hierarchy of interests: The role of self-interest, group-identity, and sociotropic politics in political attitudes and participation. Dissertation Abstracts International, Section A: Humanities and Social Sciences, 62(4-A), 1569.转引自:卢丹蕾,王文忠,罗跃嘉.关于个人利益的心理学研究[J].心理科学进展,2004,12(4),629-636.
[4]Chong,D.,Citrin, J., & Conley, P. (2001). When self-interest matters[J]. PoliticalPsychology, 22(3), 541-570.转引自:卢丹蕾,王文忠,罗跃嘉.关于个人利益的心理学研究[J].心理科学进展,2004,12(4):629-636.

力,教师是教育改革直接的实施者,如果教师的利益不能在改革中得到保障,改革就很难真正落实下去,更别谈什么深入了。因此,保障教师群体的利益是改革成败的关键。[1]GX实验课题组非常重视教师的发展,既重视实践指导,又加强理论学习,通过实验的培训、指导、实施在较短时间内提高了教师的教学能力、科研水平,培养了大批优秀教师。许多受访者表示,通过参与GX实验,自身的专业素质得到了明显提高,逐渐发展成为学校、区(县)、市的骨干教师。第三个是专家群体,尽管对专家个人来讲,参与改革的利益风险很低,但专家参与改革对专家所属研究领域和教育改革本身有可能潜伏着极大的危险,面临败坏教育研究严谨、求实的科学作风的学术风险。在GX实验中对于高校数学教育研究者来说,通过深入中小学数学教学第一现场,与师生交流,获得了丰富的教学实践素材,为教学理论研究提供了思想的源泉与佐证,实现了学术的实践或充实。第四个群体是教育行政部门官员,这是左右基础教育改革方向最积极、最活跃,也是最关键的利益主体。教育行政部门的工作业绩主要依赖上级部门的评估,对下负责的目的也是为了对上负责,这是最起码的行政工作规则。[2]因此,面临改革成功的工作业绩需要。在GX实验中对于校长与教研员作为教学的管理者或督导者,通过教学业务研讨、实验、培训,教学水平与学生成绩的提高,教师科研水平的提升,不仅高水平地完成了自己的本职工作,形成了教学改革的业绩,还提升了对教师的专业管理与督促,提升了教学管理的水平。

另外,GX实验的参与者在《数学教育学报》《数学通报》《课程·教材·教法》《现代中小学教育》《学科教育》等刊物上发表实验研究论文一百四十多篇,获得了教学研究的认同与回报。其次,GX实验教改组的教学实验简报,各市、县、区评选的优秀教改论文,教研室的教学改革总结报告,各实验学校的实验总结报告等,更是多得难以计数,这也是对教学改革实验反思与学习的一项重要资源。改革成员工作、学习、教学、科研共同发展,各司其职地获得了改革的利益,形成了良好的互动关系,促进了改革的顺利进行。高质量的人际关系一旦形成,将会激发一种巨大的忠诚的力量。当缺少高质量人际关系时,无论哪一种

---

[1] 王永红,黄志鹏.基础教育改革的利益主体及其利益分析[J].当代教育科学,2006(4):6-8.
[2] 王永红,黄志鹏.基础教育改革的利益主体及其利益分析[J].当代教育科学,2006(4):6-8.

解决方案都会是成本高昂的。没有一种依赖关系，人最多只是去做与自己的薪水相应的工作；有依赖关系，他们会使你的投入有翻倍收益的同时付出额外的努力。说得具体一点，要实现根本性的变革，我们需要有超出金钱以外的资源。[①]正如我国著名教育专家吴康宁先生所指出的："改革，萌生于现实困境，肇始于理念引导，受阻于利益冲突，推进于利益调整。"[②]因此，利益的协调与保障是课程改革持续发展与获得成功的基本条件之一。

二、协调多方力量，构建改革的互动平台

变革过程中需要确立反馈机制和问题解决机制，这一点是非常关键的。数学课程改革一般都会涉及课程与教学的指导、管理、督导、评价等方面的问题，因此至少要涉及理论研究者、校长、教师等，他们会形成一个教学改革的共同体，从不同的方面给教学改革带来支持与智慧，但如果其间的关系缺少有效的合作与协调，变革的促进力量也会成为改革的阻碍。在数学课程改革中特别是数学家、数学教育专家之间的争论就反映了这一点。因此，处理好参与实验的校长、教研员、教师、高校研究者等改革主体间的关系，有效地汇集多方人员的支持与智慧，对教学改革的成功是十分必要的。英格兰赫特福德郡大学复杂性理论研究者拉尔夫·斯泰西教授（Ralph Stacey, 2001）曾提出，新知识与新变革根深蒂固地存在于人类的交流与关系之中："知识永远是一个过程，而且是一个关系性的过程；因此，它不可能只是存在于一个个体的大脑中，同时它也是一种可以提取、可以分享的组织资产。知识是一种对话沟通的行为，而学习则会在人们讲话的方式和相互关系模式发生改变时发生……因而，一个组织的知识资产存在于其成员的相互关系模式之中。""一个组织的未来将永远构筑于其成员在执行各项任务使命时所进行的对话交流之中。"[③]因此，有效的交流与协调来自研究者、校长、教师等各方力量，不仅是一个学习的过程，而且也是从学术、行政、执行等不同层面积聚改革力量，提升数学课程与教学改革智慧的过程。

---

① [加]迈克尔·富兰.变革的力量——深度变革[M].中央教育科学研究所，加拿大多伦多国际学院，译.北京：教育科学出版社，2004：47-48.
② 吴康宁.地位与利益：教师教育改革的两大制约因素[J].当代教师教育，2009, 2(3)：1-6.
③ Stacey, R. (2001). Complex responsive processes in organizations[M]. London: Routledge, 98.

GX实验组由高校研究者、教研员、校长（或学校教学管理人员）、数学教师四类人员构成的教学改革实验团队，形成了结构合理、富有活力的实验队伍。当然有的成员可能既是教育研究者又是管理者，有的教师既参加教材的编写与研究，又进行课堂教学实验等。四类人员之间可有效沟通，具体关系如图7-2所示。

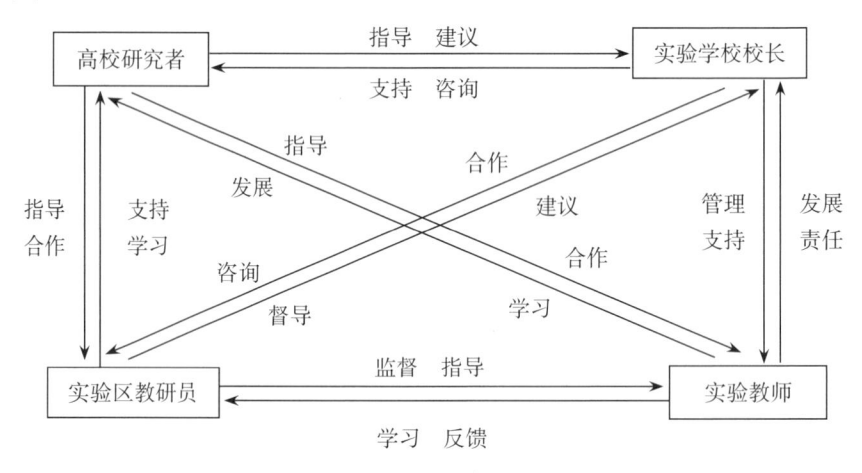

图7-2 GX实验团队成员间的协调关系图

这样从研究、管理、教学三个方面给实验提供了根本的人力保障，但实验多方主体的汇集要充分发挥作用，还必须关注各类成员间关系的积极协调，在访谈中了解到教改组非常重视这方面的工作，由教改组领导者之一宋乃庆教授对这方面进行组织、实施，通过教材编写（如附录四就是一次活动的文件）与推介会、高校的培训讲座、中学的现场教学研讨、定期的教改实验通报等不同形式，把教学改革共同体四个方面的改革动力有效融合、协调，使教学管理、督导、指导、评价等相互促动，形成了一个有效运转的教学实验研究团队，从不同的角度推进改革实验的进展。这一点对教学改革的持续发展是至关重要的。格拉德韦尔（Gladwell M., 2000）曾指出，如果你想……让人的信念和行为产生根本性的变化——持久的、能够对他人产生示范作用的变化，你需要在他们周围创造一个社团；在这个社团中，新的信念可以得到贯彻实施、自由表达、培育成长。[1]因

---

[1] Gladwell, M. (2000). The tipping point[M].Boston, MA: Little, Brown & Company, 173.转引自[加]迈克尔·富兰.变革的力量——深度变革[M].中央教育科学研究所，加拿大多伦多国际学院，译.北京：教育科学出版社，2004:60.

此,在数学教学改革过程中,要基于不同层面的参与者形成有机协调的改革共同体,以团体的集体力量维持与推动改革的发展,突破与克服教师职业封闭性、个性化特征给课程改革带来的负面影响。

第六节
推动数学课程改革的实践理性机制

一、情理化教育现实,构建基于现实的改革愿景

有了实验的教材和团队并不等于实验就能成功,实验能否顺利进行与发展,还取决于教师、学校、家长等对实验效果的认同与评价。法国著名社会学家皮埃尔·布迪厄(Pierre Bourdieu)与美国的华康德(Wacquant)曾指出:"社会行动者不一定是遵循理性的,但总是'合情合理'的……人不是傻子,他们远不是我们所设想的那么行为乖戾,那么易受哄骗。因为经过漫长的多方制约过程,他们所面对的各种客观、机遇已经被他们内在化了,他们知道怎样去'识别出'适合他们的未来,这一未来为他们而设,他们也为这一未来而生。"[①]陈重穆先生、宋乃庆教授及其所领导的课题组深刻地认识到了基础教育的这一现状,对如何保证教改实验顺利推进,作了基于当时的教育现实,又突破现实,改变现实,指向改革愿景的思考。

如在GX实验的启动阶段,构建数学教学原则表达的民族话语,使改革的理念易于理解,使实验的理念具有亲和力,切中数学教学实践中存在的问题。如师生负担过重,教学效率低等,这也是数学教师身陷其中,意图摆脱与解决的问题。在GX实验的实施阶段,应试成绩的前提性纳入,教科书结构的非形式化调整等一系列推进实验的措施,使学校、教师放心进行教学实验,消除了教师进行

[①] [法]皮埃尔·布迪厄,[美]华康德.实践与反思——反思社会学导引[M].李猛,李康,译.北京:中央编译出版社,2004:175.

教学实验的现实之忧。

教学过程中考虑教师或学校行为的合情合理性是重要的,表面上看它们可能是教学改革的阻力,但给这些行为以合理化的处理与生存的空间,它们能变成教学改革的动力,要在现实的基础上实现改革的理想。GX实验除了学科考试成绩的衡量之外,在能力、智力与情感因素等方面都取得了良好的效果,实验还推广到不同学段、不同学科、不同类别的学校,取得了预期的实验成效,其中情理化教育现实,基于现实又突破现实是一个有效的决策。

二、合理化教学实践,构建基于现实的改革路径

在反思数学课程改革时,从不同层面反映出一些割裂、脱节的现象。如前面所述教师感觉课程改革的理念是好的,但很难在具体的数学课堂教学中实施,在教师培训中有些专家认为现在很多数学教师的专业水平低,没有达到一个合格教师的要求,而教师认为专家所给的理论根本就不实用,不能很好地指导课堂教学实践,有些学者还在不断地探讨课程改革的理论基础到底是什么,如此众多的问题与现象表明教学的实践之路与改革的理想之道没能很好地吻合,二者在路向上产生了偏差,自然不能有效达到改革的愿景。

审视GX实验改革的一个个事件,针对数学教学实践中存在的问题,修改数学的知识体系进行教材试验,陈重穆先生、教材编委会成员、中学数学教师共同探讨数学概念的定义与编排,某句口诀内涵的界定等,教学实验中没有宏大的理论阐释,没有理论基础的准确界定,也没有过多的规则管制,在实践中澄清改革的理念与采取相应措施,采取温和、稳健和自我完善的方式实现改革,把改革理解为一个修正、充实、完善和提高的波浪式前进过程,是一种渐进式的改革。[①]在一个个平实的改革事件处理中推进了改革的发展,并快速地取得了成功,在实践的基础上寻找改革的路向,是对数学教学改革应当怎么做的观念性把握,显示了教学改革中的实践智慧,体现了从"实然"到"应然"的发展历程。

从宏观上看,针对数学教学实践中存在的问题,GX实验教学理念在教材编写中初步形成,在教法实验中充实,并实现了其减负提质的实验目标,取得了成

---

①林丹.基础教育改革30年:策略转向与路线生成[J].东北师大学报(哲学社会科学版),2008(5):20-25.

功,改变了实验学校的教学状况,处处体现了在实践中寻找理路。不是通过数学教育、教学中的概念、理论和方法来审视我国数学教学的现状和存在的问题,而是从本土的数学教学现象和问题出发,来寻求相应解决问题的途径、方法和对应策略,建立本土的学术话语、理论和分析框架。事实上,真正对中国产生过较大影响的教育理论都是基于本土实践的,比如陶行知、陈鹤琴等的教育理论就是如此。[1]

著名教育家胡森先生曾说过:教育作为一个实践领域,其真正本质在于地方性和民族性。在实践中探索事件的发展规律,寻找实践的理路,它不仅能够否定现存世界中人与自然、人与社会、人与自身关系的不合理、不和谐的现状,提出并解答人与世界的关系"应如何"的问题;还能够在理论理性提供的关于客体的存在状况、内部结构、本质属性和发展规律的基础上,探寻并解决人类怎样改造世界的问题。这就是实践理性,是人类的生存智慧。因此,就其本质来说,实践理性是人类对自身与世界的关系"应如何"和人"应当怎么做"问题的观念掌握与解答。它是人类理性观念掌握世界的最高方式,[2]是实践的导向性因素,抑或是引导与规范实践的主体性因素,对于实践活动具有不可或缺的根本性的指导作用。因此,关注教学改革中的实践理性,分析教学改革实践中的导向性、规范性与客观性因素,对数学课程改革的现在与未来具有重要的现实意义与指导价值。

---

[1] 柳海民,林丹.困境与突破:论中国教育学的范式[J].东北师大学报(哲学社会科学版),2007(3):5-12.
[2] 王炳书.实践理性辨析[J].武汉大学学报(人文科学版),2001,54(3):270-275.

第八章

我国数学教学减负提质的理路

第一节
我国数学教学减负提质的现实理路

从教育的角度来说，减负提质是一个复杂的系统过程，是一果多因的复杂问题，单独从教育政策、招生制度、考试评价、课程改革等某一个层面入手很难取得理想的效果，减负提质的目标难以实现。对于数学学科教育也是如此，单独从数学课程、数学教学、数学学习某一层面减负提质，落实数学素质教育是很难达成目标的。GX实验改革小组认识到这一点，在数学教学层面上，以提高课堂教学效益为核心，采取了教材编写、教学方法一体化的综合措施，以有效地减负提质；在参与者层面上，高校研究者、教研人员、教学管理者、数学教师等权责有机协调，形成改革的合力，有效地推动了改革的进展，探索出了我国20世纪90年代以来教育减负提质的一条综合化教学途径。

一、有机协调理念与现实的矛盾是我国数学教学减负提质的基本前提

一个成功的数学教学变革需要针对教学中存在的问题，提出新的教学理论、方法或措施去切实地解决问题，改革所形成的教学理想与教育现实之间往往会有强烈的冲突，且不同层面的参与者会有不同的思考角度，对同一个问题会有不同的理解与见解，教育的现实对教学改革阻滞力有时是巨大的，甚至会摧毁整个改革，这需要改革的领导者能切实了解教学改革相关者各方面存在的冲突与矛盾，能有机地协调、有效地解释教学变革理念对现实问题的解决与规避，及其对问题的有效

解决方法与措施,释惑解疑,化阻力为动力,为教学变革的启动与开展创新条件。

一般来说,数学教学变革之初变革理念与教学现实之间会有一定的差距,甚至是冲突矛盾,特别是对于教研人员与一线教师来说,显得尤为重要与突出,如果他们对教学变革不理解、有抵触,往往会直接形成教学变革的阻滞。如GX实验在改革之初,所提出的一个改革理念——"淡化概念,注重形式",在数学教育研究界,得到专家的认同与高度评价,但在试点实验中教师不理解,教研人员质疑不断,追问作为数学教学核心内容的概念怎么能淡化,这不是降低了教学质量了吗?实施中存在重重困难,在改革的研讨中强调是"淡化"其形式要求,降低其烦琐、无效的严谨,后来GX实验主持人陈重穆先生与宋乃庆教授撰文进行了诠释与澄明,并通过观摩课进行讨论与交流,在教学改革一线得到了较好的理解、实施与支持。

教学变革所面临的教育现实也是需要协调的一个重要方面,在我国的教育现实中,对应试成绩的重视是基础教育改革中不能回避的一个问题,实际上许多教师、校长在考虑是否进行教学实验,考虑最多、顾虑最大的一个问题就是实验是否会降低学生的考试成绩。如果学生的考试成绩不能保持或提高,几乎所有的学校、教师都不愿参加教学改革。在GX实验的访谈中也了解到这一点在我国的教育现实中对实验的开展是最为重要的,新的教学理论、方法的学习与交流处于次要地位。GX实验通过"积极前进,循环上升"等措施有效地解决了这个问题,试点后学生成绩的有效提高,使实验得到迅速地实施与推广。

二、实践理性是我国数学教学减负提质的基本机制

基于对现实评价的遵从与提升进行突破与创新是教学改革的关键。正如有的学者所指出,"社会行动者不一定是遵循理性的,但总是'合情合理'的……人不是傻子,他们远不是我们所设想的那么行为乖戾,那么易受哄骗,因为经过漫长的多方制约过程,他们所面对的各种客观、机遇已经被他们内在化了,他们知道怎样去'识别出'适合他们的未来。"[1]"实践理性是教学改革成功的关键之一,是教学改革成功的一条内在机制。"[2]

---

[1] [法]皮埃尔·布迪厄,[美]华康德.实践与反思——反思社会学导引[M].李猛,李康,译.北京:中央编译出版社,2004:175.

[2] 徐建星.实践理性:我国课堂教学改革的现实路向——以"GX实验"为例[J].现代中小学教育,2014(2):26-30.

布迪厄总结了实践发生的基本公式:实践=(惯习×资本)+场域,当行动者所遭遇到的问题是他所熟悉的,行动者就自然而然地生产出属于这个场域中特有的实践;当行动者遭遇到的问题是他所不熟悉的,行动者才会有意识地求助于各种既定风俗习惯。总之,行动者的实践是因时制宜的,而不是根据理念而设定、固定自己的行为。[①]遵从家长、学校与教师等的现实需要,变阻力成动力,采取创新的理念、方法突破现实,实现改革的创新是改革的有效策略之一。

三、措施多元化是我国数学教学减负提质的基本策略

实施减负提质所提出的变革理念,即使只是数学这一门学科,也会涉及数学教材、教学方法、教师与学生等多个教学要素。有时一个要素的实验缺失,会对教学变革实验带来致命的阻滞,导致教学改革实验的低效甚至无效。因此,需要采取多元化的措施,促使或保证变革理念能得到全方位的实施。如"GX32字诀"作为GX实验的主线,从教学理念、教材编写、教学方法、师生关系等多要素入手,共同指向提高课堂教学效益,减负提质的目标,多因素的有机协调,创造性地实现了数学教学的减负提质。其成功的一个关键在于能把同一理念在教材编写、教学方法、教师教学及学生的学习方面进行多角度的渗透与呈现,在不同的情境下用不同的方式表征与运用教学改革的理论与理念,使"GX32字诀"的教学理念得到有效的实施,实现了改革的愿景。

再从具体的角度来看,如"GX32字诀"中的"积极前进,循环上升",在课堂教学层面,一般要求只要学生能理解,就继续进行新知识的学习,通过学习后面的新知进行巩固与提升,不在一个地方复习巩固过久,以免使学生对一个内容的学习产生认知的疲劳,失去学习的兴趣。通过这一教学理念节省了大量的课堂教学时间,提高了课堂教学的效率,利用节省的时间进行复习与应试,并用这种方式进行后期的下一轮巩固与提升,取得了课堂教学的高效益。利用"积极前进,循环上升"的理念进行初中数学课程的设计,降低了一些数学概念的要求,提前与突出呈现数学核心概念,通过核心概念的学习,使学生在掌握了核心内容的同时,再进行次要概念的完善与学习,使学生迅速地掌握数学的结构性知识框架与主题内容,提高了学生的

---

① 魏宏聚.实践逻辑对影响教师课堂教学行为因素的案例分析[J].天津师范大学学报(基础教育版),2010,11(1):11-13.

认知效率。"积极前进,循环上升"的理念体现在具体的教材设计上,与"适当集中"相配合,把相关的、联系密切的数学知识点进行集中性的处理与设置,有效地减轻了学习的认知负荷,提高了教师教与学生学的效益。如此,同一减负提质的变革理念的多角度、多途径的设置与渗透使实验的理论、方法得到高效的实施。

减负提质作为教学变革的一个总体目标和根本目标,在教改实验中要从教学理念、教材编写、教学方法等不同的层面去分解与达成,并且这是一个不断递进的过程,下位次要目标的实现也需要充分采取分解的策略,从不同的层面促进同一目标的实现。如培养学生学习数学的兴趣,GX实验在课堂教学中通过积极前进的方式,增加知识的新鲜感,增加学生对数学认知冲突的体验速度,从知识认知的角度培养学生的数学兴趣。在数学教材编写上,增加了数学文化、历史故事等内容,通过增加数学知识的文化、历史要素层面提高学生对数学学习的兴趣。

四、关照参与者利益是我国数学教学减负提质的基本动力

一般来说,数学教学改革参与者由不同工作背景、研究领域的人员组成,虽然改革的目标是一致的,但在具体的利益方面各自有不同的需求,都会有自己的"私己的考虑"。学生希望获得更多的自由支配的玩耍时间、家长希望自己的孩子保持在班级中的学习优势、教师希望自己从繁重不堪的教学工作负担中解脱出来、教育研究者希望验证自己提出的理论观点,乃至教育管理者也希望添加自己的政绩等,只要不悖于法律规定与道德规范,便既是合情的,也是合理的,或者说既是正常的,也是正当的。[1]如果对于具体的、个性化的利益处理不当,产生错位与缺失,不仅会让一部分参与者失去改革的兴趣与动力,甚至会产生改革的阻力。

GX实验通过课堂教学观摩与评比,使一线实验教师的改革成果得到展现、认同与奖励,不仅推进了改革的实施,让教师获得改革的利益,更重要的是这也形成了一条教师专业发展与提升的有效途径。GX实验通过论文的发表与评比,使参与者对GX实验的研究成果得到推广、认同,同时也提升了GX实验研究的动力,推动GX实验的发展,提升了研究者的学术声望与研究能力。GX实验通过教学改革活动充实了教学管理者管理内容,提升了管理者的教学管理水平。通过学生的考试

---

[1]吴康宁.教育改革的"中国问题"[M].南京:南京师范大学出版社,2015:154.

成绩、学生的竞赛提高了GX实验的社会声望与要求,得到了社会力量的支持。不同参与层面的人员的权责都得到充分的发挥,利益各有所得,是GX实验教学改革成功的一条有效的人才协调机制,是实验得以实施、发展与推广的有效策略。"私己的考虑"是普遍存在的,没有任何"私己的考虑"便支持教育改革是难以想象的。学生、家长、教师、校长、地方行政官员、政治家等,都有其各不相同的自身利益,从利益的角度来看,他们也主要是一种"利益联合体",而不是"利益共同体"。[①]

第二节
我国数学教学减负提质的本土特色

从20世纪80年代前半期起,探析"具有中国特色"的教育开始成为我国教育发展的一项基本目标,成为许多教育改革的一个日益明确、日益强烈的价值追求。[②]回顾我国百余年的教育历程,由于教育体制的流变与革命,教育外域引入的多元与漂移,教育内部变革的多样与短暂,具有中国特色的教育一方面在教育教学变革中产生与积累。另一方面我国的基础教育还是根植于儒家主流文化的,在长期的传承与发展中形成了许多自身的特点与传统,基本形成了具有中国特色的数学教育教学传统。[③]数学教学具体特色的提炼与构建,一方面是数学教育的实验者、改革者及研究者们对数学教育活动的经验总结、理论转化等,从实践与文化传统中概括我国数学教育的本土特色。另一方面是放眼国际,通过国际比较的视角,审视我国数学教育的本土特色。多视角的反思与提炼我国数学教育的特征与特色,有效地推动了我国数学教育的发展与升华,推动了我国数学教育的国际交流。

[①] 吴康宁.教育改革的"中国问题"[M].南京:南京师范大学出版社,2015:155.
[②] 吴康宁.教育改革的"中国问题"[M].南京:南京师范大学出版社,2015:6.
[③] 涂荣豹.数学教学设计原理的构建——教学生学会思考[M].北京:科学出版社,2018:23.

一、基于教育实践的我国数学教学减负提质的本土特色

首先从数学课堂教学实践的角度来看,针对数学教学实践中出现的学生学习负担重、教学效率低等问题,数学课堂教学的每一个环节几乎都有相关减负提质的教学策略、教学方法等实践,久而久之,形成了许多具有中国特色的数学教学环节、处理措施等。如涂荣豹、宋晓平从我国数学课堂教学实践的角度,提出我国的数学教学具有以下五个特征[①]:

①注重教学的具体目标;

②教学中长于由"旧知"引出"新知";

③注重对新知识的深入理解;

④强调解题,关注方法和技巧;

⑤重视及时巩固、课后练习、记忆有法。

这五个特征从教学目标、课堂导入、新授理解、巩固练习等不同层面、不同环节诠释了我国数学课堂提高教学质量的特色。

从课堂教学行为的角度来看,师班互动也是我国数学教学的一个典型特色。宁连华、涂荣豹从社会学的角度,指出班级教学是一个以人际互动为中心的社会过程。依据教师行为对象和师生行为属性,把班级教学中的师生互动行为划分为三种类型:师个互动——教师与单独一个学生互动;师组互动——教师与一组学生互动;师班互动——教师与全班学生一齐互动。[②]曹一鸣、贺晨等研究表明,师班互动是中国数学课堂教学中师生互动的主要类型,也是大班课堂教学中最有效、最可行的方式之一。事实上,中国作为一个人口大国,教育资源相对匮乏的现实国情决定了我国的教学班级人数相对较多,通常会有四五十人,多则要达到六七十人,在如此大班额环境下,课堂教学需要有相应的针对性措施。[③]为了避免大班额环境下"满堂灌""一言堂"等导致的师生互动缺失、教学效率低下,在长期的教学实践中,大致形成了"提出问题—启发思考—全班讨论—回答问题—准确表达"等师生交替

[①] 涂荣豹,宋晓平.中国数学教学的若干特点[J].课程·教材·教法,2006(2):43-46.
[②] 宁连华,涂荣豹.中国数学基础教育的继承与发展[J].数学教育学报,2012,21(6):6-9.
[③] 曹一鸣,贺晨.初中数学课堂师生互动行为主体类型研究——基于LPS项目课堂录像资料[[J].数学教育学报,2009,18(5):38-41.

互动的课堂教学模式,实现了师生之间用数学语言进行交流、和谐对接,最后达成共识的活动过程。这是一个具有中国特色的创造。[1]而且构建了许多具体有效的师班互动的教学措施,如"教师提问,全班口述""教师引导,全班讨论""互相纠正,分组探究""代表汇报,彼此讨论""教师总结,集体回答"等。

从微观的数学课堂教学环节来看,注重"导入"也是我国数学教学激发学生学习兴趣,提高教学效率的一个重要特色。教学导入是指教师在进行一项新的教学内容或教学活动的开始阶段,引导学生做好心理准备和认知准备,并让学生明确学习目标、学习内容以及学习方式的一种教学行为。[2]如常见的导入方式有:直接导入、温故导入、情境导入、问题导入、假想导入、活动导入、游戏导入、故事导入、悬疑导入、实验操作导入等。[3]除了关注教学导入的数学化、科学性、有效性之外,教学导入甚至被提到了教学艺术的层面。如1989年由湖南教育出版社推出傅世球的《中国数学教学艺术》一书,就分析了"导入的艺术",并提出了10种导入的方法:实例导入、实验导入、观察导入、类比导入、提问引入、作图导入、计算导入、对比导入、推理导入、辨析导入。[4]中国数学教学长于由"旧知"导出"新知","引入新课"往往是数学教师最为精心设计的部分,一个好的"导入"设计,常会被看成是一节课成功的关键。[5]"情境呈现""假想模拟""悬念设置""故事陈述""旧课复习""提问诱导""习题点评""铺垫搭桥""游戏激趣""比较剖析"等导入措施与方式在我国的数学课堂教学中非常普遍,课堂导入的启发性、艺术性提升了教学的创新、生成与效益。

回顾我国数学课堂教学的实践,从开始环节的课堂导入,到结束环节的课堂小结,从师生互动的课堂教学行为,到板书设计的思维呈现,多年来产生了许多具有普遍性、典型性的教学方式、教学方法与教学策略,从不同层面体现了我国数学教学减负提质的路径与特色。

从数学教学改革的角度来看,教学的发展是由教学改革构成的一个连续体,数学教学改革的历史也是数学教学的发展史。数学教学改革是一个国家或地区的

---

[1] 张奠宙.关于中国数学教育的特色——与国际上相应概念的对照[J].人民教育,2010(2):36-38.
[2] 张奠宙,于波.数学教育的"中国道路"[M].上海:上海教育出版社,2013:15-16.
[3] 张奠宙,于波.数学教育的"中国道路"[M].上海:上海教育出版社,2013:170.
[4] 张奠宙,于波.数学教育的"中国道路"[M].上海:上海教育出版社,2013:171.
[5] 涂荣豹."知识本位"的教学环境[A]//张奠宙.中国数学双基教学[M].上海:上海教育出版社,2006:10.

传统文化、政治制度、社会背景、教育观念等综合因素的产物,它蕴含着我国数学教学的规律及本土特色。数学教学改革是一个旅程,按"谁从哪儿出发?对中小学的数学教学进行了什么样的变革?","谁"作为改革主体,是改革的发起者或主要参与者,基于不同的工作、学术背景,基于不同的教学改革目标与领导方式等,形成了具有一定特征、方法与规律的教学改革。"从哪儿出发"作为改革基点,是指在一定的教学条件、问题与背景下,提出教学改革的理念与方法,进而实施教学改革,这形成了教学改革的基点。"出发点"的不同将形成不同风格与特性的教学改革模式。"进行了什么样的变革"作为改革内容,主要指教学改革的内容,不同的内容也决定了教学改革的大相径庭。按此思路从改革主体、改革基点与改革内容三个维度,可归纳与概括出我国中小学数学教学改革有教师主导式、专家主导式、教管部门主导式、理论推演型、实践探索型、基于教学方法、基于教学内容、基于教育技术"三维八类"模式。[①]如GX实验是专家主导式的,历次基于教学大纲或课程标准的改革是教管部门主导式的。当然有些是有发展或交叉的,如邱学华的"尝试教学法"改革,他先前从教师开始主持教学改革,后来成长为数学教育的专家,由教师主导式发展成为专家主导式。另外,许多数学教学改革是综合性的,既有教学内容的变革,也有教学方法的变革,甚至两者是不能分割的。

新中国成立以来我国进行了大量的数学教学改革,如"精讲多练"的算术教学方法改革实验、GX实验——提高课堂效益的初中数学教改实验、"情境——问题"数学教学改革、初中数学后进生转化教育实验、数学"示例演练"教学实验、"MM教育方式"——数学方法论数学教育实验、"青浦实验"、"自学·议论·引导"教学法实验、"尝试教学法"教学改革、"中学数学自学辅导"教学改革、"数学启发式教学"教学改革、"三算结合"教学实验、小学数学教材教法改革——"四性教学法"等,成为我国数学教育实践与发展的一个繁盛领域。有些数学教学改革具有明显的中国式减负提质特色,除GX实验外,如"青浦实验"主要是针对当时上海地区中小学数学教学质量低下展开的,通过变式教学有效地提高了教学效率与质量。如"精讲多练"的算术教学方法改革,通过老师少讲、精讲,学生多练等措施,有效地提高了学

[①]徐建星.中小学教学改革模式历史(1949-2009)研究[J].现代中小学教育,2016,32(1):25-29.

生的数学成绩。大部分数学教学改革在减负提质过程中形成了教与学的特色,构建了教与学的方式与措施。具体如邱学华的"尝试教学法"为了实现"先练后讲",采取了如下的教学策略与方法[①]。

(1)培养一个兴趣:调动学生学习兴趣,引导学生喜欢学习数学。

(2)狠抓两个基本:口算基本训练和应用题基本训练。

(3)体现三个为主:学生为主,自学为主,练习为主。

(4)做到四个当堂:当堂完成作业,当堂校对作业,当堂订正作业,当堂解决问题。

(5)应用五步教法(即尝试教学法):

①出示尝试题:提出问题,用问题激活学生思维;

②自学课本:用尝试题引导学生自学课本,找到解决问题的线索;

③尝试练习:让学生大胆尝试,自己解决问题;

④学生讨论:尝试练习中出现不同答案,让学生讨论,自我评价;

⑤教师讲解:根据学生尝试练习中的问题,有针对性地重点讲解。

(6)实施六段结构(即六段式课堂教学结构),把一堂课分成如下的六个阶段:

①基本训练:一开始进行口算或应用题基本训练;

②导入新课:从旧知识引出新知识,揭示课题,明确教学目标;

③进行新课:采用先进的、恰当的教学方法授新课;

④试探练习:通过试探性学习,检查学生掌握新知识的情况;

⑤课堂作业:集中巩固练习,做到四个当堂;

⑥课的总结:做好结束工作,让学生自己总结本课的收获。

进一步概括与提炼成尝试教学体系的顺口溜:

一个兴趣两基本,五步教法六结构。

三个为主四当堂,认真运用能成功。

邱学华教学改革团队几十年的数学教学实践证明:四个当堂是提高课堂教学效率、减轻师生过重负担的一种行之有效的办法。五步教法、六结构形成了中国式

[①]邱学华.邱学华怎样教小学数学[M].北京:中国林业出版社,2010:31-36.

探究教学,构建了小学数学教学新体系,有效地平衡了数学教学中继承传统与学习国外、加强双基与创新教育、学习系统知识与密切联系实际、教师讲授与学生自学、模仿记忆与自主探索、愉快教学与严格训练、独立思考与合作交流、算法多样化与算法最优化、结果唯一性与结果开放性、重视结果与重视过程十大关系。

二、基于文化传统的我国数学教学减负提质的特色

教育是一种社会现象,是文化传承与普及的基本手段,不管教育如何发展,必然具有文化传统的印迹与构建。张奠宙先生说:"中国教育有自己的'美',我们需要民族自信,中国教师是中国优秀教育传统的守望者。"[1]代钦教授指出:中国教育不仅有自己的"美",还拥有自己的"真"和"善",其"美"蕴含在"真"和"善"之中,并以美的形式将"真"和"善"展示在世人面前,一言以蔽之,中国传统教育中有着丰富的、具有生命力的优秀内容,它是真、善、美的统一,数学教育亦如此。如南宋著名数学家、数学教育家杨辉的"习算纲目"体现了精讲多练的教学方法。[2]启发式教学、精讲多练、熟能生巧、一题多解等教学方法与策略,既蕴含着我国古代文化基因与教学智慧,也是当下我国数学教学的重要方法与价值取向。

张奠宙先生、宋乃庆教授等一批数学教育专家认为数学双基教学是我国数学教育的一大特色。在我国数学教育文献资料中,双基的概念在1952年颁布的《中学数学教学大纲(草案)》中首次明确提出,"中学数学教学的目的是教给学生以数学的基础知识,并培养他们应用这种知识解决各种实际问题必需的技能和熟练技巧。"[3]1963年教育部颁布的数学教学大纲中明确指出数学教学应当加强基本知识和基本技能的双基教学目标。[4]张奠宙先生的论文《中国数学双基教学理论框架》的发表及《中国数学双基教学》一书的出版,是我国双基教学研究的一个集中体现。《中国数学双基教学》论述了"数学双基教学"的历史形成、文化背景,阐述我国传统的儒家文化、稻耕文化、考据文化与科举考试文化是双基教学的文化基因,并

---

[1]张奠宙,赵小平.中国教育是不是有"美"的一面?[J].数学教学,2012(3):封底.
[2]代钦.中国的传统数学教学智慧[A]//范良火,黄毅英,蔡金法,等.华人如何教数学[M].南京:江苏教育出版社,2017:5-14.
[3]课程教材研究所.20世纪中国中小学课程标准·教学大纲汇编 数学卷[C].北京:人民教育出版社,2001:47.
[4]田中,徐龙炳.我国中学数学"双基"教学的历史沿革初探[J].常熟高专学报,1999,13(4):14-17,20.

在实证研究的基础上,提出了"双基基桩""双基模块""双基平台"的概念,阐释了我国数学双基教学的三个基本层次与四个基本特征[①]。

(1)下面是数学双基教学的三个基本层次。

第一是双基基桩建设:数学的基本知识和基本技能。

第二是双基模块教学:双基的基本呈现方式是"模块"。首先是主要知识点经过配套知识点的连接,成为一条"知识链",然后通过"变式"形成知识网络,再经过数学思想方法的提炼,形成立体的知识模块。

第三是双基平台:在掌握了双基模块之后,必须寻求双基的发展,这便是"双基平台"。双基平台具有以下特征。基础性:直接植根于双基,是双基模块的组合、深化与发展;综合性:双基平台跨越多个知识点,综合几个"双基模块",形成数学知识之间相互联结;发展性:双基平台主要为数学解题服务,能够居高望远,看清一些数学问题的来龙去脉,获得解题的策略。

(2)下面是数学双基教学的四个基本特征。

一是在运算速度维度上:速度赢得效率。学习过程是由信息接收,信息加工,信息存储,信息提取等基本阶段组成的。运算速度的保证,能提高加工效率,也极有益于知识的提取和应用。

二是在知识记忆的维度上:记忆通向理解。只有良好的数学记忆,才能获得深刻的理解,从而形成直觉,这有利于节省思维空间。

三是在逻辑精确维度上:严谨形成理性。数学的特性就是"抽象性、严谨性、广泛应用性"。虽然,初中的许多数学内容要想完全严谨是做不到的,但是逻辑推理的培养作用是无可替代的。

四是在变式训练维度上:重复依靠变式。重视"变式练习",在变化中求得重复,在重复中获取变化。

同时张奠宙先生告诫我们在发扬优良传统的同时,也要警惕"数学双基教学"的异化,要关注我国数学双基教学的现代发展取向,要求放眼国际的数学教育发展,立足我国文化传统与数学教育现实,在双基教学的基础上,要不断地发展双基

[①]张奠宙.中国数学双基教学理论框架[J].数学教育学报,2006,15(3):1-3.

教学,如数学"双基"的要求应该与时俱进地调整和丰富,要增加数学问题解决的教学、数学开放题教学、数学文化教学,要把数学双基和计算机信息技术相结合。

涂荣豹教授指出我国双基教学具有如下一些特点[①]。

①双基教学强调教师的主导作用,整个过程经教师精心设计,教学环环紧扣;

②教师将课题内容设计为一系列的问题形式,以提问方式驱动教学;

③教师是课堂上的主导者、管理者,导演着课堂几乎所有活动,使课堂各种活动都处于有序状态,课的进程有高度的计划性,讲、练、板书,安排得井井有条,课堂时间得到有效利用;

④双基教学课堂活动组织得严谨、周密、有节奏、有强度;

⑤数学双基教学以"记诵"和"练习"为主要特点。

目前,我国的双基教学已从"双基"发展到了"四基",《义务教育数学课程标准(2011年版)》明确提出基础知识、基本技能、基本思想、基本活动经验"四基"的概念,这是对双基教学的继承与发展。

熟能生巧作为我国教育的一条古训,从文的方面来说,有"熟读唐诗三百首,不会作诗也会吟"之说;从武的方面来说,有"拳不离手,曲不离口"之训,它是我国古代教育的一条基本"原理"。熟能生巧在我国现在数学教育中也有进一步的继承与发展。如我国著名数学家华罗庚曾在诗中写道:"妙算还从拙中来,愚公智叟两分开。积久方显愚公智,发白始知智叟呆。埋头苦干是第一,熟能生出百巧来。勤能补拙是良训,一分辛苦一分才。"陈省身先生也曾说:"做数学,要做得很熟练,要多做,要反复地做,要做很长时间,你就明白其中的奥妙,你就可以创新了。灵感完全是苦功的结果,要不灵感不会来。"[②]这都强调学习数学要做数学,要做到由熟到巧,进而出新。我国著名数学教育心理学专家李士锜教授从数学学习心理的角度对"熟能生巧"进行了诠释,指出"记忆通向理解,速度赢得效率,严谨形成理性,重复依靠变式"的学习机理。熟能生巧与双基教学是不可分离的教学措施,具体教学要求把一种数学基本技能反复进行演练,达到不假思索就能运用自如,进而达到触

[①]涂荣豹.数学教学设计原理的构建——教学生学会思考[M].北京:科学出版社,2018:25.
[②]陈永川.怀念恩师陈省身先生[J].民主与科学,2005(1):51-52.

类旁通,融会贯通。①熟能生巧的基本理念显然提高了数学学习的效率,强化了数学后继学习的基础,有利于减轻学生数学应试的负担,有利于减轻学生的认知负荷,不过日常数学教学中常会出现"熟"得过度,"双基"强化过度的现象。

对于数学启发式教学,其内涵可追溯到孔子的《论语·述而》的"不愤不启,不悱不发。举一隅不以三隅反,则不复也"。其原则可见《学记》的"道而弗牵,强而弗抑,开而弗达",以及"道而弗牵则和,强而弗抑则易,开而弗达则思。和易以思,可谓善喻矣"。说明了教师在教学中要引导学生而不要牵着学生走,要激励学生而不要压抑学生,要指点学生的学习而不要代替学生做出结论。②这仍是当下我国数学启发式教学的基本思想方法与操作原则。虽然西方也有"产婆术"式的启发式教学,但它强调的是抓住学生思维过程中的矛盾,通过启发诱导,不断深入,最终引导出正确结论。显然与我国的启发式教学主要让学生处于"愤""悱"的心理状态才给予点拨,二者的思想与出发点有着明显的差异。并且在大班额环境下,数学教师是面向全体学生,以"铺垫、理解、揭示、评价"师生共同探讨的"启发式"的方式进行的。③

我国"中庸之道"的哲学观,"教学相长"的师生观,隐性规约了我国教学中"教师为主导,学生为主体"的师生关系,而不是"教师中心"或"学生中心"的二元对立。"学而优则仕""书中自有黄金屋,书中自有颜如玉""万般皆下品,唯有读书高"等功利主义思想,是当下数学教学的强调筛选、竞争、升学等功利性,应试驱动学习的本土原因与中国特征。

三、基于国际比较的我国数学教学减负提质的特色

有比较才能更好地认识自己的优势与不足,教学作为一种社会现象,不同的国家、地域,因教育制度、文化风俗、经济条件等的不同,往往会形成不同的教学特色,形成不同的教育范式。数学作为一门科学、技术或工具,具有国际的统一性,伴随着全球化的发展,近年来数学教育国际测试大范围的实施,数学教育交流活动的大量增加,国际化的比较研究普遍开展,促使了不同文化背景、不同国度的学者们

---

① 涂荣豹.数学教学设计原理的构建——教学生学会思考[M].北京:科学出版社,2018:31.
② 刘震.《学记》释义[M].济南:山东教育出版社,1984:29.
③ 曹一鸣.中国数学课堂教学模式及其发展研究[M].北京:北京师范大学出版社,2007:113.

开始反思自己的数学教育特色、理论与方法等。国际比较的视角成为诠释与构建我国数学教学特色的一个重要维度。

大约从20世纪初开始,我国逐渐取消私塾,普遍建立学校,实行班级授课制,数学课程按照西方的标准重新设计,通过学习日本、欧美、苏联的数学教育,经过多年的学习消化,我国的数学教育逐渐有了自己的特色。到20世纪90年代,我国的数学教育引起了国外的关注。一些大型的国际数学教育测试(IAEP,TIMSS,PISA)结果证明了我国学生的数学成绩十分优秀。但我国的数学教与学给人的印象较差、教学水平较为低级,还停留在灌输、记忆、模仿、练习、考试等缺乏主动性的学习层面。在数学教育研究领域内,也很少听到国人的声音。二者的矛盾导致了"中国学习者悖论"的产生。先是西方的一些学者对这一悖论进行探析,如1996年香港大学教授、澳大利亚心理学家沃特金斯和比格斯(Watkins & Biggs,1996)出版了《华人学习者:文化在心理和传承上的影响》一书,对"中国学习者"给予了正面评价。如从课堂教学的角度指出中国的数学课堂教学具有很强的连贯性,为学生学习的创造性提供了条件(Cleverley,1991)。中国教师倾向于花费课堂全部40分钟的时间仅仅来解决一个数学问题(Grow-Maienza, Hahn, & Joo, 2001)。从传统文化的角度发现儒家文化圈(CHC)的课堂是教师权威与学生中心的结合(Hess & Azuma,1991),学生看起来很被动、很安静,但是他们的思维是积极的、投入的(Hatano & Inagaki,1998; Inagaki, Hatano & Morita,1998),学生更倾向于深层次的学习(Biggs,1990,1991,1994; G. Y. Chan & Watkins,1994,etc.),其出色的学习表现归因于他们能把记忆与理解综合起来(Marton, Dall'Alba & Tse,1996; Marton, et al.,1997)。从学习文化的角度发现华人学生花费更多的时间学习数学、家长的充分参与、社会文化价值观等促使华人学生努力学习数学,并取得好的成绩(Stevenson H. W., Stgler J. W. & Lee S. Y.,1998,1992; Jian Z. & Eggleton R.,1995; Stgler J. W.,1990,etc.)。

这些学者主要从跨文化的视角分析了我国数学课堂教学的特征,拓展了认识我国数学教育特色的视野,对国内外的数学教育均有积极的借鉴与启示意义。同时一些国外的华人学者也认识到由于文化差异、语言障碍等原因,常会造成对中国数学教育经验理解的偏驳。虽然外部的观察会比较客观和清醒,但是内部的审视一定会更真切、更深刻、更具有传统文化的深度。于是,在21世纪之交,张奠宙、顾泠沅、范良火、蔡金法等华人数学教育专家试图诠释"中国学习者悖论",分析华人数学教育的特色,以"局内人"的视角阐释"华人怎样学数学"的问题,20世纪90年代到21世纪初关于华人数学学习的研究,主要以20篇论文集编于《华人如何学习数学》(范良火、黄毅英、蔡金法、李士锜,2005)一书,其中蔡金法揭示了华人学生在问题解决中数学思维的六大特征;王涛诠释了中国数学课堂教学良好的连贯性;萧文强指出了中国古代的数学学习并非是应试的和死记硬背的;张奠宙、李士锜、唐瑞芬阐释了中国数学"双基"教学的理论内涵与特色;鲍建生指出了中国传统数学教材注重知识体系的完善,在定理层面上展开课程、强调形式演绎等特征;范良火、陈静安、朱雁、李建华指出数学教科书是数学教与学的主要资源,透彻理解教科书是中国教师使用教科书的一个显著特点等;顾泠沅、黄荣金等提出变式教学是促进有效数学学习的中国方式;安淑华指出中国数学教师具有运用"学—问"和"学—思"的独特教学模式;黄毅英从传统文化的角度阐释了儒家文化圈学习者的特征。

从"局内人"的视角,对华人如何教数学的经验与特征研究,主要以21篇论文集编于《华人如何教数学》(范良火、黄毅英、蔡金法、李士锜,2017)一书,其中黄荣金、王涛、蔡金法、黄兴丰、李士锜、徐斌艳、马云鹏、赵科臣、顾泠沅等探讨了中国数学教学中学生学习机会、课堂连贯性、数学课程目标实施、项目式数学活动教学、示范课等课堂变革的经验与特征;张侨平、黄毅英、唐彩斌、陈倩、袁智强、吕玉琴、陈叶祥等研究了中国数学教师数学信念的特征与教学、中国特级教师的成长、"同课异构"等;张奠宙、邱学华、邝孔秀等进一步探讨了中国数学的双基教学;梁贯成指出了中国数学课堂教学的重点是数学内容,以及处理内容的程序或技能;顾泠沅、徐斌艳指出了中国的教师倾注大量精力去设计各种练习,为求从不同的角度来培养学生的数学能力或加强学生对数学知识的理解;马立平指出了中国数学教育的长处是课程内容比较系统,基础比较扎实;涂荣豹、曹一鸣等分析了中国数学教育具有受考试驱动学习、大量解题练习、注重"导入"、尝试教学、师班互动、变式教学、提炼数学思想方法等经验特征。

众多的国际研究,从文化传统、社会背景、课程教材、课堂教学、学生学习等角度对我国数学教学减负提质的特色进行了分析与诠释,审视了我国数学教学的实践,提炼与彰显了我国数学教学减负提质的丰富经验与特色,构建了我国数学教育的理论,并为我国数学教育的进一步发展、提炼与构建奠定了基础。

参考文献

[1] 十三院校协编组.中学数学教材教法(总论)[M].北京:人民教育出版社,1980.

[2][美]乔治·波利亚.数学的发现(第二卷)[M].刘景麟,曹之江,邹清莲,译.呼和浩特:内蒙古人民出版社,1980.

[3][苏]B.A.奥加涅相.中小学数学教学法[M].刘远图,等,译.北京:测绘出版社,1983.

[4][苏]A.A.斯托利亚尔.数学教育学[M].丁尔陞,等,译.北京:人民教育出版社,1984.

[5][日]大河内一男,海后宗臣,等.教育学的理论问题[M].曲程,迟风年,译.北京:教育科学出版社,1984.

[6]中国大百科全书总编辑.中国大百科全书·教育卷[M].北京:中国大百科全书出版社,1985.

[7]李秉德.教育科学研究方法[M].北京:人民教育出版社,1986.

[8]魏庚人.中国中学数学教育史[M].北京:人民教育出版社,1987.

[9]钟启泉.现代教学论发展[M].北京:教育科学出版社,1988.

[10]曹才翰.中学数学教学概论[M].北京:北京师范大学出版社,1990.

[11]张奠宙,曾慕莲,戴再平.近代数学教育史话[M].北京:人民教育出版社,1990.

[12]赵振威.中学数学教材教法(第一分册)[M].上海:华东师范大学出版

社,1990.

[13]曹才翰,蔡金法.数学教育学概论[M].南京:江苏教育出版社,1990.

[14]顾明远.教育大辞典(第1卷)[M].上海:上海教育出版社,1990.

[15]李秉德,李定仁.教学论[M].北京:人民教育出版社,1991.

[16]张奠宙.数学教育学[M].南昌:江西教育出版社,1991.

[17]戴汝潜,宛士奇.实用教育实验法[M].北京:教育科学出版社,1992.

[18]钟启泉.国外课程改革透视[M].西安:陕西人民教育出版社,1993.

[19]徐利治,郑毓信.数学模式论[M].南宁:广西教育出版社,1993.

[20]张楚廷.数学教学原则概论[M].桂林:广西师范大学出版社,1994.

[21]靳玉乐,和学新.教育实验论[M].重庆:西南师范大学出版社,1994.

[22]吴文侃.比较教学论[M].北京:人民教育出版社,1996.

[23]马忠林,胡炯涛.数学教学论[M].桂林:广西教育出版社,1996.

[24]顾明远.素质教育的理论探讨[M].北京:中国和平出版社,1996.

[25]联合国教科文组织国际教育发展委员会.学会生存——教育世界的今天和明天[M].北京:教育科学出版社,1996.

[26]中学数学教改实验组.GX理论与实践[M].重庆:西南师范大学出版社,1998.

[27]张奠宙.21世纪数学教育改革展望[M].北京:北京师范大学出版社,1998.

[28]中国教育学会中学数学教学专业委员会.迎接21世纪挑战的数学教育[M].北京:人民教育出版社,1999.

[29][荷兰]弗赖登塔尔.数学教育再探——在中国的讲学[M].刘意竹,等,译.上海:上海教育出版社,1999.

[30][加]迈克尔·富兰.变革的力量——透视教育改革[M].中央教育科学研究所,加拿大多伦多国际学院,译.北京:教育科学出版社,2000.

[31]王策三.教学实验论[M].北京:人民教育出版社,2000.

[32]周春荔,张景斌.数学学科教育学[M].北京:首都师范大学出版社,2001.

[33]李定仁,徐继存.教学论研究20年[M].北京:人民教育出版社,2001.

[34]郑毓信.数学教育:从理论到实践[M].上海:上海教育出版社,2001.

[35]郑毓信.数学教育哲学[M].成都:四川教育出版社,2001.

[36]唐瑞芬,朱成杰.数学教学理论选讲[M].上海:华东师范大学出版社,2001.

[37]徐斌艳.数学教育展望[M].上海:华东师范大学出版社,2001.

[38][俄]A.D.亚历山大洛夫.数学——它的内容,方法和意义(第二卷)[M].严士健,译.北京:科学出版社,2001.

[39]陈向明.教师如何作质的研究[M].北京:教育科学出版社,2001.

[40]钟启泉,崔允漷,张华.《基础教育课程改革纲要(试行)》解读[M].上海:华东师范大学出版社,2001.

[41]孙孔懿.素质教育概论[M].北京:人民教育出版社,2001.

[42]顾泠沅,易凌峰,聂必凯.寻找中间地带:国际数学教育改革的大趋势[M].上海:上海教育出版社,2003.

[43]范良火.教师教学知识发展研究[M].上海:华东师范大学出版社,2003.

[44]张奠宙.数学教育经纬[M].南京:江苏教育出版社,2003.

[45]涂荣豹.数学教学认识论[M].南京:南京师范大学出版社,2003.

[46]靳玉乐,宋乃庆,徐仲林.新教材将会给教师带来什么——谈新教材新功能[M].北京:北京大学出版社,2003.

[47][美]保罗·贝纳塞拉夫,希拉里·普特南.数学哲学[M].朱水林,等,译.北京:商务印书馆,2003.

[48]张国杰,王光明.数学教育研究与写作析评[M].上海:华东师范大学出版社,2003.

[49][法]皮埃尔·布迪厄,[美]华康德.实践与反思——反思社会学导引[M].李猛,李康,译.北京:中央编译出版社,2004.

[50][加]迈克尔·富兰.变革的力量(续集)[M].中央教育科学研究所,加拿大多伦多国际学院,译.北京:教育科学出版社,2004.

[51][加]迈克尔·富兰.变革的力量:深度变革[M].中央教育科学研究所,加

拿大多伦多国际学院,译.北京:教育科学出版社,2004.

[52]全美数学教师理事会.美国学校的数学教育的原则和标准[S].蔡金法,等,译.北京:人民教育出版社,2004.

[53]喻平.数学教育心理学[M].南宁:广西教育出版社,2004.

[54]宋乃庆,张奠宙.数学教育概论[M].北京:高等教育出版社,2004.

[55][美]杰克·R.弗林克尔,诺曼·E.瓦伦.教育研究的设计与评估[M].蔡永红,等,译.北京:华夏出版社,2004.

[56]余文森,吴刚平,刘良华.解读教与学的意义[M].上海:华东师范大学出版社,2005.

[57]李森.现代教学论纲要[M].北京:人民教育出版社,2005.

[58]裴娣娜,杨小微,熊川武.现代教学论(第一卷)[M].北京:人民教育出版社,2005.

[59]裴娣娜,杨小微,熊川武.现代教学论(第二卷)[M].北京:人民教育出版社,2005.

[60]黄显华,霍秉坤.寻找课程论和教科书设计的理论基础(增订版)[M].北京:人民教育出版社,2005.

[61]范良火,黄毅英,蔡金法,等.华人如何学习数学(中文版)[M].南京:江苏教育出版社,2005.

[62]张维忠.文化视野中的数学与数学教育[M].北京:人民教育出版社,2005.

[63]王林全.现代数学教育研究概论[M].广州:广东高等教育出版社,2005.

[64]郑毓信.数学教育:动态与省思[M].上海:上海教育出版社,2005.

[65][美]R·柯朗,H·罗宾.什么是数学——对思想和方法的基本研究(增订版)[M].左平,张饴慈,译.上海:复旦大学出版社,2005.

[66][加]迈克尔·富兰.教育变革新意义[M].赵中建,等,译.北京:教育科学出版社,2005.

[67]熊明安,喻本伐.中国当代教育实验史[M].济南:山东教育出版社,2005.

[68]王光明.数学教学效率论(理论篇)[M].天津:新蕾出版社,2006.

[69][美]丹尼尔·坦纳,劳雷尔·坦纳.学校课程史[M].崔允漷,等,译.北京:教育科学出版社,2006.

[70]张奠宙.中国数学双基教学[M].上海:上海教育出版社,2006.

[71]黄书光.中国基础教育改革的历史反思与前瞻[M].天津:天津教育出版社,2006.

[72]曹一鸣.中国数学课堂教学模式及其发展研究[M].北京:北京师范大学出版社,2007.

[73]张乃达,过伯祥.张乃达数学教育——从思维到文化[M].济南:山东教育出版社,2007.

[74]李森.课堂教学创新策略研究[M].重庆:西南师范大学出版社,2008.

[75]郑毓信.数学教育哲学的理论与实践[M].南宁:广西教育出版社,2008.

[76]李润泉,陈宏伯,蔡上鹤,等.中小学数学教材五十年(1950~2000)[M].北京:人民教育出版社,2008.

[77]叶澜.中国基础教育改革发展研究[M].北京:中国人民大学出版社,2009.

[78]王本陆.中国教育改革30年·课程与教学卷[M].北京:北京师范大学出版社,2009.

[79][加]迈克尔·富兰,彼得·希尔,[澳]卡梅尔·克瑞沃拉.突破[M].孙静萍,刘继安,译.北京:教育科学出版社,2009.

[80][美]威廉·维尔斯曼.教育研究方法导论(第9版)[M].袁振国,主译.北京:教育科学出版社,2010.

[81]颜明仁,李子建.课程与教学改革:学校文化、教师转变与发展的观点[M].北京:教育科学出版社,2010.

[82]邱学华.邱学华怎样教小学数学[M].北京:中国林业出版社,2010.

[83]涂荣豹,杨骞,王光明.中国数学教学研究30年[M].北京:科学出版社,2011.

[84]张奠宙,于波.数学教育的"中国道路"[M].上海:上海教育出版社,

2013.

[85]吴康宁.教育改革的"中国问题"[M].南京:南京师范大学出版社,2015.

[86]王建磐.中国数学教育:传统与现实[M].南京:江苏教育出版社,2017.

[87]范良火,黄毅英,蔡金法,等.华人如何教数学[M].南京:江苏凤凰教育出版社,2017.

[88]陈重穆,姜国贵.关于高师《高等代数》教材改革的若干意见[J].西南师范学院学报,1984(2).

[89]王秀泉,宋乃庆.大面积提高初中数学教学质量的研究——综合运用教材,发展学生非智力因素,培养学生自学能力[J].西南师范大学学报(自然科学版),1987(4).

[90]田羽.关于我国中小学教改实验的几点思考[J].教育研究与实验,1989(4).

[91]王秀泉.培养自学能力 发展非智力因素 大面积提高初中数学教学质量[J].课程·教材·教法,1989(4).

[92]张定璋.教育实验的历史考察和本质探讨[J].华东师范大学学报(教育科学版),1991(4).

[93]刘力.关于教育实验对教育实践及理论发展作用的重新认识[J].教育研究,1991(13).

[94]张武升.教育实验的本质、特点和类型[J].教育研究,1991(2).

[95]柳薇.教育实验理论问题讨论纪要[J].教育研究与实验,1991(1).

[96]杨银付,瞿葆奎.教育准实验的科学规范探讨[J].教育研究,1992,(10).

[97]陈重穆,宋乃庆.淡化形式,注重实质——兼论《九年义务教育全日制初级中学数学教学大纲》[J].数学教育学报,1993,2(2).

[98]郑毓信.再谈"淡化形式,注重实质":《淡化形式,注重实质》读后[J].数学通报,1994,43(8).

[99]陈重穆,曾宗燊,宋乃庆.减轻负担,提高质量——GX(提高课堂效益)实验简介[J].数学教育学报,1994,3(2).

[100]钟启泉.试论素质教育课程设计的教育学模型[J].教育研究,1995(2).

[101]宋乃庆,陈重穆.再谈"淡化形式,注重实质"[J].数学教育学报,1996,

5(2).

[102]陈重穆,宋乃庆.提高课堂效益(GX)实验研究简介[J].数学通报,1996,45(8).

[103]杜文久,魏林,朱乃明.GX实验教材抽样调查简报[J].数学教育学报,1997,6(4).

[104]丁丰朝.顺应数学教育改革潮流的(GX)[J].数学教育学报,1997,6(3).

[105]魏林,朱乃明.积极前进 循环上升——《GX》的学习观[J].数学教育学报,1997,6(3).

[106]郝啕,龙太国.试析教学主体、客体及主客体关系[J].教育研究,1997(12).

[107]朱德全,宋乃庆.论素质教育观下的数学教育[J].教育研究,1998(5).

[108]朱德全,苏飞跃,寇冬泉.试论素质教育的主体性与协同性[J].西南师范大学学报(哲学社会科学版),1998(3).

[109]杜文久.GX实验教材实验情况调查与分析[J].数学教育学报,1998,7(1).

[110]李忠如,魏林.GX实验的回顾与思考[J].数学教育学报,1998,7(1).

[111]魏林,朱乃明.中学数学教育改革新探索——《GX》实验[J].学科教育,1998(2).

[112]崔克忍.近代数学教育50年回顾[J].教育史研究,2000(2).

[113]张奠宙.关于数学知识的教育形态[J].数学通报,2001,46(4).

[114]潘小明.试论数学教学活动的效率性评价[J].数学教育学报,2001,10(4).

[115]李森.教学理论与实践:转化方式探讨[J].课程·教材·教法,2002(34).

[116]黎君.素质教育的缘起、内涵及构成要素论略[J].南京师大学报(社会科学版),2003(2).

[117]鲍建生,黄荣金,易凌峰,顾泠沅.变式教学研究(再续)[J].数学教学,2003(3).

[118]王钢城,张军.从理想到实践:国家素质教育政策的演进[J].当代教育科学,2004(20).

[119]郝德永.人的存在方式与教育的乌托邦品质[J].高等教育研究,2004,25(7).

[120]张廷艳.高中数学教学GX实验研究[J].西南师范大学学报(自然科学版),2005,30(3).

[121]谢利民.我国半个世纪"减负"问题的历史回溯与思考[J].集美大学学报,2005,6(9).

[122]夏小刚.关于"情境—问题"教学中几个问题的思考[J].贵州师范大学学报(自然科学版),2005,23(1).

[123]张力.素质教育:21世纪中国教育的主导理念[J].中国教育学刊,2006(2).

[124]"素质教育的概念、内涵及相关理论"课题组.素质教育的概念、内涵及相关理论[J].教育研究,2006(2).

[125]单文经.教改性质的历史分析:逡逡巡巡步向理想[J].教育学报,2006,2(2).

[126]王永红,黄志鹏.基础教育改革的利益主体及其利益分析[J].当代教育科学,2006(4).

[127]张奠宙,李旭辉.关于数学知识的学术形态和教育形态[J].数学教学,2007(8).

[128]庞坤,李明振.减轻师生负担 提高学生素质——对数学新课程背景下GX实验的研究[J].中国教育学刊,2007(5).

[129]宋乃庆.素质教育观下的教与学[J].中国教育学刊,2009(8).

[130]张荣伟.论中国基础教育改革的四种话语类型[J].中国教育学刊,2009(10).

[131]马淑杰,连四清,马汝静,等.高中生数学课堂学习效率的个体差异研究[J].数学教育学报,2009,18(2).

[132]李森,赵鑫.20世纪中国教学论的重要进展和未来走向[J].教育研究,2009(10).

[133]张荣伟.论中国基础教育改革的四种话语类型[J].中国教育学刊,2009(10).

[134]王光明.高效数学教学行为的归因[J].数学教育学报,2010,19(5).

[135]李渺,陈长伟.高效数学课堂教学行为研究——基于优秀高中数学教师的个案研究[J].数学教育学报,2010,19(5).

[136]杜庆宏.开展高效数学教学的行动研究[J].数学教育学报,2010,19(5).

[137]王立冬,张楠,王光明.评价数学学习效率需要注意的问题[J].数学通报,2010,49(9).

[138]徐建星.实践理性:我国课堂教学改革的现实路向——以"GX实验"为例[J].现代中小学教育,2014,30(2).

[139]徐建星.中小学教学改革模式历史(1949-2009)研究[J].现代中小学教育,2016,32(1).

[140]夏建刚.数学教学改革的研究方法及方法论意识——近三十年我国数学教学改革案例分析[D].上海:华东师范大学,2007.

[141]Fullan, M., & Pomfret, A. (1977). Research on curriculum and instruction implementation. *Review of Educational Research*, 47(1), 355-397.

[142]Kitcher, P. (1983). *The nature of mathematical knowledge*. Oxford: Oxford University Press, 163.

[143]Shulman, L. S. (1987). Knowledge and teaching: Foundations of the new reform. *Harvard Educational Review*, 57(l), l-22.

[144]Perloff, R. (1987). Self-interest and personal responsibility redux. *American Psychologist*, 42(1), 3-11.

[145]Cuban, L. (1990). Reforming again, again, and again. *Educational Researcher*, 19, 3-13.

[146]Thompson, A. G. (1992). Teachers' beliefs and conceptions: A synthesis of the research. In D. A. Grouws (Eds.), *Handbook of research on mathematics teaching and learning*. New York: Macmillan.

[147]Macpherson, R. J. S. (1993). The reconstruction of New Zeland education: A case of "High-Politics" reform? In H. Beare and W. Lowe Boyd (Eds.), *Restructuring schools: An international perspective on the movement to transform the*

control and performance of schools. London: The Falmer Press, 69-85.

[148]Owens, R. G. (1995). *Organizational behavior in education*. Boston: Allyn & Bacon, 214.

[149]Gijselaers, W. H., & Schmidt, H. G. (1995). Effects of quantity of instruction on time spent on learning and achievement. *Educational Research and Evaluation*, I (2), 183-201.

[150]Young, R. (1996). Decolonising education: The scope of educational thought. *Studies in Philosophy and Education*, 4, 309-322.

[151]Uttal, D. H. (1997). Beliefs about genetic influences on mathematics achievement: A cross-cultural comparison. *Genetica*, 99, 165-172.

[152]Hoermann, D. (1997). The dynamics of implementing a planned change within a public education system. University of New South Wales, 22.

[153]Graham, K. J., Li, Y., & Curran Buck, J. C. (2000). Characteristics of mathematics teacher preparation programs in the United States: An exploratory study. *The Mathematics Educator*, 5(1/2), 5-31.

[154]Fan, L. H., & Kaeley, G. S. (2000). The influence of textbooks on teaching strategies: An empirical study. *Mid-western Educational Researcher*, 13(4), 2-9.

[155]Chung, B. M. (2000). Thoughts on Education for an Age of Synthesis. *Asia Pacific Education Review*, 12, 5-11.

[156]Hiebert, J., & Stigler, J. W. (2000). A proposal for improving classroom teaching: Lessons from the TIMSS video study. *Elementary School Journal*, 101(1), 3-20.

[157]Woessner, K. (2001). Hierarchy of interests: The role of self-interest, group-identity, and socio-tropic politics in political attitudes and participation. *Dissertation Abstracts International*, Section A: Humanities and Social Sciences, 62(4-A), 1569.

[158]Towers, J. (2002). Blocking the growth of mathematical understanding: A challenge for teaching. *Mathematics Education Research Journal*, 14(2), 121-

132.

[159]Lesh, R. (2002). Research design in mathematics education: Focusing on design experiments. In L. D. English (Ed.), *International handbook of research in mathematics education*. (pp. 27-50). Mahwah, NJ: Lawrence Erlbaum.

[160]Hiebert, J., Morris, A. K., & Glass, B. (2003). Learning to learn to teach: An "experiment" model for teaching and teacher preparation in mathematics. *Journal of Mathematics Teacher Education*, 6(3), 201-222.

[161]Kazemi, E., & Franke, M. L. (2004). Teacher learning in mathematics: Using student work to promote collective inquiry. *Journal of Mathematics Teacher Education*, 7(3), 203-235.

[162]Remillard, J., & Bryans, M. (2004). Teachers' orientations toward mathematics curriculum materials: Implications for teacher learning. *Journal for Research in Mathematics Education*, 35(5): 352-388.

[163]Krainer, K. (2005). What is "good" mathematics teaching, and how can research inform practice and policy? *Journal of Mathematics Teacher Education*, 8, 75-81.

[164]Bonotto, C. (2005). How informal out-of-school mathematics can help students make sense of formal in-school mathematics: The case of multiplying by decimal numbers. *Mathematical Thinking and Learning*, 7(4), 313-344.

[165]Cai, J. F. (2007). What is effective mathematics teaching? A study of teachers from Australia, Mainland China, Hong Kong SAR, and the United States. *ZDM Mathematics Education*, 39, 265-270.

[166]Wang, T., & Cai, J. F.(2007). Chinese (Mainland) teachers' views of effective mathematics teaching and learning. *ZDM Mathematics Education*, 39, 287-300.

[167]Karsenty, R., Arcavi, A., & Hadas, N. (2007). Exploring informal mathematical products of low achievers at the secondary school level. *Journal of Mathematical Behavior*, 26, 156-177.

[168]Lewis, C., Perry, R., & Hurd, J.(2009). Improving mathematics instruction through lesson study: A theoretical model and North American case. *Journal of Mathematics Teacher Education*, 12, 285-304.

[169]Li, Y. P., & Li, J. (2009). Mathematics classroom instruction excellence through the platform of teaching contests. *ZDM Mathematics Education*, 41, 263-277.

[170]Li, Y. P., Zhang, J. Y., & Ma, T. T. (2009). Approaches and practices in developing school mathematics textbooks in China. *ZDM Mathematics Education*, 41, 733-748.

[171]Li,Y. P., Chen, X., & An, S. (2009). Conceptualizing and organizing content for teaching and learning in selected Chinese, Japanese and US mathematics textbooks: The case of fraction division. *ZDM Mathematics Education*, 41, 809-826.

[172]Lin, P. J., & Li, Y. P. (2009). Searching for good mathematics instruction at primary school level valued in Taiwan,China. *ZDM Mathematics Education*, 41, 363-378.

[173]Fuson, K. C., & Li, Y. P. (2009). Cross-cultural issues in linguistic, visual- quantitative, and written- numeric supports for mathematical thinking. *ZDM Mathematics Education*, 41, 793-808.

[174]Allen, J. (2009). Valuing practice over theory: How beginning teachers re-orient their practice in the transition from the university to the workplace. *Teaching and Teacher Education*, 25(5), 647-654.

[175]Towers, J. (2010). Learning to teach mathematics through inquiry: A focus on the relationship between describing and enacting inquiry-oriented teaching. *Journal of Mathematics Teacher Education*, 13, 243-263.

附录

附录一
1993—2008年以GX实验为主题发表的论文

作　者	篇　名	期　刊	时　间
徐建星	初中几何课程减负提质的有效构建策略——"GX实验"面向教学的初中几何探究	数学教育学报	2016(4)
徐建星	"以方程为纲,以元为序":初中代数知识结构的重建——"GX实验"面向教学的初中代数学体系探究	数学通报	2015(1)
庞　坤,李明振,宋乃庆	GX实验是实施数学素质教育的成功范例	西南大学学报(自然科学版)	2008(2)
周云碧	GX教学法在高中数学教学中的应用	新课程研究(基础教育)	2008(2)
庞　坤,李明振	减轻师生负担 提高学生素质——对数学新课程背景下GX实验的研究	中国教育学刊	2007(5)
黄　刚,程良建	探索为素质的高效益复习之路	数学教学通讯	2006(Z2)
黄　刚,程良建	循环上升,提高复习效益	数学教学通讯	2006(Z1)
张廷艳	高中数学教学GX实验研究	西南师范大学学报(自然科学版)	2005(3)
陈颖树,颜振标,李　足	提高黎族地区初中数学教育质量的探讨	琼州大学学报	2003(5)
朱道全	如何提高课堂效益:谈"GX"数学思想在高中教学中的应用	数学教学通讯	2002(8)
王君东,颜振标	"循环上升"教学法尝试	琼州大学学报	2002(4)

续表

作　者	篇　名	期　刊	时　间
章东红	137轴对称和轴对称图形	中学数学	2002(4)
谭绍南,陈颖树	使用GX教材教学的实践与体会	琼州大学学报	2002(4)
许天玉	GX教学实践与探究	琼州大学学报	2002(4)
钱运涛	用"GX32字诀"教学原则建构"以学为中心"的课堂教学模式	数学教学通讯	2002(3)
梁庆凤,刘传富	圆幂定理及应用(复习课教案)	数学教学通讯	2002(1)
高世林,何明	GX实验与教育扶贫	数学教学通讯	2002(3)
临川二中课题组	初中平面几何GX教法与计算机证明研究课题实验报告	江西教育	2001(Z1)
王跃英	用GX思想指导"梯形"教学的尝试	云南教育	2001(8)
王书林	GX实验的多媒体教学设计构想	数学教学通讯	2001(6)
孙　虹	提高课堂效益　增强学习效果——谈"GX"精神在高中数学中的运作	数学教学通讯	2001(5)
文　勇,陈国民	乘方——(GX)教材代数第一册第一章第十二课	数学教学通讯	2001(2)
郭菊莲	用GX理论指导职业中专数学教学	数学教学通讯	2000(9)
赵　澜,李月培	相似三角形——GX教材《几何》第三册第六章第六课	数学教学通讯	2000(7)
刘子中	GX教学法——减负提质的良方——GX教学法在师范代数教学中的应用	数学教学通讯	2000(6)
李庆敏	集中讲对比练教学一例——"平行四边形的判定"	数学教学通讯	2000(6)
程广文	论GX教学思想的超越性	数学教学通讯	2000(4)
钟红春,周振华	矩形,菱形,正方形	数学教学通讯	2000(2)
龙正文	突出"先做后说"注重"循环复习"	数学教学通讯	2000(2)
张晓君	GX教改实验与数学交流	数学教学通讯	2000(11)
史远华	用GX思想指导教学的体会	数学教学通讯	2000(11)
陈振环	GX淡化形式注重实质应用——解题教学改革探索	数学教学通讯	2000(10)
胡　平	GX改革课堂结构探索	数学教学通讯	2000(10)
赵　萍,唐　敏,朱维宗	GX思想指导下的概念课的教改探索	数学教学通讯	2000(1)

续表

作　者	篇　名	期　刊	时　间
丁丰朝	教改实验——提高教师素质的有效途径	贵阳师专学报（社会科学版）	2000(1)
方晓霞,梁　林	以GX的课堂主要形式优化课堂教学结构——谈一堂复习课的教学结构优化	数学教学通讯	1999(5)
曾家骏	关于MX实验的理论与实践的初步思考	数学教学通讯	1999(5)
马一新	GX的学习观与高中数学教学	数学教学通讯	1999(5)
黎辉忠	在西藏地区尝试(GX)教学法——来自雪域高原的教改实验报告	数学教学通讯	1999(4)
朱维宗,彭毅力	从GX教改实验谈学生自学能力的培养	玉溪师范高等专科学校学报	1999(4)
官　宏	课例:三角形全等的证明	中学数学教学参考	1999(3)
仲秀英	对GX教材的点评	数学教育学报	1999(3)
谢大全	关于"GX"教材与"九义"数学教材的比较思考及其运用	数学教学通讯	1999(3)
李光忠	点评:一堂高效益的几何课	中学数学教学参考	1999(3)
李　炜,方晓霞	课例:一元二次方程	中学数学教学参考	1999(3)
李忠如,魏　林	一项成功的"减负提质"的数学教育实验——GX实验	中学数学教学参考	1999(3)
袁安全	(GX)教材的共角定理和共边定理的应用	数学教学通讯	1999(2)
董学发,吴光宏	GX的实践和初步体会	数学教学通讯	1999(2)
吕　萍	转变教育观念 更新教学方法——《GX》教改的点滴体会	数学教学通讯	1999(2)
周园林	浅谈如何用"GX"精神指导高中数学教学	黔东南民族师专学报(自然科学版)	1998(S1)
柏启宏	高中数学"GX"四课型教学探讨	数学教学通讯	1998(5)
蒋天平	用"GX"思想指导初三复习的实践与探索	数学教学通讯	1998(5)

续表

作　者	篇　名	期　刊	时　间
李忠如	激发学习积极性 提高课堂效益——GX实验研究	现代中小学教育	1998(3)
陶兴模	谈"先做后说，师生共作"八字教学法的操作与体会	数学教学通讯	1998(2)
高其荣	〈GX〉思想在高中数学教学中的应用	数学教学通讯	1998(2)
金　雷,周振华	〈GX〉教材实验与分层教学——兼谈优生培养	数学教学通讯	1998(2)
张国杰	俏也不争春 只把春来报——从"MM教育方式"想到的	数学教育学报	1998(2)
魏　林,朱乃明	中学数学教育改革新探索——《GX》实验	教育学报	1998(2)
杨富成	(GX)教改实验小结	数学教学通讯	1998(1)
韩雯娟	提高课堂效益 注重能力培养——使用《初中GX实验教材》的体会	数学教学通讯	1998(1)
何道永,徐光考	淡化形式 注重实质一例	数学教学通讯	1998(1)
周天海	以"GX"思想指导立几教学的尝试	数学教学通讯	1998(1)
李承明	"先做后说 师生共作"效果好	数学教学通讯	1998(1)
廖美熙	挖掘教材内容 提高教学效果——从《GX》实验教程内容看学生创造性思维能力的培养	数学教学通讯	1998(1)
张国杰	牵牛要牵牛鼻子——(GX)实验是实施素质教育的一个范例	数学教育学报	1998(1)
段耀武	GX实验与数学素质教育的实施	数学教育学报	1998(1)
杜文久	GX实验教材实验情况调查与分析	数学教育学报	1998(1)
李忠如,魏　林	GX实验的回顾与思考	数学教育学报	1998(1)
曾嘉玲	《GX》教材为素质教育开创了新路	数学教学通讯	1997(6)
陈建平	人教九义版与GX教材中《相似形》一章的初步比较	数学教学通讯	1997(5)
赵明贤	合理利用GX教材 有效地进行课堂教学	数学教学通讯	1997(5)
倪月进	在GX起步阶段作好中差生的转化	数学教学通讯	1997(5)

续表

作　者	篇　名	期　刊	时　间
胡　亮	在课堂内辅导差生——GX教改实验体会	数学教学通讯	1997(5)
曾以文	对GX的认识与实践	数学教学通讯	1997(5)
李忠文,徐光考	淡化形式　注重实质——职业高中数学教学的探讨	数学教学通讯	1997(4)
范国强	论"积极前进,循环上升"的教育原则	数学教学通讯	1997(4)
吴生春	GX精神指导我教学	数学教学通讯	1997(4)
黎辉忠	在慢班中使用(GX)教材进行教改实验的体会	数学教学通讯	1997(4)
重庆荣昌"主体"教学改革课题组,刘荣辉	"主体"教学的主要过程和初步效果	数学教学通讯	1997(4)
杜文久,魏林,朱乃明	GX实验教材抽样调查简报	数学教育学报	1997(4)
陈重穆,宋乃庆,曾宗燊	21世纪的初中平面几何	数学教育学报	1997(4)
熊兴玉	关于"循环上升"的一些作法	数学教学通讯	1997(3)
曾廷慧	浅论"GX"思想在历史教学中的应用	数学教学通讯	1997(3)
徐　波	《GX实验教材》教学体会点滴	数学教学通讯	1997(3)
陈小辉	GX教改实验在偏远的山区中学	数学教学通讯	1997(3)
肖世斌	关于青浦经验与(GX)精神的几点思考	数学教育学报	1997(3)
丁丰朝	顺应数学教育改革潮流的(GX)	数学教育学报	1997(3)
魏　林,朱乃明	积极前进　循环上升——《GX》的学习观	数学教育学报	1997(3)
丁丰朝	(GX)实验的重要问题是落实"先做后说,师生共作"	数学教学通讯	1997(2)
劳吉昌	"GX"实验教材教学体学	数学教学通讯	1997(2)
孙大安	(GX)教材实验的初步体会	数学教学通讯	1997(2)
朱兆贵,徐亚义	实施循环复习提高复习效率——用"GX"指导初三数学复习的方法探讨	数学教学通讯	1997(2)
刘世玲	在(GX)实验教学中的点滴体会	数学教学通讯	1997(2)

续表

作者	篇名	期刊	时间
刘凯	发挥"GX"教材优势,狠抓差生的信心培养,努力转化差生	数学教学通讯	1997(1)
周大庆	运用"先做后说,师生共作"的方法指导九年制义务教材初中数学的教学尝试	数学教学通讯	1997(1)
袁俊良,肖仕斌	用(GX)精神指导初中人教版数学教材教学尝试	数学教学通讯	1997(1)
陆欣荣	GX——减负提质的好教材	数学教学通讯	1997(1)
重庆市荣昌县"主体"研究实验课题组	打破"不煮夹生饭"的教学观点,改革初中数学课堂教学结构	数学教学通讯	1997(1)
朱兆贵	用"GX"指导数学教学的初步体会	数学教师	1996(9)
陈重穆,宋乃庆	提高课堂效益(GX)实验研究简介	数学通报	1996(8)
洪玲	发扬GX精神,提高课堂效率的一点做法和体会	数学教学通讯	1996(6)
张富彬	沙区初中数学GX实验一年的简况	数学教学通讯	1996(6)
黎世贤,赵斌	从《二次根式》教学看GX教材	数学教学通讯	1996(6)
庞坤	GX教材在民族地区实验的数据分析	数学教学通讯	1996(6)
袁政恕	《人教版》与《GX》初一代数中某些章节的比较	数学教学通讯	1996(5)
李炜	在GX教学中运用"循环滚动法"进行复习的体会	数学教学通讯	1996(5)
陈若莹	关于九五届初中数学教学的调查报告	数学教学通讯	1996(5)
肖世斌,王风林	对(GX)代数第一册中绝对值编排的探讨	数学教学通讯	1996(3)
胡亮	课堂满负荷 课外轻负担——GX教改实验体会	数学教学通讯	1996(3)
周炳珏	"GX"教学中的滚动复习	数学教学通讯	1996(3)
余自生	高中数学"淡化形式,注重实质"二例——兼谈对学生能力的培养	数学教学通讯	1996(2)
谭健第	对GX教材"循环上升"的作法与体会	数学教学通讯	1996(2)
宋乃庆,陈重穆	再谈"淡化形式,注重实质"	数学教育学报	1996(2)

续表

作　者	篇　名	期　刊	时　间
李正学,石永明,杨明勇	"GX"的物化——《代数导言》施教报告	雅安教育学院学报	1996(2)
官　宏	"GX"教材实验尝试	数学教学通讯	1996(1)
柏启宏	高一数学"GX"教改实验初探	数学教学通讯	1996(1)
四川荣昌初中数学课堂教改课题组,刘荣辉	运用"先做后说"教学原则改革课堂教学的具体作法和初步效果	数学教学通讯	1996(1)
雅安教育学院"GX"课题研究组	"GX"研究的历程与阶段成果	雅安教育学院学报	1996(1)
黄正樵	GX单元实验教材《相似形》试教实验	数学教学通讯	1995(1)
刘建平	初中数学(GX)教材实验报告	数学教学通讯	1995(1)
杨富成	浅谈"GX"的"先做后说,师生共作"	数学教学通讯	1995(6)
罗　英,丁丰朝	来自偏远地区民族乡中学的实验报告	数学教学通讯	1995(6)
刘建平	发挥(GX)教材优势,最大限度提高课堂效率	数学教学通讯	1995(6)
朱维宗,杨承纶,张荣华	改革传统教学方法 提高民族地区初中数学质量	数学教学通讯	1995(6)
王凤林	(GX)实验教材教法初探——从有理数四则运算教学中浅议"循环上升"	数学教学通讯	1995(5)
邹宪文,何昌俊,李玉党,葛维枫	"(GX)初中数学实验教材"教学初步体会	数学教学通讯	1995(5)
徐岫云	减轻负担 提高质量 发展特长——GX教材在教学改革中的突出作用	数学教学通讯	1995(5)
王家勋	"GX"实验教材教学实施中的几点体会	数学教学通讯	1995(4)
李光忠	对GX教材代数第一章有理数的认识	数学教学通讯	1995(4)
张孝达	GX是可能的——写在《GX》第一轮实验完成之际	数学教学通讯	1995(4)
刘子中	在GX教材实验中"抓两头"的点滴体会	数学教学通讯	1995(3)
陈重穆,曾宗桑,宋乃庆	"GX"为什么能减轻负担,提高质量,又能节约时间?	数学教学通讯	1995(3)

续表

作　者	篇　名	期　刊	时　间
周炳珏	《(GX)实验教材》教学尝试	数学教学通讯	1995(1)
郑毓信	再谈"淡化形式,注重实质"——《淡化形式,注重实质》读后	数学通报	1994(8)
陈重穆,宋乃庆	浅谈提高课堂效益(GX)	数学教育通讯	1994(1)
张树良,曾家骏	用"GX"精神指导高中数学教学的初步体会	数学教学通讯	1994(6)
陈重穆	关于义务教育中的教学原则	西南师范大学学报(哲社版)	1994(3)
李苡	由两道概念题引起的思考	数学教学通讯	1994(6)
沈雅玲	立足于循环在前进中巩固	数学教学通讯	1994(3)
陈重穆,曾宗燊,宋乃庆	减轻负担、提高质量——GX(提高课堂效益)实验简介	数学教育学报	1994(2)
李光忠	GX教材为教学改革开创了新路	数学教学通讯	1994(1)
漆武	一部讲科学,讲效益的好教材——(GX)教材实验体会	数学教学通讯	1994(1)
陈重穆,宋乃庆	淡化形式,注重实质——兼论《九年义务教育全日制初级中学数学教学大纲》	数学教育学报	1993(2)

附录二
以GX实验为主题的博硕学位论文统计表

作者	论文题目	论文类别	指导教师	完成时间
徐建星	GX实验教学原则的形成与发展研究	博士学位	宋乃庆 张维忠	2011(12)
朱福胜	数学教育哲学视野下的GX实验研究	博士学位	黄翔 宋乃庆	2009(6)
庞坤	GX实验的再研究——GX教学模式的建构	博士学位	宋乃庆 郑毓信	2007(5)
程良建	GX实验的再认识与发展研究	硕士学位	刘静	2008(4)
魏林	提高初中数学课堂教学效益的策略研究	硕士学位	刘静	2008(4)
张洪巍	云南省"高效益(GX)"教学实验的再研究	硕士学位	朱维宗 孙亚玲	2008(4)
刘静	GX实验的学习策略研究	硕士学位	宋乃庆	2002(4)
罗万春	GX实验教材的编写策略探究	硕士学位	宋乃庆	2002(4)
吴江	GX实验的32字诀教学原则探究	硕士学位	宋乃庆	2002(4)
于波	"拟经验"数学观与"GX"教学原则的整合性实验	硕士学位	朱德全 宋乃庆	2001(4)
王书林	"GX实验"的多媒体组合教学设计和实验研究——初一代数微型实验	硕士学位	朱德全 宋乃庆	2001(4)
张廷艳	提高高中数学课堂教学效益的实验研究——西南师大附中高中数学GX微型实验	硕士学位	宋乃庆 朱乃明	2001(4)
李忠如	提高课堂教学效益的调查研究	硕士学位	宋乃庆	1998(4)
程广文	两种初中代数教材比较研究	硕士学位	宋乃庆	1998(4)
段耀武	素质教育观下数学素质要素结构与教学策略的探究	硕士学位	宋乃庆	1998(4)
庞坤	从GX实验看民族地区初中数学教材改革	硕士学位	汪秉彝	1996(4)

附录三
陈重穆先生关于GX实验的部分报告、信件、手稿

1. 陈重穆先生《关于提高课堂效益》的报告稿

关于提高课堂效益

陈重穆

一、多年来我国数学教学学习苏联，相当重视教学的概念和理论，有一段时间还提出"讲深讲透"。逻辑性、严密性、系统性成了教学的首要原则（科学性原则）。这对基石教育数学教学的影响是深刻的，总的来看也是积极的，但也有消极成分。基石教育不可能在"科学性"上那样完善，于是在力所能及、学生可能接受的地方，搞的是名词术语，精雕细刻，改改以求，教材又经过多年加工，是组合未经感运，但也多了为间身"完善"的东西，走上了形式和繁琐的倾向，脱离了学生认知实际。教学中形式多于实质，机械知识多于能力，教学效益不高。

苏联卫星上天，震动美国朝野，认为这是苏联在理科教育产重改造的结果。于是"新数学"应运而生，以现代数学的结构观复盖、重新编写教材，其特点是重视理论。由于"新数学"脱离一般学生认知实际，又碰到些坎坷。针对上述偏颇，全美数学教学管理理事会明确指出，学习数学的主要目的仍是学会解题。1980年全美数学教师协会强调，80年代数学课重点应放在解题教学上（《数学教学》，1988年2期，解题教学——美国当前数学教学的新动向）。

我国张孝达先生提出了"淡化概念"。我的理解是：数学不要从概念出发，不要在概念上做文章，要更多的多练。国际重于理论，能

1

力集于知识。要把他们统一起来，统一的基础是学生的实践。编写教材有一个原则："学科知识结构与学生认知规律相结合"。"知识结构"本身就是"认知"的结果，一般来说是结合的，关键是"学生"二字，现在我们考虑的是初中学生。结合必有主从，是数应以学生认知为主，当二者有矛盾时（形式）严谨性，系统性，充实性，就得服从于学生认知。(包在通用教材中已屡见不鲜)。概念界认知到一定阶段时形成，而按逻辑顺序则常在先，教学完全不如此，先做而后下定义。实际上，通过小结总结科学性可达到有水平，不少应在教学过程中分小步期末探究。

二. 苏联教育家赞科夫的"高难度，高速度进行教学原则"在我国很少得到响应。它与量力性原则（在我国影响很大）是一致的，不过侧重点、强调的方面不同而已（沈家科学性与"淡化概念"）。由于考试及其他原因，中小数学教学确实存在着，知识点划分过细，步子迈得过小，多次简单重复旧课，拖慢进度，浪费时间的现象，导致学生不动脑筋，从而阻碍学生发展。《学科教育》1991年2期，郑君乐《数学教材的思想性原则》中有一个典型实例，讲正弦数，他对值及加法定理只用了20分时，而通常要4学时，课堂效益提高了5,6倍。提高效益，大有可为。

三. 我们已提出淡化定义、定理、法则、公式的纯文字表述已收到减轻学生负担的效果。为什么不可以扩而充之到整个教材，淡化教材的文字叙述。文字最难，给人的感受是最不清楚，顶好是实际操作，少字多图说示，辅以少量的文字说明，这样最通俗最易省力。用式子，有容收映像的过程,让学生观察,教师引而不发,更能启发学生,培养学生能力。省港教材,这样叙述就较少,有的甚至象连环画,值得我们借鉴。淡化文字叙述,提高课堂效益。

四、教师主导,学生主体,如何落实? 掌握知识,培养能力如何落实? 最根本的途径是通过学生实践。抓学生自学已大见成效。课堂教学也要学生参与"做"的活动。在教师引导下学生亲自实践,体验或发现一个事实,这样掌握知识牢固,能力也随之提高。增加课堂练习时间,在教师关注下及时反馈,解决存在问题,这样还进一步减轻师生课外负担。精讲多练,提高课堂效益。

只有在数学教学中精选教学内容,提高课堂效益,才有可能纳入新内容,以适应现代科技发展与面向21世纪。

❷ "淡化概念,提高效益"真能在教学中实现,必须一要有新教材,二要考试不考名词术语。考试考名词术语,考必量不足,试题依师生在此花了相当多的精力,其效益很低,甚至有时为负。不考名词术语仍是对教学的解放,也是"一纲多本"的需要。关于教材,后面我们附有一个初稿 (GX 课本) (GX 言教,故有之意)。编写的原则性具体措施如下:

1. 开门见山,迅速达到核心。
2. 不毕其功于一役,分阶段,分层次循环往复,螺旋上升。

3. 淡化文字叙述，打破原来的体例格式。

4. 实践的原则，从"做"中学，从"用"中掌握知识。

5. 师生共作，学生尽多地参与知识的发生与发展。靠家长师作用，学生主体灵掌握知识，培养能力于日常教学。

6. 把材料法揉为一体，精简多练，练习尽量堂内完成，及时反馈，减轻师生课外负担。

7. 以点概面，举一反三，不求全，不平均使用力量。

8. 减少不必要的重复，结合起来统一处理问题。

　　归纳起来：

　　　　开门见山，　直捣黄龙。

　　　　淡化概念，　归真返朴。

　　　　精讲多练，　师生共作。

　　　　滚动前进，　循环往复。

　　三年功课二年完，　易教、易学效果好。

这样的新教材，孩子也得实惠的，首先这儿就有了可观的经济效益（纸张、印刷、运输，以全国计，将是一笔大数）。

4

2. 陈重穆先生与GX实验参与者的部分信件

《新编初中代数》以方程为中心，以"元"为顺序建立起新的初中代数教材体系。在方程的科学体系上也改变过去过分形式化的方式，归结到把以方程作为依附于培养的一个问题。不但减轻了学生不少负担，而且又发挥了方程对学生逻辑思维的培养作用。本教材将引起当时学生能力的提高，注意揭示教材，特别是式中的认识规律。因此，我是一堂很严谨的与革新教材的挑战。化繁为简写是一次重要的报告科研研究。一来不科学，而简师大列的科研项目之一。它得到了同行、兄弟省实同志和人教社、西师同志的支持和帮忙。本教材共一套一册已出版并报了几个班试用。

注：本文系陈先生87年10月，在《新编初中代数》第一册由西师大出版社出版发行后，写下的一段文字。看得出他以"方程"为中心，以"元"为顺序建立起新的初中代数教材体系的工作已经起动。他认为"新体系"改变了"过去过分形式化的方式"，作到了"归真反扑"。这是GX 32诀"淡化形式，注重实质"最初的想法。

/// 281

1. 多项式除以单项式。原稿并排在各类型后没有作为一小节。因此也没有加以"淡化"。原因是从运算规则推来，这内容行无必要。不管多项式除以单项式，或除以多项式，都受复个单项式除以单项式，毕竟变化而已，不必"弄得过严"。还有，不能整除时怎么办？这也并不是完全。有必要挑择正式列为一小节。对于多项式除法，我还想进一步淡化。有除新公除和于"因式分解"。一般的公除和于分式中，可在因式分解，分式那里。

2. 综合除法。我看基本上是按照原稿准细化了些。(当考查发，在上一节略的方法说得细一点）这有好处。一步步的一失是冷减法为加法"，这是因为改为选修内容，已到门口不妨挤入。这节主要目的是使学生体会"观察"在学习研究中的重要作用。遇事要看"要想"。而不是综合除法率身。学生是否能掌握综合除法不作要求。已要能体会到要看要想，目的就达到了。

注：1987年7月，在《新编初中代数》第一册刚完成初稿的情况下，编者们交换意见常通过书信方式进行，这段文字是陈先生导信回复笔者，讨论书稿的部分意见。从其中不难发现，陈先生"淡化形式"的思想已初露端倪，以及陈先生认为培养学生能力，应首先从教会学生"学会观察"开始。

3. 陈重穆先生编写GX实验《初中代数》教材的部分手稿

为 $-a$.

$-(+3)=?$ $-(-3)=?$
$-0=?$ $-(-(-1))=?$

二、$(+7)-(-5)=?$
   $a-b$ 是什么意思？
   设 $a-b=x$，就是求 x 使
   $x+b=a$.
   上面等式两端同加上 b 的相反数 $-b$
   $x+b+(-b)=a+(-b)$
   $x=a+(-b)$
   $a-b=a+(-b)$
   观察上式，减法变成了加法，就
   是变号相加，"减"转化成了相反。

三、课堂练习

第三课 加法运算律

一、$(-4)-(-\frac{2}{3})+(+4)=?$
   $(-4)-(-\frac{2}{3})+(+4)$
   $=[(-4)-(-\frac{2}{3})]+(+4)$ (   )
   $=[(-4)+(+\frac{2}{3})]+(+4)$ (   )
   $=[(+\frac{2}{3})+(-4)]+(+4)$ (   )
   $=(+\frac{2}{3})+[(-4)+(+4)]$ (   )
   $=(+\frac{2}{3})+0$ (   )
   $=+\frac{2}{3}$.   (   )

同学们把上面每步计算的根据写
在相应的括号中。
   数（正、负、零）的加法可以实施，结合
交换律：$a+b=b+a$

结合律：$(a+b)+c=a+(b+c)$.

二、课堂练习

第四课 代数和（略）

第五课 乘除法

一、$(-4)+(-4)+(-4)=?$
   $(-4)+(-4)+(-4)+(-4)+(-4)=?$
   上式又可写为什么形式？
   $(-4)\times 5=-20=-(4\times 5)$.

二、$(-4)\times(+5)=?$
   $(-4)\times(-5)=?$
   $(+5)\times(+4)=?$
   $(+5)\times(-4)=?$

同号=数相乘，符号为正；
异号=数相乘，符号为负。
要乘任何数得零。

除法同学们可用已知写一下。

积的绝对值等于乘数绝对值的积，
商的绝对值等于"绝对值的商"
同号为正，异号为负。零不能作除数。

三、课堂练习

第六课 乘法运算律（略）

第七课 有理数

一、在原来的数前画上"+"叫正
数，原来的数叫做这个正数的绝对值。

在原来的数前面放上一个负数,原来的数叫做这个负数的绝对值。

绝对值相同符号相反的两个数叫互为相反数。

0的绝对值是0;0的相反数是0。

a的绝对值记为$|a|$

a的相反数记为$-a$

加法。$(+a)+(+b)=+(a+b)$
$(-a)+(-b)=-(a+b)$
$-(-a)+(+b)$
$=-(+b)+(-a)=\begin{cases}-(a-b), & a>b\\ 0, & a=b\\ +(b-a), & a<b\end{cases}$

乘法。$(+a)(+b)=+ab$
$(-a)(-b)=+ab$
$(-a)(+b)$
$=(+b)(-a)=-ab$

· $-a$是a的相反数,$+a$可以看做a本身,$+a=a$。$-a$不一定是负数,但一定是a的相反数;$+a$不一定是正数,但一定是a。因此$+3$就是3,正数与其绝对值一致。在正数范围内,绝对值总是非负数。

正、负整数,正负分数与零统称有理数。有理数的全体叫有理数集。常记为Q

二、课堂练习。学生作练习表。

第八课 顺序

一、$3>2$是什么意思?

3比2大,$3-2=1$有剩。

$a>b \iff a-b$是正数。

二、正数与0,哪个大?为什么?

∵ 正数$-0=$正数
∴ 正数>0

$a>0$与a是正数是一个意思。

负数与0,谁大?0大。

∵ $0-$负数$=$正数
∴ $0>$负数

$a<0$与a是负数是一个意思。

两个负数相比。

设a,b是正数,且$b>a$
$(-a)-(-b)=b-a>0$
∴ $-a>-b$

两个负数相比,绝对值大者反而小。

三、课堂练习。

第九课 数轴(略)

第十课 乘方

一 $2+2+2+2+2=2\times 5$
$2\times 2\times 2\times 2\times 2=?$
$a\times a\times a\times a\times a=a^5$
$\underbrace{2\times 2\times \cdots \times 2}_{n\uparrow}=2^n$
$\underbrace{a\times a\times \cdots \times a}_{n\uparrow}=a^n$

a的n次方(幂)

a^n —— 指数
       —— 底

$a=-1$, $n=18$, $a^n=(-1)^{18}=?$
$a=-1$, $n=19$, $a^n=(-1)^{19}=?$

二、课堂练习.

　第十一课　查表

　第十二课　混合运算

第二章　多项式

　第一课　并项

　第二课　去括号

　第三课　加减

　第四课　指数定律

　第五课　项(单项)的有
　　　　　理与次数

　第六课　乘法

　第七课　复习

第三章　一元一次方程

　第一课　移项

　第二课　解式

　第三课　小结

　第四课　应用题 I

　第五课　应用题 II

　第六课　特殊问题

第四章　整除

1. 数的整除. 2. 末数, 因数倍数.
3. 素数. 4. 多项式的整除, 因式
也是倍数. 5,6. 乘法公式. 7. 因式分
解(提取). 8. 用公式. 9. 十字法. 10.分组.

第五章　一元二次方程

1,2. 因式分解法. 3,4. 配方法.
5,6. 应用题.

第六章　次数

1. 平方根与开平方. 2. 重根(数意义)
3. 无理数次数. 4,5,6. 加减乘除运算.

第七章　各种的公式

1. 公式. 2. 判别式. 3. 根与分类
关系; 4. 二次三项式 因式分解.

第八章　不等式

1. 一般性质. 2. 一元一次不等式
3,4. 不等式组.

以上予计 共计讲课57学时, 机
动23学时. 这学期复习20学时
共80学时.

4. 陈重穆先生编写《新编初中代数》教材的部分手稿

新编初中代数（示定稿）

第一章 字母代数

1.1 简易方程

例1 两个数的和为55，差为11，求这两个数。

解 如图(1)把这 两个数用线段表示出来。从图容易看出，大数里面减去11便是小数，从和55中减去11便得两个小数，所以

$$小数 = (55-11) \div 2 = 22$$
$$\therefore 大数 = 22 + 11 = 33$$

这样问题就解答出来了。

由于用线段表示了所求的数，示意图(1)使已知的数和要求的数间的关系明白地看出来，因此我们就找到得问题的解答了。没它去想就会感到困难得多。

用文字或某种符号表示所要求的数使我们看着它的地方，也可以达到同样的效果。

第 1 页

大数 = 小数 + 11
∴ 大数 + 小数 = (小数 + 11) + 小数
∴ (小数 + 11) + 小数 = 55
∴ 小数 × 2 + 11 = 55　　(由逆运算)
∴ 小数 × 2 = 55 − 11 = 44　(由逆运算)
∴ 小数 = 44 ÷ 2 = 22
∴ 大数 = 22 + 11 = 33

由于
　　33 + 22 = 55
　　33 − 22 = 11
所以 33，22 确实是要求的两个数。

中文字写起来较复杂，也简单计算改文字母来表示。

用 a 表示小数，那么大数就是 $a + 11$。于是
　　$(a + 11) + a = 55$
∴ $a × 2 + 11 = 55$
∴ $a × 2 = 55 − 11 = 44$
∴ $a = 44 ÷ 2 = 22$
又 $a + 11 = 22 + 11 = 33$

即大数为 33，小数为 22，即为所求。

附录四
陈重穆先生组织教材编写活动的文件

请各位同志，提宝贵意见。
重穆

编写活动事项

1. 认真钻研大纲，领会其意图，从精神实质上加以贯彻。在技术细节等个方面可以具体落实。

2. 消化各种资料及各方面意见，形成一个好的处理方式。要具(涂抹)全面观点，不要顾此失彼。

3. 充分注意可行性，主要面向大多数中差学校，照顾减轻学生负担，注意联系实际。 主要把注意力集中到新编。

4. 行文要生动活泼，有启发性，讲究方式，要善于小结思想、方法，要言不烦，再加点睛，不说作用不大的话。

5. 精心安排作业。从内容上说①正文对教学前述的作用更重要，更重要。②难度要恰当，坡度要缓。②巩固旧知识前面 ③有启发性 ④试题应多样，有趣味。

6. 各章有名人名言及阅读材料。四章有介绍。

7. 列出内容要点（知识点）及具体要求程度（按大纲提法：了解、理解、掌握、运用）。

8. 自我小结与问题，达标题（测试意图）。

中学数学编写组

（坐姿不耐苦等）（文稿中有）

附录五
GX实验学校的实验计划

初中数学 GXJF 实验计划

一、实验名称：

初中数学 GXJF 实验。（GXJF 是"高效减负"的意思）

二、实验目的：

运用西南师大教学系陈重穆教授主编的初中数学（GX）达到提高课堂 45 分钟的效率，减轻学生的课余负担，大面高教学质量。

三、实验班级：

初 96 级 1 班　　　初 97 级 1 班和 3 班。

四、实验组成员：

组长：张子　　　组员：刘建平、黄伟。

五、实验的具体事宜：

1. 选用 GX 教材，按照 GX 教材的三十二字诀："浓缩概念、删削；淡化形式，注重实质；开门见山，直奔主题；先见识，师生合作"进行教学。

2. 转变传统的教学观念，树立 GXJF 思想，从学校领导到教师都认真学习和领会教材的思想——充分利用 45 分钟，让学生从繁重的课余作业中解脱出来，发挥学生的特长，彻底清除传统教学中教师满堂灌，讲解过细，讲题过多等学生看经未掌握，继续概是学什么练什么，同时课堂气挺也特别应证轻松模式。

3. 结合学生特征，建主新的教学模式——GXJF思标。在教学时，每节课约用20—25分钟进行讲解，把讲、练、做有机结合起来，充分放在学生多练，全体提问上，让学生真正掌握知识，培养能力的最有效途径是通过学生实践——学生参与课堂教学的活动。在教学例题讲定义、作结论、串知识一个手段，增加课堂练习，在教师关注下及时反馈有疑在小问题。让学生脑、眼、耳和手都投入教学活动中，使学生充实理解知识，加深了对问题的理解。

4. 作业布置要和改性。作业分为三类：课堂纲，课堂作业和家庭作业，其比例为5:3:2，更多的作业放在课堂练习中，这便于及时地了解学生的缺漏知识，同时也让学生从繁重的作业中解放出来，争参加第二课堂挖掘更多时间和精力。

六、预计的教学效果：

1. 初中三年的课程，用二年的时间学完，余下的时间对已学的知识"温故知新"，达到促进优等生的发展，加强中等学生的进步，提高差生的学习兴趣，使之减少厌任的感觉；同时使学生有更多的时间学好其它功课和发展个人特长。

2. 教学质量目标：三年后参加统一的毕业会考：及格率达90%左右，优生率达55%左右，差生率控制在5%以下。

吉安市第十五中学初中数学GXJF试验组
95.4.20.

附录六
沙坪坝区实验学校考试通知、考试成绩与教师概况统计表

1. 学校进行GX实验测试的通知

通 知

七　　中学：

　　为便于初中数学"GX"实验教师和学校进行期末小结，经请示考点领导决定，于6月26日上午8：30～10：00在各校举行初一、二数学（GX）实验测试。为保证测试数据的可靠性，现将有关事项通知如下：

　　1）测试对象：各实验校和青木关中学初一、二年级全体学生。

　　2）各校须按正规考试要求，组织好监考、阅卷等工作。

　　3）各校须填好统计表（见附表），并及时送交我校求富娜老师处。

　　4）初二年级以区命期末试题代替，初一年级纸由"区课题组"命题、制卷。每份试卷纸成本贰式角，请于6月3日至5日的上班时间到我校教务处李庆云老师处交款预订，于6月23日、24日到我校教务处领卷。

沙坪坝区教师进修学校
1997年5月26日

2. 以班级为单位的GX实验学校成绩统计

3. 以学校为单位GX实验测试成绩统计

沙坪坝区初中数学(GX)教改实验测试统计表

初2级一般班

校（班） 其中注"△"号者为实验班	参考人数	平均分	及格率	优生率	差生率
六十八中(6、9班)△	107	75.0	80.4	55.2	7.5
天中(5班)△	49	56.7	53.1	29	34.7
天中(3、4、6班)	144	46.4	31.9	16.7	52.1
小龙坎中学(4至8班)△	250	53.9	43.8	25.2	38
二塘中学(1、2班)△	60	71.3	70	63.3	20
特钢中学(4、7班)△	96	70.2	66.7	43.8	17.7
特钢中学(3、5、6、8、9班)	225	58.8	53.8	35.1	37.3
实验班合计	312	69.9	69.9	49.0	17.3
非实验班合计	519	53.9	45.7	26.8	41.0

沙坪坝区初中数学(GX)教改实验测试统计表

初2级较好班

校（班） 其中注"△"号者为实验班	参考人数	平均分	及格率	优生率	差生率	备注
天中(1、2班)△	112	80.2	82.5	58.0	4.4	
小龙坎中学(1、2班)△	109	85.2	94.5	73.4	0	
特钢中学(2班)△	50	87	98	80	0	
嘉陵厂中学(10班)△	41	96	100	100	0	
重铁一中(4、5班)	120	85.7	93.6	75.5	5.9	
实验班合计	422	85.5	91.9	73.2	1.4	
非实验班合计(凤鸣山中学)	305	68.0	71.6	30.7	10.5	

4. 参加GX实验的教师情况统计表

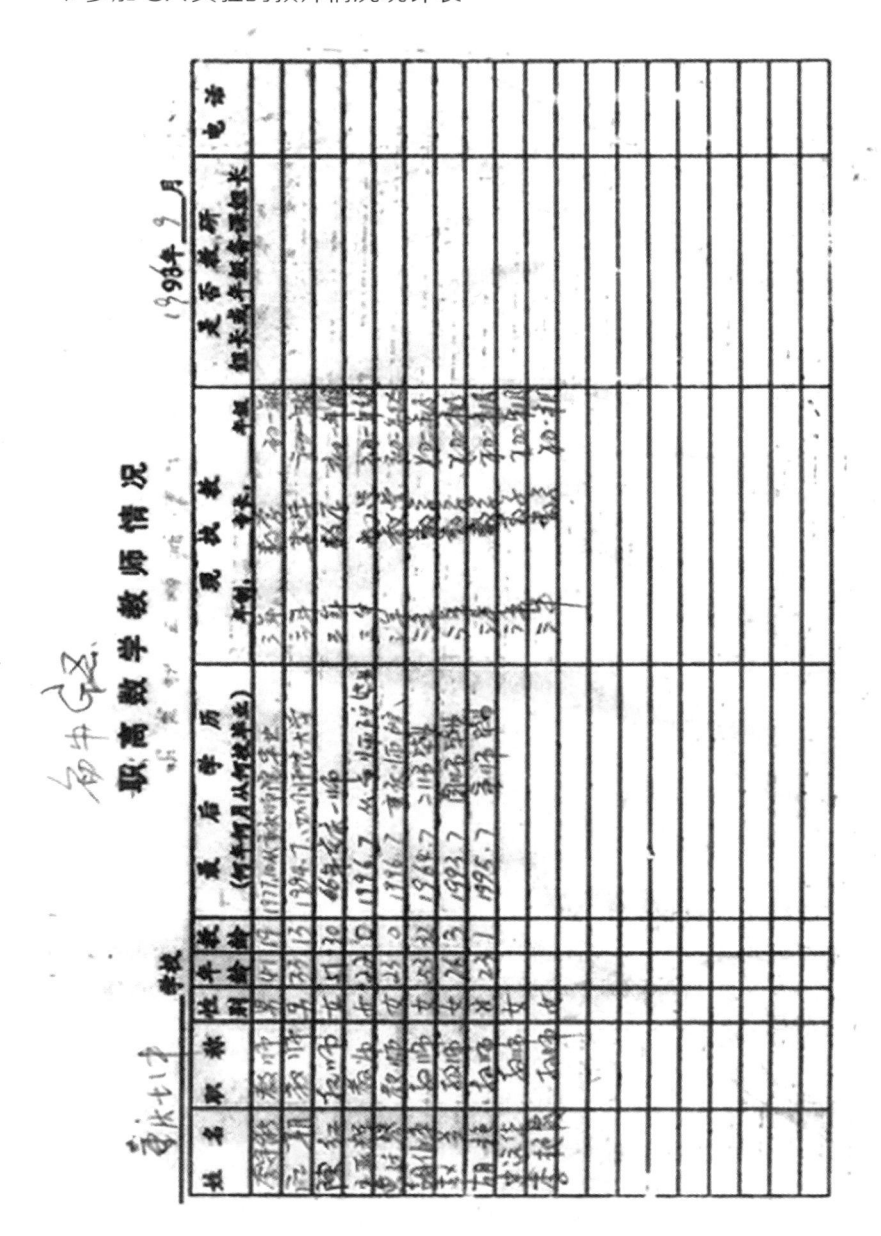

后　记

本书是在我的博士学位论文基础上修改而成的。当初选择GX实验作为研究对象，主要是被其教学变革的创新与成效所吸引，GX实验"淡化形式，注重实质"的数学课程重建展现了教学创造的魅力，给人一种高观点下理解中小学数学的透彻感，"积极前进，循环上升"有效诠释了我多年来学数学、教数学的诸多困惑。陈重穆先生、宋乃庆先生、众多参与GX实验教师及教研员对数学教学改革的积极奉献、热情执着和教育情怀，让我体验到教育者的高尚心境，成为我学习与思考GX实验的强烈动力。GX实验作为一项融合教育思想、教材与教法的综合性数学教学改革实验，走入其中才认识到数学教学改革的复杂性，才领略到数学教学改革的曲折与难为，数学教学改革是一件看似简单实则艰难的事，就像大海中飘浮的冰山，一般常见所闻仅如浮在水面的冰山一角。2012年我就开始思考是否要把博士学位论文拓展成书，但提笔又体验到数学教学改革理想与现实的复杂关系，史料与诠释之间存有的诸多沟壑，教学改革实践与理论之间的非线性建构等，致使几年来我写写停停，甚至犹豫不前，直到2015年、2016年关于GX实验的两篇拙文分别在《数学通报》《数学教育学报》上发表，并均被人大复印资料转载，相关研究也获得全国教育规划教育部重点课题与国家一般项目的资助，算是增加了些信心，鼓起勇气提笔撰写。

成书之际我首先要感谢恩师宋乃庆先生，回顾先生二十多年来对GX实验的引领与执着，为我提供了丰富的教学改革史料，帮我理出了细致的教学改革线路，给我构筑了论题研究的平台。清晰记得周末、节假日、中午、深夜，大到结构框架，小到GX实验的细小环节都得到先生的悉心指导，先生的智慧与致思教育了我如何做事、做人，引领我如何学习、工作，这一切将使我受益终身。其次非常感谢张维忠老师，多次面谈、电话、短信、电子邮件中得到了张老师许多精心指导，字里行间渗透着张老师的智力支持。

感谢张奠宙先生、庹克平先生、郑毓信先生、张广祥先生、徐仲林先生、张渝先生、罗增儒先生、黄翔先生、王林全先生等诸位前辈专家高屋建瓴的指点。感谢梁贯成教授、曹一鸣教授、王光明教授、鲍建生教授、徐斌艳教授、代钦教授、朱德全教授、李森教授、李玲教授、徐学福教授等诸位专家学者的宝贵建议。感谢张富彬教研员、赵兰教研员、李光忠教研员、赵素乾教研员、刘静老师、李忠如老师、程良建老师、官宏老师、霍清老师等诸位老师为我提供GX实验史料、访谈、调查、联系等一系列帮助。感谢挚友王大桥、袁祺等兄弟般的支持与督促。感谢所有在此过程中给予我指导、帮助和关心的人。该书也得到扬州大学出版基金的资助，特此致谢！

最后，我要感谢我的家人，尤其是妻子相丽多年来承担了繁多的家务、关心我的生活、支持我的工作，也感谢儿子徐誉铭、徐誉瑞给我们的生活带来那么多快乐与欣慰。

徐建星

2018年初冬　瘦西湖畔